사례대상자와 지역사회를 연계하는

현장 중심의 통합사례관리

추천 | 송 정 부

저자 | 이 재 용

창지사

머리말

사례대상자는 문제 해결을 기대하고, 해결 받을 수 있다는 한 줄기 희망 속에 사례관리자를 만난다. 사례대상자의 인생의 문제를 대변하는 주체로서 그들의 기대에 부응하기 위해 전력해야 할 이유는, 그래서 많다. 사례대상자의 삶 속에서 그들과 함께 무언가를 시도하고, 가족 간의 화목을 되찾고 삶의 짐을 조금이라도 덜어 주기 위해 다양한 활동을 시도하며 형편이 나아지기를 기대하는 것이다. 그래서 사회복지실천의 여러 기법 가운데 이론과 실천 방법을 접목한 통합사례관리가 사회복지 현장에서 주목받는 이유일 것이다.

대상자의 충족되어야 할 욕구와 어려움을 해결하기 위한 최적의 사회복지실천기법으로 자리매김한 통합사례관리를 추진하기 위해서는 다음의 사항을 고려해야 한다. 첫째, 사례의 발견을 위한 지역사회 네트워크가 구축되어야 한다. 둘째, 사례대상자의 욕구와 문제를 규명하기 위한 방법적 대안을 찾기 위한 노력이 지역사회 차원에서 전개되어야 한다. 셋째, '대상자의 입장에서 더 나은 서비스를 지원하기 위한 전략은 무엇인가?'라는 질문 속에 기관 간, 전문가 간의 합목적적인 논의가 지역사회를 중심으로 합의되어야 한다.

'사회복지사 개인이 추진하는 서비스보다 동료들과 추진하는 서비스가 효과가 높을 것이다!'라는 통합사례관리의 실천전제는, 지역의 여러 기관들과의 협조체계가 마련될 때 더 유용한 서비스가 제공될 수 있다는 믿음에 기반한다.

이러한 전제를 토대로 기관에 소속된 직원은 물론 지역의 기관과 전문가들이 사례대상자의 풍요로운 생활을 지원하기 위해, 그의 어려움과 문제, 기대에 집중하여 역할을 분담하고, 분담된 역할에 따라 전문성을 발휘하게 될 때 통합사례관리의 목적은 달성된다. 이를 주도하고 실천하는 주체가 사회복지사이며, 사례관리 업무를 담당하고 있는 사회복지사이다.

따라서 본서의 목적은 사회복지기관의 현실에 적합한 통합사례관리 방법을 제안하는 데 있다.

첫째, 1장에서는 통합사례관리 업무가 사회복지기관의 필수사업으로 정착된 현실을 감안하여 거주시설과 이용시설의 운영특성에 따라 지역중심의 통합사례관리 실천방안을 제시하였다. 하지만 통합사례관리에 대한 논의는 일부지역에서 시범사업으로 운영되고 있어 개념정의와 합의가 안 된 상황이다. 그래서 2장에서 통합사례관리 동향을 서술하고, 실천 쟁점과 가치, 사례관리자가 겪을 수 있는 딜레마를 살펴보았다.

둘째, 통합사례관리의 대상자는 특정 계층에 국한되지 않으며 생애주기에 속한 모든 사람들이다. 생애주기는 순환되고 연결된다. 해당 주기를 적절하게 보내지 못하게 되면 발달이 정체되는 등 성장 과정에서 어려움을 겪게 된다. 본서가 다른 도서와의 차이점은 생애주기별로 통합사례관리 실행과 절차, 방법을 사례관리자의 역할을 토대로, 영유아, 아동·청소년, 성인, 장·노년기를 중심으로 제시하였다는 것이다.

셋째, 사회복지기관의 주요 직무 가운데 하나로 정착된 통합사례관리의 중요성에 비해 일부 절차만을 중점적으로 다루고 있다는 논의가 제기되고 있다. 이러한 방식은 문제 중심의 접근만을 강조하게 되어 사례지원의 기술적 개입은 물론 지역의 유능한 자원들의 개입을 가로막아 사례대상자의 욕구와 기대를 충족시킬 수 없다. 따라서 4장에서는 사회복지기관에서 활용할 수 있는 통합사례관리 모델을 소개하고, 사회복지기관의 운영체계를 중심으로 적용 방안을 모색하였다.

넷째, 통합사례관리의 질적 수준은 '얼마만큼 계획적인가?', '지원의 결과로서 사례대상자는 변화되었는가?'에 따라 판단된다. 통합사례관리의 서비스 목표는 최적의 서비스 제공을 통해 사례대상자의 문제 해결은 물론 문제 이전의 생활을 회복하는 것이다. 이는 사회복지기관의 서비스 지향점이기도 하다. 하지만 실천의 결과를 확인하기 위한 매개가 필요한데, 사례관리자의 역량인 '기록사무능력'이다. 그래서 5장에서는 사회복지기관의 통합사례관리 기록 실무를 상세하게 살펴보았다. 기록의 중요성과 기록의 의미, 쟁점, 기록의 효과와 기록방법 등을 질적으로 높이기 위한 대안을 모색하고 사례관리자의 역량개발차원에서 상세하게 서술하였다.

다섯째, 통합사례관리 구성 체계는 사례대상자, 지역자원, 사회복지기관과 사례관리자, 서비스로 이해된다. 하지만 통합사례관리 추진에 따른 기여효과와 기여 정도에 대한 논의는 미흡하였다. 6장의 핵심 논의는 사례대상자의 상황을 개인차원과 가족차원에서 다루고, 지역사회기관과 거주시설 대상자의 욕구를 심층적으로 분석하여 지원방법과 절차 등을 기관의 역할과 기능에 초점을 두고 기술하였다. 또한 사례관리자와 자원의 역할확대 방안을 살펴보았다.

여섯째, 통합사례관리의 대상은 지역의 주민이며, 사례대상자의 거주지를 기반으로 서비스가 제공된다. 거주는 살아간다는 의미지만 거주지에 따라 사회적 신분과 위상을 드러내고 생활의 안정을 제공하는 기능이 있다. 반면 편견의 요인이기도 하다. '어느 지역에 사는가?'와 '주거지가 어디냐?'에 따라 또는 주거, 지역, 문화, 사람들의 이해 등에 의해 차이를 느끼고, 차이가 심화될 때 편견과 선입견을 갖게 된다. 7장에서는 이러한 어려움에 노출된 사례대상자를 지원하기 위한 조치에 관한 것으로 통합사례관리의 핵심주체인 사회복지기관, 사업부서, 직원(사례관리자, 선입사례관리자, 외부 전문가, 지역자원)들의 역할과 준비를 살펴보았다. 또한 지역을 중심으로 통합사례관리 사업수행의 방법과 절차, 협의 시 고려사항 등 사회복지기관의 운영체계를 기술하였다.

일곱째, 통합사례관리 준비 단계는 8장에서 제시한 것처럼 사례대상자의 발견과 의뢰, 스크리닝, 인테이크를 통한 자료수집, 사실 확인을 위한 가정 방문 조사와 사정회의보고서 작성으로 진행된다. 각각의 절차에 따라 사례대상자의 문제와 욕구 등을 파악하고 정보를 수집해야 한다. 만약 부실한 정보 또는 정확하지 않은 정보가 수집된다면 향후 진행될 통합사정과 통합사례회의의 방향이 잘못 계획되어 진행 자체가 의미가 없게 된다. 따라서 통합사례관리의 준비단계는 통합사례관리 성공여부를 가늠하는 핵심 단계라 할 수 있다.

여덟째, 통합사례관리는 지역중심의 사회복지실천이다. 지역중심의 사회복지실천은 협의에 기반한다. 협의 정도에 따라 참여 여부가 결정되므로 사례대상자의 상황이 사회복지기관과 전문가 간의 협의 안건에 부합해야 한다. 통합사례관리의 협의는 통합사정회의와 통합사례회의가 있다. 각각의 협의 방식과 내용, 절차 등을 9장에서 상세하게 다루었다. 또한 통합사정과 통합사례회의의 개념을 정의하고, 기관에서 시행하고 있는 사례회의와 통합사례회의의 차이점을 제시하였다.

아홉째, 통합사례관리 진행에 대한 것으로 10장에서는 사례대상자 등록 및 계약서 작성, 실행계획 수립, 서비스 실행 과정과 절차 등 실행에 따른 사례관리자의 역할을 상세하게 살펴보았다. 점검을 위한 모니터링과 평가 방법을 11장에서 다루었다. 통합사례관리에서 활용할 수 있는 모니터링 방법과 과정평가, 결과평가의 핵심내용을 기술하였다.

열 번째, 통합사례관리 주체인 사례관리자의 핵심활동은 문제예방에 있으며, 사후관리를 통해 사례대상자의 자조적인 삶을 영위하게 하는 데 있다. 위의 사항은 현대사회복지 실천에 있어 핵심이슈이다. 12장에서 통합사례관리 종결과 사후 지원 실천 방법을 기술하였다.

본서는 다음과 같이 활용될 때 유익할 것으로 생각된다. 사회복지기관이 지역을 대표하는 기관으로 자리매김하기 위해서는 공적 영역의 사업을 더 많이 개발하고, 사례대상자의 내면의 욕구를 해결해 내야 한다. 그렇다면 사례관리에 대한 일반적인 이해를 멈추고, 사례대상자의 입장에서 그의 상황을 개선하기 위해 공공성을 띤 지역의 문제 해결을 위한 참여방법이 구체적이어야 한다.

각 장에서 제시하고 있는 적용 방안을 세밀하게 살펴보기를 권한다. 지금의 직무를 지역사회기관과 전문가들이 참여하는 방법을 검토한 후 자신의 역할을 확장하기 위한 자신만의 방식을 찾아야 한다. 활동 범위가 지역사회 차원으로 확대될 것이라고 확신한다. 본서는 사례관리자의 직무효율성을 높이고, 역할확대 방안을 중점적으로 다루었다.

통합사례관리 업무는 사회복지기관의 핵심 사업으로 실행가능성이 높아야 한다. 이는 사례대상자 중심의 실천에 초점을 둔 사회복지이념과도 일치한다.

본서를 출판할 수 있게 힘을 주신 김기섭사장님께 감사드리며, 본인의 의지에 용기를 심어 준 김영식 부장님, 노심초사하며 수고하여 주신 이초롱 선생님의 수고는 평생 소중한 것으로 기억될 것입니다. 다시 한 번 지면을 통해 감사드립니다.

2016년 6월
남산로 중턱에서 새벽을 맞으며
저자 올림!

추천의 글

오늘날 지역의 사회복지기관 간의 협의와 사업은 상호 보완적인 관계에서 다양한 현안을 해결해야만 한다. 사실 사회복지기관은 이러한 협의를 통해 발전해 왔다고 볼 수 있다. 본인이 전국 최초로 사회복지협의회의 중요성을 인식하고, 원주라는 소도시에 사회복지협의회를 만들어 활동하게 된 요인도 '지역의 현안은 지역의 사회복지기관 간의 연계와 협의에 의해 추진되었을 때 더 효과적이다!'라는 확신 때문이다. 그래서 일선 기관장을 설득하고, 활동에 참여할 전문가들과 협의하며, 발품을 놓지 않은 상황에서 오직 복지만을 생각하며 달려온 것이다.

사회복지기관의 전문가들과 대화를 나누다 보면 클라이언트의 문제 해결을 위해 열정을 쏟지만 어려움을 겪는다는 말을 자주 듣게 된다. 한편, 사회복지협의회와 사회복지 협의체(지역사회보장 협의체) 활동을 하면서 사례관리대상자 또한 아픔을 간직하고 있음에도 적극적으로 대처하지 못하고 있다는 것도 경험하였다. 더 이상 버티기 힘든 사례대상자 스스로 사회복지사에게 도와줄 수 있는지를 묻는 상황도 겪었다. 이러한 점에서 읍·면·동의 복지허브화는 지역사회보장정책 개발과 연계되어야 하고, 반드시 실천되어야 한다고 확신하는 바이다.

복지허브화는 지역의 복지연계를 통합하는 사례관리체계가 구축될 때 작동된다. 이때부터 읍·면·동을 중심으로 공공기관과 민관 기관이 연계하는 사례대상자 발굴 및 지원시스템으로 연계될 것이다. 이러한 여러 고민들을 이재용 교수님과 다년간 협의하며 구체적인 실행 방향을 준비해 왔다. 그 첫 번째 사업이 원주시 사회복지연합 실습이었다. 당시 원주시의 대표적인 종합사회복지관 3곳과 장애인복지관 외에 사회복지전공실습교육생 20명이 참여하였다. 다음 해에는 전국의 사회복지대학에 재학 중인 사회복지전공학생 25명이 선발되었으며, 일본 동지사대학 사회복지전공학생과 대학원생 및 교수를 포함하여 10여 명이 참여하는 국제교류연합 실습이 진행되었다. 국제교류연합 실습 교육은 양국의 사회복지제도에 대한 발전방안을 모색하기 위한 세미나와 토론회, 간담회 등으로 진행되었다.

복지허브화 구축의 대표적인 분야가 사례관리 분야이다. 하지만 사례관리 분야는 임상경험이 충분해야 하고, 고도의 전문성이 요구되며, 관련지식도 많아야 한다. 실무경험 또한 출중해야 한다. 그래서 문제로 고통받고 있는 주민들이 어려움을 벗어날 수 있도록 하는 데 목적을 두고, 여러 대안을 모색하면서 실천해야 하기에 버거운 분야이기도 하다.

사례관리 직무는 사회복지기관의 핵심 사업으로 사회복지사의 필수직무가 되었다. 지역의 주민인 이웃들의 아픔을 발견하고, 고통을 해결하기 위해 사회복지기관의 사회복지사가 직접 개입하고 활동해야만 해결할 수 있는 전문실천 분야로 본인도 이러한 고민 속에 평생을 후학들을 지도하고 양성해 왔다.

도서를 집필하신 이재용 교수님은 다양한 사회복지 현장 경험을 가지고 계실 뿐 아니라 사회복지사, 과장, 국장, 거주시설의 원장과 종합사회복지관의 관장 등을 역임하면서, 사회복지현안 해결을 위해 다양한 활동을 해 오신 현직 전문가이다. 따라서 『사례대상자와 지역사회를 연계하는 현장중심의 통합사례관리』 교재는 사례관리 직무를 담당하는 사회복지사에게 많은 도움이 될 것이라고 생각한다. 사례관리 직무를 수행하고 있는 사회복지사와 사례관리 직무에 대한 이해를 갖기를 희망하는 독자들과 사회복지서비스를 필요로 하는 이웃들의 아픔이 개선될 수 있는 계기 또한 마련될 수 있다고 본다.

일선 사회복지기관의 사회복지사님들의 건승을 진심으로 기원드린다.

송 정 부 배상!

전 강원도사회복지협의회 회장
현 상지대학교 사회복지학과 명예교수
현 강원도사회복지공동모금회 회장
현 강원복지정책연구원 원장

차 / 례

사례대상자와 지역사회를 연계하는

현장 중심의 통합사례관리

1장 /

사회복지기관의 통합사례관리

1. 사회복지기관의 서비스 방향

현대사회에서 복지가 시혜적 관점을 벗어나 문제에 노출된 사람뿐만이 아니라 누구나 제공받을 수 있는 것으로 인식되는 것은 서비스를 필요로 하는 사람이 증가하고 있다는 의미이다. 필요한 서비스가 개발되고 지원되어야 한다는 사회적 요구가 확산되고 있음을 말해 준다.

1) 사례대상자에게 필요한 서비스

문제를 해결하기 위해 사회복지기관의 문을 두드리는 사례대상자[1]는 삶이 나아지기를 원한다. 삶의 기대는 문제개선에 있다. 사례관리자는 사례대상자의 요구와 문제가 해결될 것이라는 확신을 서비스를 통해 충족시켜야 한다.

하지만 '어떤 이는 사례대상자의 문제가 환경과의 상호작용이 부족하여 생긴 결과로 평가 한다'. 이러한 논의는 주의가 필요하다. 사회복지기관의 서비스는 사회적 기대에 부응해야 한다는 책무에서 비롯되고, 사회적 책무는 공적활동 수준에 따라 평가되기 때문에, 사례대상자의 요구를 수용하고 원하는 기대를 충족하기 위해서는 사례관리자 스스로 책임을 다한다는 인식이 확고해야 한다. 이를 개선해야 할 책임이 사례관리자에게 있기 때문이다.

2) 안정된 서비스에 대한 요구

사례대상자 또는 가족의 문제가 집단의 문제에서 사회문제로 이어지고, 이웃의 문제가 지역의 문제로 확산되는 것은 사회문제를 예방하기 위한 사회복지서비스의 필요가 증가하고 있다는 의미이다. 사회복지영역이 특정한 분야에 국한되는 것이 아니라 확대되고 있다는 것으로 이를 대비하기 위해 준비해야 한다.

1) 통합사례관리의 목적에 따라 기존에 호칭되어 왔던 '이용자', '클라이언트', '대상자'를 사례대상자로 명시하겠다.

사례대상자에게 문제가 개선될 것이라는 확신을 제시하기 위해서는 긍정적 또는 부정적 영향력을 파악하고, 문제를 악화시키는 요인을 분석하고, 필요한 대안이 충분해야 한다. 여기에서 대안은 사례관리자가 사례대상자의 어려움에 개입하면서 예상되는 해결기대를 의미한다. 어려움을 발견하고 해결방안이 제시될 때 사례대상자는 안정을 찾게 된다. 사회복지서비스는 사례대상자의 가정을 중심으로 관계된 사람들과 환경에 개입함으로써 생활이 안정되도록 지원하는 데 목적이 있다.

3) 과정이 합리적인 서비스

사회복지서비스에 대한 요구는 개인의 욕구에 따라 지역과 사회차원에서 정책이 합리적이기를 기대하는 제도에 관한 것이다. 시혜적 관점이 지원의 관점으로, 권리를 보호하는 체계로 변화한 것이 이러한 요구를 반영하고 있으며, 위의 요구들이 현대사회의 복지이슈로 부각되었다.

하지만 지역에 하나의 기관만이 설치되어 있다면 '사례대상자의 욕구와 관계된 사람들의 요구를 충족할 수 있을 것인가?'에 대한 설명이 필요하다. 일부 지역에 한정된 논의[2]겠으나, 대중교통수단이 없어 지역사회를 이용하지 못하는 상황은 현실을 고민하게 만든다. 기관을 선택할 수 없을 정도의 상황이라면 공급체계를 확대하지 못하는 지역의 여건을 개선하기 위한 논의가 제기되어야 한다. 재정부족, 열악한 인구구조, 전문 인력의 부족, 사회적 기반시설 미비와 인프라 부족 등이 그것이다. 따라서 필요한 수요를 충족하기 위해 공급기반을 마련해야 함에도 불구하고 이를 채워 가지 못하는 현실은 개선되어야 한다.

2) 강원도 모지역(면단위)은 오후 7시면 버스가 운행되지 않는다. 대·중도시의 경우 오후 12까지 대중교통 수단이 운행되고 사회복지기관이 밀집되어 있는 이유가 다양하겠지만 그에 비해 소도시는 상대적으로 열악하다는 것을 알게 된다.

4) 적용 가능한 서비스

지역 실정에 적합한 프로그램의 요구가 확대되면서 사례대상자 중심의 서비스가 일반화되었다. 일반화는 주민들의 생활에 도움이 되어야 한다는 서비스 개발에 관한 것이다. 사례대상자의 생활 속 어려움을 해결하기 위해 최적의 서비스가 제공되어야 한다는 초점, 서비스의 질 또한 제고되어야 한다는 이해는 사회의 이해와 맞물려 정당한 권리이고 요구이다.

지역에 관계된 사람들이 문제를 의뢰하는 것은 해결할 수 있다는 기대와 책임 있게 잘 수행할 것이라는 믿음에 기반한다. 따라서 사례관리자[3)]는 실천에 필요한 전문성을 보유해야 한다. 사례대상자의 요구에 적합한 프로그램을 개발하고 실행할 능력을 갖추어야 한다는 의미이다.

2. 사회복지기관의 통합사례관리

사회복지기관의 통합사례관리는 이용시설과 거주시설의 구분이 애매하다. 대상자의 이용목적뿐 아니라, 거주를 목적으로 한다는 점에서 적용방식이 달라야 함에도 불구하고 사례관리의 일부 과정만이 적용되는 실정이다. 다양한 요인이 있겠지만 통합사례관리 체계가 구축되지 않은 상황에서 무리하게 적용한 것이 원인으로 볼 수 있다.

본 절에서는 거주시설 및 이용시설의 특성에 따라 통합사례관리 적용 방안과 핵심내용을 살펴보도록 하겠다.

3) 대다수의 기관은 사회복지사를 사례관리자로 임명하고 있다. 따라서 앞으로는 사례관리자로 명시하겠다.

1) 통합사례관리의 핵심목적

첫째, 사례대상자의 생활주기를 회복하는 데 있다

살아가면서 즐거운 것만 있는 것이 아니라는 것을 알고 있을 것이다. 생각지도 못한 친구의 빚보증 때문에 빚쟁이가 된다면 또는 부모의 이혼 후 동생을 돌보는 가장의 역할을 수행해야 한다면 누구나 감당하기 어려울 것이다. 사랑했던 사람이 자녀만 남겨 두고 다른 이와 살고 있다. 아무리 일을 해도 리어커로는 돈이 안 되어 괴로운 심정으로 부인과 마주해야 한다.

이런 일들을 겪으면 마음도 무겁고, 심신이 지쳐 생활할 힘이 없게 된다. 그래서 사례대상자는 힘든 생각을 하며 괴롭다는 말을 자주하는 등 주변사람들을 힘들게 한다. 매일 술을 먹으면서 내일은 먹지 말아야지 하고는 다시 먹는다. 무엇을 하는지도 모른 채 남들과 다른 시간을 보낸다. 그래서 일부의 사례대상자들은 극복할 힘이 없어 지쳐 포기하기도 한다.

위의 위기상황을 극복하지 못한다면 이전의 생활은 잊혀지고, 심각한 고민 속에 식음을 전폐하는 등 생활주기를 거스르게 된다. 식사를 하지 않고 술로 보내며, 자녀를 돌보지 않고, 상념에 휩싸여 집착하는 등 본인뿐만이 아니라 주변을 힘들게 한다. 아무렇지도 않게 갈등을 표출하고 폭언과 폭력을 휘두르기도 한다.

이러한 모습을 지켜보는 가족 또는 주변사람들은 상대를 하지 않거나 피할 것이다. 어떤 이는 걱정을 하고 물질적 도움이나 상담가로 역할을 한다. 하지만 이미 심각한 상황에 처해졌고, 문제로 심화되었으므로 해결에 상당한 노력과 시간을 투입해야 한다.

생활주기의 회복은 가정과 사회생활을 어느 정도 누리고 있는가에 기반한다. 직장에 출근하여 직무를 수행하고 동료들 또는 이웃들과 교제를 나누고, 퇴근 후 가족들과 시간을 보내며 휴식을 취한다. 주말이면 여가 또는 문화생활을 보내고 친구들과 만나 교제를 나누는 등 평범한 일상을 되찾는 것을 의미한다. 힘든 일이 생겨도 가족들의 격려와 지지 또는 친구들로부터 위로를 받는 등 무언가를 주고받는 일상적인 생활이다.

따라서 통합사례관리는 사례대상자의 일상적인 생활을 벗어나게 된 원인을 분석하여 분류하고 대처 방안을 모색하는 등 현재의 상황이 문제로 심화되지 않도록 조치하는 데 있다. 즉 사례대상자의 문제를 예방하고 생활주기를 벗어나지 않도록 하는 개입활동이다.

둘째, 사례대상자의 안정된 삶을 지원하는 데 있다

안정된 삶이란 즐겁고, 행복한 삶을 영위하는 것뿐만 아니라 힘들고 지칠 때 또는 어려움이 있다고 하여도 이겨내는 것을 말한다. 사례관리자의 핵심 역할은 사례대상자가 해결하기 어려운 문제에 직면했을 때 극복할 수 있는 내적 힘을 갖추게 하는 것이다.

따라서 통합사례관리의 목적은 문제가 발생되기 전에 조치하는 예방에 있다. 예방활동은 통합사례관리에 참여한 기관과 전문가가 각자의 역할을 정해 분담된 역할에 따라 필요한 지원을 시행하고, 사례대상자의 발견과 조치를 위한 다양한 지원을 선행하여 대상자의 문제가 심화되지 않도록 지원하는 것을 말한다. 조치가 충분하지 않는다면 사례대상자의 어려움은 문제가 되어 안정된 생활을 방해하는 것은 물론 주민들과 다른 방식으로 생활하게 된다. 다른 방식의 생활은 생활주기를 거스르는 것을 의미한다. 이를 사전에 예방하는 활동이 통합사례관리의 핵심목적이다.

셋째, 사례대상자의 삶을 질을 높이는 데 있다

사례대상자의 삶을 질을 높이기 위해서는 지역의 사회복지기관 간의 연계체계가 구축되어야 한다. 연계는 지역의 사례관리자들이 기관에서 수행하는 프로그램과 서비스를 동원하고, 인적·물적 자원을 개입시켜 사례의 상황을 개선하기 위한 활동을 의미한다. 따라서 사회복지기관의 연계는 또 다른 사회복지기관과의 연계로 이어져야 한다. 왜냐하면 사례대상자의 삶이 제각각이므로 보다 다양한 차원에서 대응해야 하기 때문이다. 연계는 회의가 초점이 아니라 연계 이후의 활동이 더 중요하다.

다음의 예시를 살펴보면 이해될 것이다.

사례

"50세의 부는 알콜중독자로 무직이다. 일을 하겠다는 의지도 없을 뿐 아니라 날마다 술을 먹고 자녀들을 돌보지 않았다. 아들의 등 · 하교를 챙기지 않았으며, 학용품 구입에 필요한 용돈도 주지 않았다. 아들은 차비가 없어 학교를 걸어 다녔으며, 매일 같은 옷을 입고 등교할 때가 많았다. 부는 술 때문에 동네 사람들과 다투는 일이 잦았고, 자신의 말을 들어주지 않는다며 시비를 걸고 욕을 하기도 하였다. 동네 사람들이 나쁘다는 것이다. 부의 이러한 행동에 대해 동네 사람들은 무식한 사람이라며 피한다고 하였다."

위의 예시를 살펴보면, 부는 알콜중독 치료가 필요하고, 식사 등을 하지 않는 것으로 보인다. 자녀의 양육방치와 소득이 없다는 어려움 등을 예측하게 된다. 사례관리자는 위의 사례를 의뢰받는 경우 알콜중독에 대한 조치를 강구할 것이다. 직업생활을 위해 직장을 소개할 수 있고, 소득보존을 위해 후원자를 모집하여 지원할 수 있으며, 가정생활 지원을 위해 자원봉사자를 개발하여 반찬 만들기와 청소, 세탁 등의 서비스를 제공할 수 있다. 각각의 활동은 내부 사례회의를 통해 지원이 가능한 서비스이다. 하지만 사례관리자 혼자서 감당해야 한다면 고정 직무로 수행해야 하기에 지원에 필요한 자원 개발과 모집, 장소선정, 대상자의 동기부여 등 여러 역할을 수행해야 한다.

통합사례관리를 통해 지원한다면, 정신건강증진센터에서 알콜중독 치료지원을 수행하고, 종합복지관에서 가정생활 지원을 위해 자원봉사자를 파견할 수 있다. 또한 프로그램 참여를 지원할 수 있으며, 고용촉진공단의 전문가와 연계하여 직업교육은 물론 취업알선도 지원이 가능하다.

또 다른 사회복지기관과의 연계가 필요한 이유는 부에게 초점을 두고 지원하였을 때, 지원에서 배제된 자녀 때문이다. 사례관리자가 부에게만 초점을 둔다면 자녀는 방치될 소지가 많다. 따라서 가족성원의 문제 개입 시에는 주 사례대상자로부터 영향을 받은 가족성원을 동시에 개입해야 한다. 여기에서 사회복지 기관과의 연계가 필요한 것이다. 드림스타트 기관과 연계하여 자녀상담과 학업을 지원하고, 상담소와 연계하여 심리적 안정을 위한 서비스를 지원할 수 있다.

결국 통합사례관리는 지역의 사회복지기관이 역할을 분장하여 분장된 역할에 따라 대상자가 필요로 하는 서비스를 적절한 시기에 지원함으로써 사례대상자의 생활주기에 따라 생활하도록 돕는 활동이라고 정의할 수 있다.

2) 거주시설의 통합사례관리

거주시설의 통합사례관리의 중요성은 최근의 논의이다. 기존의 논점은 입소자의 욕구와 문제를 장애 또는 질병과 결부시켜 개인적인 문제로 처우하는 경향이었다. 하지만 시설입소자의 사생활 보장 등 권리가 강조되고, 인권의식이 향상되면서 '사적 생활을 어떻게 보장할 것인지에 대한 조치, 그리고 권리증진을 위한 대안이 충분한지'가 핵심논의가 되었다. 따라서 거주시설의 통합사례관리는 시설입소자의 안정적인 생활을 보장하고 사회구성원으로서의 권리행사 등 개인의 주체적 삶을 지원하는 데 목적이 있다.

거주시설의 통합사례관리 적용은 다음의 사항을 고려해야 한다.

(1) 입소자 입소경로 확인

많은 경우 대상자의 입소 결정은 주변에 관계된 사람들, 즉 돌봄의 제공자인 가족과 보호자에 의한다. 양육의 어려움이 가중되고 생활의 문제로 드러날 때 돌봄부담을 줄이기 위해 시설입소를 선택하는 것이다. 결국 입소자 본인의 결정보다는 보호자의 양육부담과 어려운 생활여건 등 가족 또는 보호자의 결정에 의해 입소된다.

이러한 보호부담은 자녀가 태어나는 순간 양육과 돌봄을 동시에 수행해야 하는 어려움과 관련이 있다. "가족들은 성장 과정을 지켜보며, 달라지지 않는 상황을 감수해야 하고, 자신의 시간을 포기한 채 돌봄에 매달려야만 생활할 수 있다는 것을 경험해 왔다. 그래서 개인시간을 갖거나 사적 생활은 포기해야 한다. 이러한 부담은 끊임없이 반복되고 매일 겪는 일"이다. 대체로 아동과 장애인, 중증질환을 앓고 있는 자녀 등을 돌보는 경우에 그러하다. 하지만 노인의 경우는 다르다. 노인장기요양보험제도가 도입되기 이전까지 국민기초생활보장법에 의한 수급권자 노인은 특정 질환에 노출되고, 자녀의 부양거부 또는 생활의 곤란 등으로 인해 행정기관을 경유하여 입소하는 방식이었다. 하지만 노인장기요양보험제도의 도입이후에는 장기요양보험 대상자 스스로가 자발적으로 입소하는 노인이 증가하고 있다.

시설입소는 행정기관을 통해 의뢰되고 기관의 입소완료(행정기관) 보고를 통해 승인된다. 따라서 거주시설의 통합사례관리는 입소자의 입소배경을 고려하여 가족지원을 위한 서비스[4]가 강화되어야 한다.

(2) 시설입소 사유 확인

사례대상자와 가족에 대한 지원체계 미비 등 사회적 지원이 부족한 상황에서 돌봄을 수행하고 생계를 위해 직업 활동을 해야 한다면 부담일 것이다. 결국 선택해야 하는 시기가 오면 고민하게 되는데, 많은 경우 돌봄을 선택하지만 여기에는 사회활동 제약을 감수해야 한다는 조건이 붙는다.

가족 또는 보호자의 기대욕구를 충족하는 것은 실천이 가능한 계획으로 수립될 때 성취된다. 따라서 도움의 정도는 지금, 현재의 생활 욕구에 기반해야 한다.

(3) 입소자의 생활보호조치 마련

24시간 직원의 도움과 원조를 받아야 하고 동료들과 생활하는 삶이라면, 사

4) 자녀 또는 가족이 입소 한 후 걱정 또는 불안한 마음을 갖지 않도록 하기 위해서는 보호자, 부모, 형제 등 연계체계를 마련하여 가족관계가 유지되도록 지원해야 한다. 더욱이 시설입소 기간이 오래되면 입소자는 원가정 복귀 및 자립을 요청할 수 있다. 이 경우 보호자의 동의가 필요하므로 가족연계는 중요하다.

적 생활이 제약되고, 정해진 일과와 프로그램 참여, 직원의 관여가 상시적일 것이다. 개인 소유의 물품 보관이 어렵고, 동료들과 공유하는 것들이 많은 생활일 것이다. 이렇듯 공동체 생활은 지켜야 할 것들이 많이 있다.[5] 하지만 이러한 생활을 감수해야 하고 매일의 부딪힘 속에서 규칙을 지키며 살아가야 한다면, 자신의 결정보다 의존에 가까운 부탁의 형식을 통해 직원에게 기대는 방식을 선택할 소지가 많다. 그래서 자율을 강조하지만 보호받는 존재로서 선을 넘지 않는 선택을 하는 등 제한적 구속에 놓이는 것이다. 일상적 외출과 활동조차 직원과 동행하는 등 허락 또는 누군가의 지원이 있어야만 한다는 것을 예측할 수 있다. '보호차원의 지원은 어느 정도의 자율성을 보장 하는가?'가 중요하다.

(4) 안락한 생활보장

통합사례관리 이전의 시설거주에 관한 논의는 입소자의 역량이 강화되어야 한다는 이해였다. 그래서 장애를 거론하며 장애경감을 위해 치료적 개입이 강조되었다. 하지만 장애와 질환 등에 노출된 사람에게는 생활이 가능할 정도의 지원체계가 마련되어 있어야 한다. 의료적 처치를 비롯하여 소득을 보장하기 위한 일자리가 있어야 하고, 생활을 유지하기 위한 상담, 치료 등이 제공되어야 한다. 대인관계를 위한 지원도 필요하다. 각종의 장치들은 편의시설, 직업보장, 문화적 수용, 이웃으로서의 관계 등 자조적인 생활이 가능할 정도여야 한다.

(5) 개별화된 생활의 추구

직원의 지원 여부에 의해 결정되었던 입소자의 생활방식은 개별화된 생활이 보장되어야 한다는 권리가 강조되면서, 사적생활의 보장과 개인의 선호를 우선하게 하였다. 입소자의 욕구에 부합할 수 있는 생활방식을 마련하고, 자립을 준

5) 여기에서 의미하는 지켜야 할 것은 시설의 규칙과 규정을 의미하지만 동료들에게 피해를 주지 않기 위해 잠자리 시간, 식사시간, 일어나는 시간, 함께 사용하는 공간의 정리정돈 등 집단생활에 따른 일반적인 생활 규칙을 의미한다.

비하는 데 부족함이 없어야 한다는 요구 등이다. 거주시설의 통합사례관리는 다양한 욕구를 대응하는 것도 중요하지만 개별성 보장을 위한 지원시스템 마련이 더 중요하다.

(6) 정리하며

거주시설의 통합사례관리의 목적은 안정된 생활[6] 유지에 있다. 안정된 생활의 유지는 장애로 인해 수행하지 못하는 일들을 극복하고 자조적으로 생활하는 것을 의미한다. 자조적이라 함은 사회 내·외의 활동을 스스로 수행하고, 자신의 결정을 실행할 수 있는 것을 의미한다.

사례관리자는 사례대상자의 실행을 돕기 위해 서비스 또는 프로그램으로 지원한다. 하지만 서비스는 도움을 받아야 하는 생활의 일부에 불과하다. 지원이 필요하다는 직원들의 결정에 따라 서비스로 개발되고 지원되기 때문에, 실제 대상자의 생활 욕구 전부를 충족하는 것은 불가능하다. 개인의 장애상태에 따라 다양한 차원에서 고려한 결정은 스스로 수행할 수 있어야 한다는 입소자의 역량 개발이 핵심이다. 입소자의 역량 개발은 프로그램의 참여 과정, 즉 초기부터 종료까지의 변화 정도를 준거 삼아 '목표는 달성되었는가?' 또한 '입소자의 역량은 개발되었는가?'에 초점을 둔다.

거주시설의 목적사업이 입소자에게 집중되고, 이렇게 개발된 서비스 목표는 스스로 생활할 수 있어야 한다는 목적에서 수립되기 때문에 시설입소자에게 프로그램은 중요하다.

하지만 고려해야 할 사항이 있다. 준거의 기준이 명확하지 않다는 것이다. 직장인을 예로 보면, 업무를 수행하는 것과 동시에 매월 성과로서 급여를 받거나

6) 안정된 생활이라 함은 기관운영과 관련이 있다. 기관의 안정은 거주와 보호에 따른 프로그램 활동과 서비스, 즉 생활에 관한 것으로 재정을 보조하는 기업재단과 행정기관의 기본적 요구로서 입소자의 인권과 권리가 침해되지 않아야 한다는 사회적 요구에 해당한다. 하지만 이러한 요구를 충족하는 것만으로 안정되게 생활한다고 볼 수 없다. 개인의 욕구와 장애 특성을 고려하여 생활의 리듬을 찾아 지원하고, 자율과 권리 등이 보장되는 생활이어야 한다.

진급으로 보상을 받는다. 하지만 입소자는 업무수행에 필요한 체험만을 하게 된다. 직무현장이 아닌 유사한 장소에서 프로그램의 내용에 따라 목표를 제시받고, 장애의 제약을 극복할 것이라는 기대 속에 참여하게 되지만, 실제수행이 아닌 그 현장에 잠시 머무는 활동이기에 체험일 뿐이다. 결국 목표달성 기준은 사례관리자가 입소자의 활동을 어떠한 준거를 통해 평가하느냐에 따라 긍정적인 활동으로 이해되고, 아닐 수도 있기 때문에 평가 원칙이 명확해야 한다.

또 하나 고려할 사항은 이러한 과정을 극복하였다 해도 '집단생활의 제약은 개선이 가능한가?' 또한 '입소자의 사적권리와 개별성은 보장되었는가?'에 대한 물음이다. 시설 내의 활동은 개인이 추구하는 욕구를 토대로 시설생활, 동료관계, 시설의 지침준수, 활동프로그램의 참여, 주민과의 교류, 자원과의 교제, 이웃 주민과의 친밀도, 지역사회 이해 등 개인의 적응 및 장애특성이 반영된 결과로서 능력 고양과 역량 개발차원에서 서비스가 제공된다.

이런 의미에서 볼 때 입소자는 장애의 제약이 없었다면 시설에서 생활하지 않았을 것이다.

장애가 한 사람의 인생을 바꾼 것이며, 보호자와 가족들의 생활을 변화시켰다고 볼 수 있다. 거주시설의 통합사례관리는 장애의 완화와 경감, 사회성 향상 등 성숙된 시민으로 살아갈 것을 목적으로 지원된다는 점에서 이용시설의 통합사례관리 방식과 달라야 한다.

3) 이용시설의 통합사례관리

이용시설의 통합사례관리는 사회복지실천 방법을 사례관리 절차에 따라 미시적 차원과 거시적 차원에서 적용하는 임상활동이다. Moore(1990)가 강조하는 옹호기술과 Rothman(1992)의 대인서비스에 초점을 둔 목적 있는 활동으로, 한국사회복지협의회(1993)에서는 다음과 같이 정의하였다. 보호가 필요하고 복합적인 욕구가 있는 사례대상자에게 지역사회 자원을 연계하여 서비스를 제공하는 전문적 복지실천 활동이라고 정의하였다(최은희 외, 2013).

이용시설의 사례관리 적용 방안을 제시하면 다음과 같다.

(1) 충분한 정보파악

통합사례관리는 사례발견 후 사정의 근거자료를 수집하기 위해 사례대상자의 주 호소내용에 따라 개인, 가족, 환경체계에 대한 문제수준과 상황 등이 확인되어야 하는데, 인테이크 과정은 정보를 습득하는 최적의 시기이다.

(2) 적극적인 동기부여

사례대상자는 변화를 인지한 순간부터 기대이상의 노력을 하며 기대를 성취하기 위해 전력하게 된다. 적극적인 지지와 옹호를 통해 동기를 부여해야 하는데, 동기는 현재의 어려움이 개선되었는지를 체험하는 경우에 느끼는 감정 상태이다.

사례대상자가 간절히 바라는 변화를 충족하기 위한 방법을 이해하기 쉽게 설명하고, 변화될 것이라는 확신을 심어 주어야 한다. 그래서 첫 대화가 중요하다. 첫 대화를 실패하게 되면 일상적인 얘기만을 주고받게 되어 청취하는 것으로 마치게 된다.

(3) 문제 중심의 면담 지양

사례관리자가 일상적인 업무차원에서 사례대상자를 대면한다면 문제 중심의 경험된 얘기만을 나누게 된다. 그러면 사례대상자의 전·후 사정을 파악하지 못하는 것은 물론 단편적인 사건중심으로 청취하게 되어 지원의 결과에만 초점을 두게 된다.

문제 중심의 면담은 문제 해결을 위해 서비스가 제공되어야 한다는 결론 속에 '문제가 무엇인가? 그러면 어떤 서비스가 최적의 대안 인가?'라는 문제와 답을 찾는 인테이크 방식이기 때문에 지양해야 할 면담방식이다.

(4) 수행인력 부족극복

지역사회기관의 사례관리는 사례관리자의 역량이라 해도 과언이 아니다. 지역아동센터의 운영지침(보건복지가족부, 2014)을 살펴보면, 정부지원은 2014년을 기준으로 3,989개소가 운영되고, 지원단가 4,330,000만 원이며, 총 97,900,000원이다. 지원 대상은 18세 미만 아동으로 국민기초생활보장 수급권자 가정 아동, 차상위계층 가정 아동, 보호대상 한부모 가정 아동, 조손 가정 아동, 다문화 가정 아동, 장애 가정 아동(아동본인 또는 장애 가정 내 아동 포함), 기타 보호가 필요한 아동을 우선 보호하기 위해 지역아동센터 신고정원의 60% 이상의 비율을 유지해야 한다. 종사자 배치기준(「아동복지법시행령」 별표 11)은 아동 30명 이상일 경우 시설장 1명, 생활복지사 2명(아동 50명 이상인 경우 1명 추가), 아동 30명 미만 10명 이상일 경우 시설장 1명, 생활복지사 1명, 아동 10명 미만일 경우 시설장 1명을 배치하고 있다. 이러한 인력구조 속에 사업 및 운영프로그램은 다음의 사항을 추진할 것을 주문하고 있다. 먼저 보호영역은 생활측면에서 일상생활관리, 위생건강, 급식지도 관리와 안전측면에서 생활안전지도, 안전귀가, 5대 안전 의무교육)업무를 수행해야 하고, 교육영역은 학습(숙제지도, 교과학습지도), 특기적성(예체능활동: 미술, 음악, 체육), 적성교육(진로, 독서, 요리, 과학 등) 등이며, 성장과 관리(인성, 사회성 교육, 자치회의 및 동아리 활동 등)를 위한 프로그램을 진행해야 한다. 문화영역은 체험활동(관람 및 견학, 캠프 여행), 참여활동(공연, 행사: 문화, 체육 등) 등이며, 정서지원영역은 상담(연고자 상담, 아동상담), 가족지원(보호자교육, 행사모임)등이며, 지역사회연계영역으로 홍보(기관홍보), 연계(인적 및 기관연계) 등의 사업을 수행해야 한다.

위의 사업을 수행하며 통합사례관리를 시행하는 것이 가능한지 의문이 생긴다.[7] 결국 통합사례관리의 기본적 사항 외에는 수행이 어렵다는 것을 확인하게

7) 지역아동센터는 위의 문제로 인해 지난 2015년부터 사례관리 사업을 제외시켰다. 현실적인 수행의 어려움을 인정한 조치로 볼 수 있다. 아동과 관련한 사례관리는 드림스타트, 희망복지지원단, 위스타트 센터, 아동복지시설, 종합사회복지관 등에서 시행하고 있다.

되고, 요구하는 사업수행조차 버거울 것이라는 것을 예측하게 된다.

(5) 정리하면

이용시설의 통합사례관리는 지역에 주거기반을 둔 주민들의 어려움을 사회복지기관에 소속된 전문가들이 역할을 분담하여 문제 해결 방법을 모색한 후 개입하는 것이다. 이러한 목표는 사례대상자의 자조적인 생활유지와 생활할 수 있는 역량을 갖추도록 하는 데 있다. 하지만 기관 간의 합의에 의한 지원체계가 모색되어야 한다. 지원체계는 가능한 한 많은 전문가가 참여하도록 네트워크를 연계하고, 소속된 기관의 인적·물적 자원의 연계를 의미한다. 연계는 사례 상황에 따라 능동적으로 개입하기 위한 기관 간의 합의를 말하고, 분담한 역할에 따라 적극적으로 서비스를 지원하겠다는 것을 의미한다.

결국 이용시설의 통합사례관리는 지역기관과의 긴밀한 연계체계 구축을 통해 지원되고, 연계는 기관들의 역할분담을 명확히 할 때 성과를 기대할 수 있으며, 성과는 전문성이 발휘되어야만 질적으로 높아진다.

사회복지기관을 이용하는 이용자들은 낮 시간에 사회복지기관을 이용하고 이용을 마친 후에는 생활터전인 가정으로 귀가한다. 이들은 지역에 거주하는 주민들로 사례관리대상자로 등록되지 않았다고 하여도 이용자로 등록되면 자격이 주어진다. 이런 이유에서 대상이 포괄적이고, 성별의 구애를 받지 않으며, 소득기준에 따라, 사회생활 정도에 따라 차이가 있어 개별성 보장을 중요하게 다룬다.

따라서 사례관리자는 단순 이용과 서비스적격성에 부합하는지만을 고려해서는 안 된다. 사례의 상황에 따라 최적의 개입방법을 모색하기 위해 지역기관 간의 긴밀한 네트워크를 구축해야 한다는 점에서 거주시설의 통합사례관리보다 더 포괄적이라고 할 수 있다.

3. 사회복지기관의 통합사례관리 지향점[8)]

〈표 1〉 통합사례관리 지향점

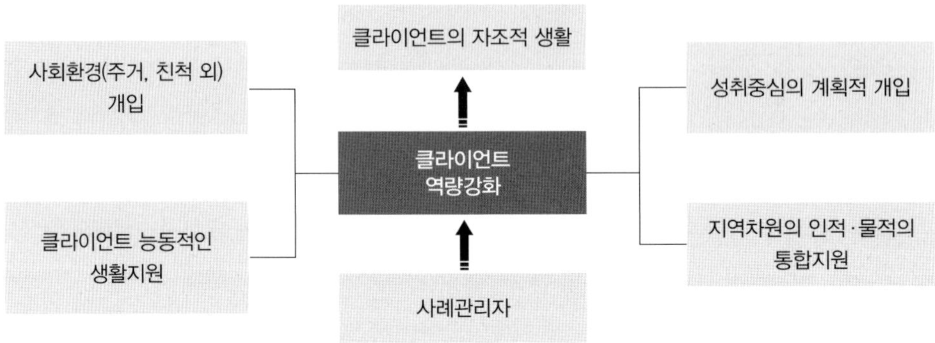

통합사례관리 수행 시 사례관리자의 역할은 문제가 해결되기까지 대안을 모색한 후 각각의 서비스를 연계하여 서비스가 단절되지 않는 상태에서 전문가와 기관, 서비스 간, 자원 간의 연계를 통해 통합서비스를 지원하는 것이다(Ballew & Mink, 1996, 권진숙 외 역, 1999).

통합사례관리 시행에 따른 사례관리자의 기술은 다음과 같다.

1) 풍요로운 생활추구

개인은 가족 안에서 양육되고, 성장하며 사회 안에서 살아간다. 사람들과 어울리고, 어울리는 동안 만족과 행복을 얻는다. 반면 어려움을 경험하며 더 힘든 상황을 겪을 수도 있다. 곤란함의 문제는 일시적일 수 있으며, 아니면 오랫동안 겪어 온 일일 것이다. 사례대상자의 현재 생활이 안락하고 풍요로운 생활을 추구할 수 있도록 지원하는 것이 통합사례관리의 목적이다(김기덕 외, 2013).

8) 여기에서 사회복지기관은 이용시설과 거주시설 모두를 통칭한다. 지향점이라 함은 사회복지기관이 통합사례관리를 수행하는 데 있어 진정 바라고 기대하는 목표에 대한 것이다.

2) 역량을 강화하는 지원

역량을 강화하는 지원은 사례대상자가 해보고 싶고, 하고자 하는 일들을 할 수 있도록 지원하는 것이다. 문제를 극복하도록 힘을 부여하여 이겨낼 의지를 갖게 하는 데 있다.

T/i/p

통합사례관리 수행 시 사례관리자의 역할은 사례대상자의 역량을 강화시켜 현실을 극복하도록 돕는 데 있다. 관계된 사람들의 기대를 충족하기 위해 활동하고, 사례대상자의 능력을 고양하기 위해 다양한 대안을 모색하여 지원하는 전문적인 활동이다. 인생은 문제를 안고 살아가지만 극복할 힘이 본인에게 있다는 것을, 그리고 살만하다는 것을 이해시키기 위해 사례관리자의 역할은 중요하다.

3) 참여 자원의 조직화

자원의 조직화는 자원들의 참여 의지에 더해 기관장과 사례관리자의 노력이 일치될 때 완성된다. 사례의 상황에 따라 지역의 전문가와 사회복지기관, 자원봉사자의 역할을 분담하여 의도적으로 개입하는 활동이라고 정의하는 이유가 여기에 있다. 이를 참여 자원의 조직화라고 하는데, 자원들은 협의를 거쳐 사례대상자의 호소문제, 그 문제의 해결에 목표를 두고 조직적으로 참여하게 된다. 따라서 사례관리자는 지역기관들의 동향과 사업내용을 파악하고 있어야 한다.

자원의 조직화는 팀으로 협력하게 되므로 언제든 개입할 수 있도록 주관하는 사례관리자의 중재자 역할이 핵심이다.

4) 계획적인 개입, 그리고 성취중심

통합사례관리는 사례관리자가 주도하지만 주인공은 사례대상자이다. 사례관리자는 사례대상자의 안락한 생활에 초점을 두고 자조적인 생활에 필요한 정보제공과 안내자 역할을 수행한다. 그러나 사례관리자 개인의 역할로는 힘에 부칠 수 있어 이를 해결할 수 있는 지역의 전문가들이 힘을 모아 융통성을 발휘하며 방안을 모색해야 한다. 그래서 통합사례관리는 계획과 실천, 성과를 하나의 과정으로 이해하고 예측된 성과를 목표로 하여 조직적으로 활동하는 성취중심의 활동이다.

T/i/p

지역의 기관들이 지역실정에 적합한 통합사례관리를 체계화할 이유는 사례대상자는 물론 관계된 전문가와 기관들의 복지제공 수준을 확장하게 하는 기능 때문이다. 하지만 기관의 역할이 통합사례관리 수행에 적합하도록 체계화되어야 한다. 또한 서비스를 통합해야 하는 과제도 있다. 사례의 상황에 따라 전문가의 참여시기를 조정하고 개입역할도 분담해야 한다. 프로그램 또한 여가, 교육, 치료, 건강유지, 여행, 대화, 기술 습득 등 다양해야 하며, 사례대상자의 문제해결 정도에 따라 언제든 개입할 수 있는 연계체계가 마련되어야 한다. 해결기대는 연합의 목적이 분명하고, 정기적인 모임 개최와 더불어 활동을 촉진하기 휘한 이슈가 명확할 때 구체화된다.

5) 능동적인 생활지원

능동적인 생활이라 함은 긍정적인 태도로 생활하는 것을 말한다. 감정이 풍부하여 기쁜 것을 누릴 줄 알고 해야 할 것들을 즐겁게 수행하는 삶이다. 처한 상황을 받아들이고 나아질 것을 기대하며 그것을 얻기 위해 노력하는 생활이다.

그렇다면 인생은 능동적인 즐거움만 있을까? 분명 아니라고 말할 것이다. 사례대상자가 생각하는 '아니다!'라는 의문을 해결하기 위해 통합사례관리는 지원역량을 갖춘 전문가와 기관들이 공동의 목적 하에 활동할 것을 권장한다.

6) 통합사례관리 실천 시 고려사항

첫째, 소규모 기관에서 대규모 종합사회복지관 또는 단종복지관, 센터 등 유형과 분야에 따라 사업의 목적이 다르고 기능도 차이가 있다. 이러한 차이에 따라 통합사례관리의 적용방식은 달라야 한다.

둘째, 지역의 사회복지기관은 사업의 성과를 도출하기 위해 경쟁도 해야 한다. 이러한 상황에서 어떻게 연계할지가 고려되어야 하는데, 연계는 경쟁의 상황에서 관계의 상황으로 변화하게 한다.

셋째, 지역사회기관이 설립된 지역은 지역의 특성에 따라 사업수행 방식이 차이가 있다. 농촌·산촌 및 어촌과 공장지대, 주거 밀집지역과 번화가 또는 영구임대아파트 지역 등에 위치하느냐에 따라 사업 양과 수준이 달라지고, 사례관리자의 개입수준 또한 달라진다. 지역의 실정에 적합한 통합사례관리 방식을 적용하는 것은 지역의 주민들에게 복지체감 수준을 높일 뿐만 아니라 복지 인식을 높이는 기저로서, 사례관리자는 지역특성에 부합하는 서비스를 제공해야 한다.

사례대상자와 지역사회를 연계하는

현장 중심의 통합사례관리

2장 /

통합사례관리 동향과 쟁점

1. 통합사례관리 동향

사례관리는 1980년대 이후부터 주목받기 시작하여 최근 사회복지 관련 단체와 기관의 주요사업으로 정착되었다. 장애인, 노인, 아동, 쉼터, 사회복지기관, 센터, 협회 등의 필수서비스로 자리 매김하였고, 문제에 직면한 개인과 집단의 환경을 변화시키기 위한 적극적인 실천 방법이라는 인식 속에 사례관리자의 필수직무로 정착된 상황이다. 이러한 변화에 따라 공공사업분야와 민간사업 분야에서도 사례관리 전달체계의 정비와 아울러 국가 주도적인 사업으로 추진되고 있어 사회복지분야의 핵심 사업으로 확대될 것이 예견된다.

지난 2004년 여성가족부가 도입한 '취약 한부모가족 역량강화서비스'는 한부모가족들의 역량강화를 위해 지원한 사업이다. 한부모가족이 겪고 있는 어려움, 즉 경제적 빈곤과 미자립 문제, 자녀 양육과 돌봄, 가사활동 부담 외에 심리·정서적인 문제, 사회적 편견과 차별 등은 사회적응력 저하와 빈곤세습을 악화시킨다고 보았다. 이에 건강가정지원센터를 중심으로 빈곤취약여성가구주 지원(2004~2006), '한부모가족지원'(2007~2008), '취약가족 지원사업' (2009~2010), '한부모가족지원사업'(2011)을 전개하였고, 취약가족과 한부모가족의 욕구를 지원하기 위해 사례관리 기법을 도입하였다. 2011년 기준, 전국 17개 건강가정지원센터에서 취약 한부모가족의 역량강화서비스를 제공하고 있다(한국보건사회연구원, 2011).

우리나라의 공공사례관리의 시작은 2010년 보건복지부에서 시·군·구의 업무별 사례관리 가이드라인 개발에서 찾아볼 수 있다. 사례관리 전담공무원을 배치하여 읍·면·동을 연계한 사회복지 통합관리망을 구축하였으며, 대상자 상담과 이용내역 조회 및 자원연계 등에 대한 정보를 통합적으로 관리할 수 있게 되었다. 최근에는 민간자원을 효율적으로 관리하기 위해 적용하고 있으며, 공공서비스영역까지 확대적용하는 추세이다. 공공사례관리는 시·군·구와 읍·면·동을 민간과 연계하여 문제에 노출된 저소득 계층 가구주와 주민을 발굴하고 보호한다는 취지에서 도입되었다. 즉 요보호대상자의 발견에서 서비스 계획과 수립 및 지원 시 민간 자원과 연계하여 원스톱으로 지원하겠다는 의도였다. 그러나 민간 기관과 공공 기관과의 연계체계 미흡과 관리대상자 발굴의 어려움, 공공전담 공무원의 이해부족과 업무 미숙 등이 한계로 나타났다(한국보건사회연구원, 2010).

2010년부터 전국 16개 시·군에 설치하여 운영되고 있는 무한돌봄사업의 경우 위기가구 및 대상자 발굴과 더불어 지원 결과까지 추적하는 사후관리시스템을 추진하고 있다. 주거, 의료, 생계, 고용과 교육 등 복합적인 문제와 욕구를 표출하는 주민이 주 이용자이다. 대상자의 추천과 의뢰를 통해 인테이크를 시행하고, 초기상담 후 시·군의 무한돌봄센터장에게 의뢰되어 욕구조사 및 사례판정회의를 통해 적격성 여부를 판정한다. 긴급사례, 집중관리사례, 공공연계 및 단순 사례로 대상자를 구분하고 주 사례관리 기관과 서비스 제공기관을 선정하여 대상자와의 합의를 통해 서비스 계획이 수립된다. 서비스 연계 및 점검은 제공기관의 서비스 지원 후 모니터링을 통해 진행되고, 평가와 종결은 서비스 목적 달성, 추진 정도, 대상자의 변화 및 만족 정도 등을 종합적으로 평가하여 위원들의 회의를 통해 확정된다(한국보건사회연구원, 2010).

지난 2011년부터 보건복지부에서는 빈곤아동의 문제 해결을 위해 드림스타트 사업을 전개하고 있다. 0세에서 12세 아동과 가족들에게 맞춤형 사례관리를 통해 아동의 신체와 건강, 인지와 언어, 정서 및 행동 등의 부정적 문제를 예방하고 개선한다는 의도이다. 아동의 빈곤문제와 빈곤세습화를 예방한다는 목적에서 프로그램을 지원하고, 필요한 경우 후원기관을 연계하여 서비스를 제공한다. 위의 서비스는 지역에 기반을 두고 있는 사례관리 거점기관의 지정을 통해 시행된다(보건복지가족부, 2011, 2011년 드림스타트 사업 안내).

2012년 보건복지가족부에서 발행한 한국사회복지관 업무지침에서는 종합사회복지관의 3대 기능분류 사업 중 사례관리 사업을 필수사업으로 반영하였다.

2. 통합사례관리의 쟁점

통합사례관리가 사회복지기관의 보편적 직무로 수행되고 있지만 기관의 상황에 적합한 통합사례관리 기법이 개발되지 않은 상황에서 일부절차만을 적용하고 있다는 논의가 있다. 이러한 논의는 사례관리를 주요사업으로 채택한 기관을 고민하게 하였다.

기관의 실정에 적합한 사례관리 절차와 양식을 개발하여 적용해야 하지만 규모가 있는 기관의 사례관리 양식을 무분별하게 도입함으로써 일부 절차만을 반복적으로 시행하거나, 기관의 실정에 적합하지 않는 양식을 적용하는 등 직원들의 이해가 부족하다는 것이다. 직무수행과 기술습득을 동시에 수행해야 한다는 부담을 가중시키고 있어 직무과중의 요인이라는 지적도 있다. 통합사례관리의 주요 쟁점은 다음과 같다.

1) 사례관리 개념의 미정립

김기환(1997)은 사회복지서비스의 효과성과 효율성을 향상시키기 위한 전문적인 실천 방법으로 통합사례관리를 주목하고, 다양한 분야에서 활용되고 있으며, 인간봉사분야의 새로운 실천 방법으로 정착되었다고 하였다. 하지만 우리나라 실정에 적합한 통합사례관리 기법과 모델이 개발되지 않고 있어 당면과제라고 하였다. 원연미(2011) 또한 우리나라 실정에 적합한 통합사례관리 기법과 개념 정의가 합의되지 않았고, 학자마다 다른 개념과 목표, 절차 및 실천방법을 제시하고 있어 정립이 필요하다고 하였다.

2) 시설유형에 적합한 사례관리 방법의 미적용

사회복지기관은 거주시설과 이용시설[1])로 구분된다. 시설입소를 통해 서비스를 이용하는 방식과 원주거지를 지역사회에 두고, 낮 시간을 통해 필요한 서비스를 이용하는 방식이다. 이러한 분류에 기초하여 볼 때 기관의 유형특성을 고려하고 이용자의 상황에 적합한 통합사례관리 방법은 통합사례관리 수준을 질적으로 높이지만, 운영특성을 반영하지 못한다면 형식적으로 지원될 것이다.

3) 회의 형식의 사례회의

또 다른 이슈는 사례관리를 사업회의 방식으로 진행한다는 지적이다. 사정내용에 근거하여 사례의 문제를 나열한 후 문제 해결에 필요한 서비스 규명과 아울러 지원방향을 결정하는 회의방식을 사례관리로 오인하는 것이다. 이러한 회의방식은 문제가 일어난 배경을 확인하고 사례의 상황을 이해하기 위해 과거의 생활을 분석하기는 하지만, 드러난 문제만을 다루고 지원이 가능한지 여부만을 고려하게 한다. 지원이 가능한 경우에도 서비스 내용을 설명한 후 동의를 받는 것에 목적을 두고 있어, 동의하지 않는다면 서비스 지원은 중단된다. 사례대상자는 도움을 받을 만한 마땅한 의뢰처가 없는 상황에서 서비스 제공 기관의 요구를 수긍하고 동의할 수밖에 없는 처지에 놓이는 것이다.

4) 회의 결정에 초점을 둔 사례회의

회의 중심의 결정방식, 즉 사례회의를 통합사례관리로 오인하고 있다는 논의가 있다. 긴급한 개입이 필요한 위기개입 사례와 일반적 개입사례, 단순지원 사례를 고려하지 않고 회의결정에 따라 지원사항만을 분류한 후 담당자에게 일임

1) 이용시설과 거주시설의 구분을 거주기준에 따라 분류하고자 한다. 이용시설은 지역사회의 원주거지에서 생활하는 이용자가 필요에 의해 낮 동안 이용하는 시설로 정의하고, 지역사회기관을 이용시설로 지칭하겠다. 거주시설은 거주를 목적으로 보호에 기반하여 재활 및 생활에 필요한 다양한 서비스를 지원하는 시설로 지칭하겠다. 두 시설을 통합하여 지칭할 경우 사회복지기관으로 기술하겠다.

하는 것이다. 이러한 방식은 충분한 사전 검토를 시행하지 않아 업무가 가중되는 경우 단순 서비스만을 지원할 소지가 많다. 결국 통합적 접근은 시도도 못한 채 회의결과에서 다루어진 사항과 누가 지원할 것인지만이 부각되고, 실천되었는지를 성과로 인정하는 것이다. 즉 지원이 가능한가, 아닌가의 문제 중심의 단순지원방식을 사례관리로 오해한 결과이다.

결국 직원은 피곤에 지쳐 직무과중을 호소하고 개선이 안 되면 이직 또는 휴직을 선택하게 되는데, 정해진 일자와 시간에 수행하는 회의는 현재 상황이 주요 관심사가 되므로 해결방법을 모색하는 데에는 한계가 있다.

5) 기관수준에 국한된 사례관리 서비스

사회복지기관은 사회복지서비스를 전문화하고 구축하기 위한 노력에 비해 통합사례관리 직무를 기관의 전략사업으로 개발하지 못했다는 지적이 있다. 사례 상황을 고려하지 않고 기관이 정한 서비스 외에는 지원하지 않는 것이다. 이런 경우 농촌, 중·소도시, 대도시, 산촌, 어촌, 서비스 산업이 발달하였는가? 등 지역의 상황에 적합한 사회복지기관의 역할은 배제된다. 물론 사례관리자의 역할 또한 중요하지 않다. 기관이 정한 서비스 대상에 해당 하는가 만이 부각되어 단순 서비스 제공만으로도 기관의 역할을 다했다고 판단하기 때문이다.

기관의 지원수준에 국한된 서비스는 다음의 문제를 내포하고 있다.

첫째, 기관의 지원여부가 결정사항이다. 즉 적격성기준에 부합하는가와 아닌가는 지원의 결정요인이므로 대상자의 결정은 중요하지 않다.

둘째, 기관마다 상이한 선정 기준으로 인해 마음만 먹는다면 여러 기관에서 동시에 서비스를 제공받을 수 있다. 따라서 현재와 같이 일률적이고 비슷한 형태로 특정 절차만을 적용한다면 중복수혜는 피할 수 없게 된다.

셋째, 기관의 규모와 인력수준, 재정 상태를 고려하지 않고 타 기관의 사례관리 절차와 양식을 검증 없이 도입하였다는 논의이다. 결국 기관의 사례관리 절차와 방식이 적정한지, 채택한 양식이 기관의 실정에 부합하는지를 고려하지 않게 되어 욕구와 관련 없는 서비스가 제공될 소지가 많다.

넷째, 일부 소규모기관은 사회복지사 한 명을 배치하고 한 명의 기관장이 기관운영을 관장하며 회계사무처리, 프로그램 진행, 시설물 관리 및 차량운행, 이용자 상담, 사무행정처리, 식사준비 외에 외부지원사업 공모 등의 직무를 수행하면서 통합사례관리를 적용하는 것은 무리이다.

Tip

개별 기관에 적합한 통합사례관리 모델이 개발되고 제시되어야 할 이유는 전문가의 원조가 필요한 개인, 가족을 중심으로, 그리고 지역사회 내에서 안정적으로 생활하도록 지원하기 위해서이다.

6) 비중 없는 사례관리 업무

지역사회기관(이용시설) 또는 거주시설의 사례관리 체계가 합의되지 않은 현실에서 타 기관의 양식을 적용하는 것은 자연스러운 것일 수 있다. 사실 자체적으로 개발된 양식을 사용하는 기관이 얼마나 있겠는가? 이러한 선택은 해마다 시행되는 행정기관의 지도점검에서도 드러난다. 요구하는 서류를 맞추기 위해 많은 시간과 에너지를 쏟아야 하기에 사례관리 양식개발은 엄두가 나지 않는 직무이다. 소규모 기관은 더 어려운 여건에 처해 있다. 인력이 부족하고 재정이 열악하여 역할 과중을 호소하고, 다른 직무를 처리하기에도 버겁다는 것을 말하고는 한다. 장기적인 계획을 수립하여 추진할 업무임에도 불구하고, 직무 추진에 필요한 지식을 습득하는 것조차 시간이 부족하여 관리자에게 보고하는 것으로 마친다는 것이다. 다양한 직무를 수행해야 하고 많은 사례를 지원해야 한다는 중압감이 많아 업무의 경중은 고려도 못한 채 주어진 직무를 감당하기에도 버겁다는 항변 등이다.

이러한 상황에서 사례를 지원하기 위해 야근을 하거나, 주말근무를 해야 한다면, 또는 개인시간을 포기해야 한다면 단순지원에 머물게 되는 것은 물론 단순 프로그램 또는 일회적인 서비스를 선택할 것이다. 직무의 연장선에서 수행하게 되어 제약이 발생하게 된다는 것을 예측하게 한다. 그래서 많은 사례관리자는 업무과다와 과중, 그리고 역할 모호를 고민한다.

T/i/p

사례관리자는 아침보고를 마친 후 대상자와 상담을 하고, 이용자에게 전화하여 참여를 독려한다. 프로그램 실을 점검한 후 이용자의 불편 사항을 체크한 후 개별직무를 처리하고, 팀의 추진사업을 수행하기 위해 출장을 가거나, 가정 방문과 상담 등 다양한 역할을 수행해야 한다. 그래서 많은 사례관리자는 야근을 한다. 때로 휴가를 반납하고 직무를 처리한다. 해야 할 직무가 가족과의 시간보다 우선되기 때문이다.

7) 사례관리와 통합사례관리의 미구분

최근 사례관리의 중요성이 강조되면서 확장된 개념으로 '통합사례관리'라는 용어가 대두되고 있다. 하지만 일부 기관은 이미 통합사례관리를 시행하고 있으면서 차이를 구분하지 못해 혼란을 겪는 실정이다.

일반적으로 사례관리는 사례의 사정 후 사례회의를 통해 서비스가 지원된다. 사례 상황에 따라 부서장과 사례관리자, 담당 직원이 참여하고, 사례대상자의 문제 해결을 목표로 서비스를 지원하게 되는데 기간이 정해져 있다. 자체적으로 해결이 어렵다면 외부 전문가에게 의뢰하는 방식이다.

통합사례관리는 사례관리절차에 따르지만 전문가의 참여가 필수적이다. 지역사회기관과의 연계를 통해 지역차원에서 지원할 사례가 의뢰되기 때문이다. 따라서 지역의 기관과 자원이 연계되지 않는다면 추진될 수 없다. 협조관계는 종결시까지 유지되어야 하고, 유기적인 협의가 있어야만 성과를 기대할 수 있다.

통합사례관리는 지역의 전문가와의 연계를 중요하게 다룬다. 자원과의 연합은 전문 인력과 시설물을 포함하고 기관 간의 역할 분담을 통해 결정된 서비스를 시기에 맞춰 지원하는 것이다. 분담된 서비스는 시행 장소, 참여 자원, 서비스 내용 등에 대한 준비사항을 정보로서 공유하고, 서비스 진행과정을 모니터링하며 문제 해결 시까지 지원하는 연계를 의미한다.

8) 문제 해결 조치라는 오해

통합사례관리는 사전조치가 중요하다. 사례대상자의 생활상을 토대로 욕구를 확인하여 문제로 진전되지 않도록 예방하는 데 초점이 있기 때문이다. 여기에서 조치는 바라는 바와 기대를 충족하는 것이다.

욕구의 미충족은 생활 속 욕구가 충족되지 않은 상태로 문제로 확산되면 많은 노력과 시간을 투자해야 하고, 물리적 조치를 강구하는 등 해결을 위해 더 많은 지원이 필요하다. 따라서 발견된 욕구가 문제로 진척되지 않도록 하는 사전조치가 통합사례관리의 핵심이다.

사례

평소 종합사회복지관을 이용하는 할머니는 다른 이용자에게 자주 가정사를 얘기하였다. 손녀가 집에 안 들어왔으며, 신경질적이고 집에 들어오기 싫다는 말을 하였다는 것이다. 이러한 얘기는 주변으로 퍼지게 되어 담당 사례관리자에게도 전달되었다. 사례관리자는 할머니를 찾아가 "손녀 때문에 걱정이 많으신가봐요. 너무 걱정하지 마세요. 들어올 거예요. 그리고 어려움이 있다면 저를 찾아오세요. 도움을 드릴테니까요"라는 인사로 지나쳤다. 그런데 얼마 후 할머니가 진짜로 찾아왔다. 그의 "손녀가 친구들과 어울려 집에 들어오지 않았고, 다른 사람의 차를 훔쳐 타고 다니던 중 사고를 냈다"는 것이다. 할머니는 이 일로 그나마 갖고 있던 전세보증금을 합의금으로 지급해야 할 상황이다. 어떻게 할지 몰라 사례관리자를 찾은 것이다.

위의 사례를 살펴보면 사례관리자는 사전에 할머니의 욕구를 알고 있었으며, 조치할 수 있는 시간이 있었다. 손녀의 가출에 대해 연락사무 또는 가정 방문을 통해 필요한 조치를 취했더라면 예방할 수 있었다. 그런데 사례관리자는 할머니에게 위로의 말만 전했을 뿐 개입하지 않았다. 결국 문제를 개입하였지만 심각한 상황에 직면한 이후에 개입하였으므로 시기를 놓친 것이다. 해결이 불투명한 상황으로 할머니는 전세보증금을 합의금으로 지불해야 할 상황이다.

이런 사례는 종종 발견되는 일이다. 거주시설의 상황을 살펴보아도 비슷하다.

사례

평소 언어적 소통에 어려움을 겪는 지적장애인은 자주 배가 아프다는 표현으로 배를 만지며 얼굴을 찡그린다. 이러한 상황은 직원들에게 목격되었지만 그의 장애특성으로 이해되었다. 그래서 "괜찮아요. 어디 불편하세요!"라는 식이었다. 며칠 후 장애인은 심각한 복통을 호소하며 고통스러워하였다. 긴급히 119에 신고하여 병원으로 옮겼고 진료결과, 오랫동안 장염을 앓아 왔고, 더 빨리 치료를 받아야 했다는 의사의 소견을 듣게 되었다. 그는 결국 수술을 받아야 했다.

위 사례 또한 욕구가 문제로 확산되기 이전에 조치할 기회가 있었다. 하지만 단순행동으로 이해되어 간과되었다. 이렇듯 문제가 드러난 후 개입하고, 문제를 개입하는 것을 사례관리로 오해하면 안 된다. 따라서 사전 조치는 중요하고 문제로 진전되기 이전의 개입을 고려해야 한다.

이를 적극적으로 대처하는 방법이 사례대상자의 예측행동을 주목하는 것이다. 예측된 행동은 표정, 말투, 태도 등에서 확인이 가능하다. 평소와 다른 머뭇거림에서, 어제와 다른 모습에서, 그리고 무언가를 말하려는 표정에서 확인된다.

사례관리자가 사례대상자를 얼마나 이해하고 있는가에 따라, 그리고 이해가 선행될 때, 긍정적인 관계를 유지하게 된다. 이를 민감하게 반응할 책무는 사례관리자에게 있다. 결국 통합사례관리는 문제 해결을 위한 개입과 조치라는 역할과 관련이 있지만 핵심목표는 문제가 심화되지 않도록 예방하는 데 있다.

3. 통합사례관리 실천의 딜레마

1) 전문직의 윤리와 딜레마

사례관리자가 사회복지 실천 윤리를 전문직의 관점에서 준수 할 이유는 윤리적 갈등과 딜레마를 경험할 수 있기 때문이다. 윤리적 딜레마는 옳고 그른가에 대한 판단과 결정의 교착상태, 즉 사례관리자의 혼란 상태를 말한다. 윤리적 가치가 충돌하여 실천행동을 결정하거나 판단하기 어려운 상태를 윤리적 딜레마라고 한다면, 윤리적 딜레마는 사례대상자의 자율권 존중과 사회정의 구현 과정에서 충돌하는 경우가 있다. 이때 전문직의 관점에서 올바르게 판단하고 바람직하게 행동을 하도록 이끄는 것이 윤리적 결정행동이다(김기덕 외, 2013).

사례

거동이 불가능한 와상 장애인이 시설에 입소되어 평생 동안을 지내왔다. 나이가 어느 정도 있어 직원과 동료 입소자 또는 방문자들은 그를 할아버지라고 부른다. 그가 50세가 되어 동생들이 자립을 위해 그룹홈에 입소하고, 직장을 다닌다는 말과 월급을 모아 결혼을 준비한다는 얘기를 듣게 되었다. 그는 여러 가지 고민을 하였고, 굳은 결심을 통해 마지막 인생을 지역사회에서 살고 싶다는 꿈을 직원과 동료들에게 말하였다. 그는 와상장애인으로 24시간 돌봄 제공자가 있어야만 생명을 연장할 수 있는 장애인이다.

위의 사례를 볼 때, 전문직의 관점에서 어떤 결정을 내리는 것이 사례대상자를 위해 나은 선택일까? 여기에는 몇 가지 고려할 사항이 있다.

첫째, 아직까지 사회는 와상장애인의 사회적 자립을 호의적으로 받아들이지 않는다.

둘째, 활동보조인 제도는 24시간 돌봄 서비스를 제공하지 않는다. 지금도 장애인활동보조제도의 확대를 요구하지만 개선되지 않고 있다.

셋째, 지역사회 이전시 사고가 발생할 경우 책임은 시설장이 져야 한다. 이 책임을 감당하고 지원할 것인가?

넷째, 현재의 거주시설의 운영형태는 시설중심의 복지서비스가 대부분이다. 더욱이 의료적 시스템은 24시간 복지서비스와 함께 지원되어야 하지만 사회적 장치가 미흡한 실정이다.

T/i/p

사회복지 윤리를 전문직의 관점에서 실천하는 것은 가치에 기반한 판단이 전제된다. 그리고 옳은 결정이 행동으로 실천될 때 가치가 있다. 사례관리자는 사례대상자의 이익을 위해 활동하는 전문가이다. 전문가의 모습을 견지하는 것은 윤리에 기반하고 전문직의 관점에서 실행될 때 가치가 있다.

2) 통합사례관리 실천의 딜레마

(1) 행정기관의 요구

행정기관은 재정을 보조하는 중요한 역할을 담당하고 있어 합리적인 집행과 투명성을 요구한다. 새로운 사업으로 전환하겠다는 통보를 하거나 또는 정책과 연계하여 사업을 배정하는 경우가 있어 주무담당자의 의견을 무시할 수 없는 상황이다. 관리자는 이러한 경험을 가지고 있다. 그래서 행정기관의 담당자와 더 나은 관계를 맺으려 시도하고 요구에 부합하기 위해 노력한다.

법규와 지침 중심의 행정기관의 요구는 줄어들 기미가 없으며 원칙을 준수하고 법규를 지켜야 한다는 입장은 변함이 없다. 사업을 확장하기 위해서도 법규와 지침을 준수해야 한다. 사회복지사업의 핵심주체인 사례대상자 중심의 서비스는 법규에 따라 처리했는가에 의해 판단되므로 서비스지원 활동이 위축되지 않도록 주의해야 한다.

(2) 기관운영의 내실화 노력

사회복지기관은 이용자의 편리성을 도모하기 위해 다양한 방법을 모색하고 있다. 식당의 환경과 식자재를 관리하고, 직원들의 태도와 예절을 교육하며 점심급식을 지원하기 위해 차량을 운행한다. 사업이 시행되는 장소와 환경의 점검을 통해 필요한 물품을 수급하고 이용자의 불편을 개선하기 위해 노력한다. 후원금과 보조금 등 수입과 지출이 투명하고 합리적으로 사용되었다는 것을 증명하기 위해 재정을 관리하고 서류를 보존한다. 후원자 또는 자원봉사자와의 원만한 관계 유지를 위해 다양한 사업을 기획하고 사업을 개시할 때마다 설명하는 등 그들을 고객으로 인식하며 더 많은 편의를 제공하기 위해 노력하는 것이다.

하지만 지역의 평판이 긍정적인 경우 활성화 되지만 반대인 경우 사업이 축소되고 위축될 수 있어 민감하게 반응할 책임은 사회복지기관에 있다.

(3) 지역과의 원만한 관계

지역사회 인식이 어떠한 가에 따라 사회복지기관의 사업이 확대되고 이용자와 후원자원, 자원봉사자의 증가에 기여한다는 것은 알려진 사실이다. 소홀히 한다면 지역의 불편거리가 되어 외면을 당하는 등 사소한 사건이 불편한 진실이 되어 힘들게 하거나 예기치 않은 문제가 생기고, 정작 중요한 사업을 시행하지 못하는 등 어려움에 처할 수 있기 때문에 원만한 관계유지는 중요하다.

(4) 역할 과중

사회복지기관은 기관운영과 사업 수행에 필요한 대부분의 재정을 보조금에 의존하는 실정이다. 하지만 물가인상분을 따르지 못하고, 해 마다 늘어나는 사업을 감당하기 위해 한정된 자원을 반복적으로 동원해야 하는 부담을 감수해야 한다. 보조금지원 기준 또한 입소인원에 따라 결정되고, 직원채용 또한 결정된다. 직원이 부족하여도 입소인원이 정원에 미달되거나 새로운 입소자가 입소하지 않으면 충원할 수 없는 시스템으로 인해 결국 소수의 직원이 다양한 직무를 수행해야 한다.

많은 사례관리자가 직무과중을 느끼는 요인도 이러한 이유 때문이다. 사례대상자에게 집중하기에는 관리하고 점검할 사업이 너무 많은 것이다. 일이 일을 만드는 사회복지 현실은 축소될 기미보다 확대될 것이 예견된다.

(5) 성과중심의 직무추진

이러한 업무가 기관이 직면한 현실이 되었다. 그럼에도 전문성의 요구에 부응하기 위해 또는 현안을 해결하기 위해 사업을 개발하고, 개발된 사업은 기관과 직원에게, 이용자와 사례대상자에게 이익이 되어야 한다는 요구가 확대되고 있다. 여러 가지 일을 동시에 수행해야 하고, 다양한 직무를 수행하는 것은 그만큼 많은 일을 한다는 의미지만, 업무추진 과정에서 갈등과 혼란을 야기할 수 있어 신중한 고려가 필요하다.

(6) 딜레마 극복하기

통합사례관리 서비스의 딜레마는 사례관리자가 사례대상자의 상황을 판단하기 곤란한 경우로서 적합한 서비스를 지원하기 어려운 경우에 발생한다.

하나의 대안을 선택하기도 곤란한데, 제한 된 시간 내에 결정해야 한다. 두 개의 대안, 표상화된 대안, 대안들 간의 단절성 및 상충성, 대안이 가져올 결과의 균등성, 대안들 간의 비교 불가능성, 어느 정도의 기회 손실, 시간 제약에 따른 선택의 곤란성 혹은 불가피성 등이다. 여기에서 대안의 비교불가능성이란 대안의 가치나 이념 혹은 이해관계의 우선순위를 결정할 수 없는 상황으로 결정을 미루는 것이다. 이런 경우 사례관리자는 혼란을 경험하게 되어 처리를 핑계 삼아 판단을 미루며, 관리자에게 보고하는 것으로 마치게 되어 성취 없는 수동적 태도 속에 역할만 반복하게 된다. 혼란은 딜레마의 전형적인 표현으로 이러한 고민이 장기화되고 더 많이 나타나면 갈등하고, 갈등이 심화될 경우 분쟁으로 이어진다(김병섭 외, 2011). 분쟁은 기관의 업무와 역할수행의 질을 떨어뜨린다.

사례관리자의 혼란을 가중하는 딜레마 상황은 다음과 같다.

첫째, 통합사례관리에 대한 정책이 마련되지 않았을 때

둘째, 부정적 슈퍼비전을 제시하는 관리자와의 근무, 그리고 해야 할 직무가 많은 경우

셋째, 직무가 과중되고 업무성취가 적은 경우

넷째, 관심 없는 관리자의 원칙 없는 지시

다섯째, 통합사례관리와 무관한 직무가 가중되는 경우, 그리고 잦은 상황

여섯째, 사례의 심각성에 비해 기관의 지원이 부족한 경우, 그리고 반복적으로 나타날 때

일곱째, 지원도 없이 혼자서 모든 사항을 해결해야 할 경우

여덟째, 사례의 문제가 심각하여 해결되지 않으므로 포기하라는 강요 등

통합사례관리 직무수행을 원활하게 하기 위해서는 딜레마를 극복할 수 있는 장치의 마련, 즉 통합사례관리 업무의 중요성이 기관의 직원들에게 인식되고 기관의 정책에 의해 추진될 때이다. 기관의 운영방침이 명확하고 직원 및 부서의 협조가 운영시스템으로 안정적으로 가동될 때 체계화된다.

Tip

통합사례관리는 직원의 지식과 기술, 태도가 질을 좌우하고, 성공을 가시화하는 기회요인으로 작용하기 때문에 정기적인 연수가 필수적이다. 외부 전문가를 초청하는 모델 시연도 효과적이다. 임상적 조언과 개입기술 등을 체득할 수 있는 기회 마련은 사례관리자의 직무수행을 질적으로 높인다.

사례대상자와 지역사회를 연계하는

현장 중심의 통합사례관리

3장 /

생애주기별 통합사례관리

1. 생애주기별 통합사례관리 실천과 사례관리자의 역할

현대사회의 빠른 변화는 가족관계, 가족구성원 간의 애착을 약화시켰으며, 약화된 가족인식은 특정 시기에만 국한된 것이 아니라 생애주기 전반에 걸쳐 심화되고 있다. '거리를 거닐다 보면 빈곤에 지쳐 리어커를 끌고 있는 노인이나 무료급식소를 찾아다니는 중년의 가장, 일자리가 없다고 아우성치는 젊은이들을 만나게 된다. 이들 모두 가정 안에서 성장하고 생활해 온 가족들'이다.

가족과 성원의 어려움을 해결하는 주체로서 영향을 미치는 존재가 사례관리자라면, 해야 할 역할에만 몰입해서는 안 된다. 분명 역할수행에 필요한 역량을 갖추어야 한다.

〈표 2〉 사례관리자의 역할

<table>
<tr><th>활동</th><th>직무 역할</th><th>성과 목표</th><th></th><th>성취 결과</th></tr>
<tr><td>지역사회 활동가</td><td>· 개인, 가족, 집단, 지역사회 개입
· 지역사회 전문가 연계</td><td>· 클라이언트의 생활 안정과 행복 증진</td><td rowspan="5">⇨</td><td rowspan="5">대상자의 풍요로운 삶</td></tr>
<tr><td>기관의 핵심 실천가</td><td>· 기관을 대표하는 사업 및 서비스 실행
· 지역주민의 욕구를 대변하는 프로그램 기획가</td><td>· 클라이언트, 기관, 관계된 사람들의 기대 충족</td></tr>
<tr><td>상담 조언자</td><td>· 사례대상자의 욕구와 문제 해결 기대를 높이기 위한 경청자 역할을 통한 기대 충족</td><td>· 해결 의지 부여
· 능동적인 생활을 위한 동기 강화
· 긍정적 사고</td></tr>
<tr><td>활동 조정자</td><td>· 문제와 연관된 주변인물 파악
· 문제 대처 능력 파악
· 지지 자원 분석
· 전문자원 간 연계체계 마련</td><td>· 문제 해결 방해요소 제거 및 자원 연계</td></tr>
<tr><td>역할 옹호자</td><td>· 해결의지 강화
· 클라이언트 지지자
· 문제 해결을 위한 촉진자 역할</td><td>· 갈등 해소
· 적극적인 생활 유지
· 클라이언트 역량 강화</td></tr>
</table>

1) 사례관리자의 핵심 역할

통합사례관리는 사례대상자의 당면 문제를 해결하기 위해 지역의 인적·물적 자원의 참여를 통해, 그리고 기관의 주요 부서와의 협의 또는 동료 간의 합의를 통해 지원되는 협력적인 직무이다. 여기에서 협조는 원조를 요청하는 사례대상자의 안정된 삶을 지원하기 위한 의도적인 활동으로 계획에 의해 시행된다.

사례관리자는 개인, 집단, 가족, 지역사회를 기반으로 사례대상자를 도와 삶을 대처하는 기술 등을 증진시키기 위해 활동해야 한다. 사례대상자의 상황에 주목하고 생활의 안정을 찾도록 사회복지실천 지식과 기술, 높은 윤리적 전문성을 갖추어야 할 이유이다.

2) 사례관리자의 직무

통합사례관리 직무는 팀 간의 역할이 상이한 경우, 목표지향점이 다른 경우, 이해 차이가 있는 경우 합의 도출이 안 되어 추진이 불가능하다. 통합사례관리 절차가 통일되지 않았거나 체계가 마련되지 않았다면 단순 서비스를 제공하게 되어 기관도 손해를 보기는 마찬가지다. 그래서 통합사례관리 체계가 마련되지 않은 기관은 단편적이고 부분적인 과정만을 추진하게 되어, 연계성이 저하되는 것은 물론 사례관리자가 판단한 사례만을 지원하는 부작용을 유발한다. 즉 일률적인 기준을 통해 일부 절차만을 반복적으로 시행하는 것이다. 이러한 결과는 통합사례관리 사업을 위축시키는 결과를 초래한다.

그렇다고 통합사례관리 업무를 소홀히 할 수는 없다. 우리가 겪은 사례대상자와 관계된 사람들의 기대가 사례관리자를 주목하고, 통합사례관리 직무를 기관의 핵심 사업으로 실천할 것을 요구하고 있기 때문이다.

3) 상담조언자 역할

통합사례관리의 출발은 사례대상자가 해결하기 원하는 문제, 그의 현실, 가족사, 소속된 사회활동, 문제 등을 청취하는 것에서 시작된다. 청취는 사례대상자가 얘기하는 어려움이고 고민이며, 사례관리자가 확인할 내용을 듣는 것이다. 사례관리자의 역할은 사례대상자가 기관을 방문한 이유를 이해하는 것이다.

사례대상자는 문제의 답을 찾기 위해 기관을 방문하고, 해결을 원하는 기대 속에 사례관리자를 만난다. 이러한 기대를 충족하기 위해서는 희망과 기대를 제시하며 도움을 받을 수 있다는 확신을 심어 주어야 한다. 왜냐하면 자신의 얘기를 들어주는 사례관리자를 신뢰하고 문제를 해결하려는 의지를 갖게 되기 때문이다.

얘기하는 바를 청취한 후 현재의 상황을 비관적으로 생각하지 않도록 격려하고 찾아온 것만으로도 용기가 필요한 일이라는 것을 공감하며 지지를 보낸다.

T/i/p

면담 시 사례관리자의 실수는 그의 얘기를 듣고, 기관의 지원 등을 나열하고 소개하는 정도에서 그치는 것이다. 만약 사례대상자가 해결 역량을 갖추지 않았거나 능력이 없다면 타 기관의 도움을 받아 해결해야 하므로 사례관리자의 의도적인 대화는 문제를 이해하고 받아들이게 한다. 조언자의 역할이 중요한 이유이다.

4) 문제 해결과 조정자 역할

통합사례관리에서 사정은 사례대상자의 어려움과 문제와 연관된 핵심 인물의 확인, 그리고 주변 환경을 파악한 후 진행된다. 사례관리자는 사례대상자의 호소문제와 이유, 문제의 지속기간, 문제의 대처능력을 파악하여 영향을 받고 있는 사람들과의 관계 및 교류 정도 등 변화를 촉구할 지지자원을 분류한 후 문제를 중심으로 생활의 방해요소를 분석하여 해결가능성을 확인해야 한다.[1] 만약 기관 또는 사례관리자의 능력 범위를 넘었다면 지역기관과의 공조를 통해 해결해 간다.

1) 문제를 분석하고 분류하는 것은 지원범위를 결정하기 위해서이다.

문제 해결은 단순히 문제가 있으므로 해결한다는 관점이 아니다. 개인의 심리·정서 상황을 분석하고, 문제의 핵심인물 간, 환경 간의 상호작용을 토대로 추진하게 되므로 기관 간, 전문가 간의 연계체계 마련이 중요하다. 사례관리자의 조정자 역할은 기관 간의 연계를 강화하고 촉진하는 데 있다.

5) 지지하는 옹호자 역할

특별한 문제에 노출된 사람은 문제를 해결할 수 있는 능력과 역량이 부족하여 그대로 지내거나 해결의지를 포기한 채 생활하는 경우가 있다. 이런 경우 문제는 심화되어 갈등을 유발하는 요인으로 작용한다. 이러한 사례대상자의 부정적 특성을 대응하기 위해 통합사례관리의 이해는 중요하다. 설사 심각한 문제에 노출되었다고 하여도 의지를 갖도록, 해결에 필요한 역량을 갖추도록 이끌어야 한다. 이를 옹호자 역할이라 하는데, 옹호자 역할은 동기를 부여하고 의지를 강화시킨다.

T/i/p

통합사례관리는 복합적인 문제에 노출된 사례대상자와 가족을 대상으로 문제가 발견된 현재를 개선하기 위해 개입하는 의도적인 활동이다. 그래서 기획한 서비스를 직·간접적으로 적용하기 위해 필요한 개인(자원)을 개발하고 연계하는 사회복지실천의 핵심 사업으로 부각된 것이다.

〈표 3〉 생애주기별 통합사례관리 과정

과정	영·유아기	아동·청소년기	성인기	중·노년기
사례의 발견	· 발견이 쉽지 않음 · 지역기관 연계를 통한 발견이 효과적 · 발견은 이 시기의 가장 중요한 과업	· 가정, 주변 친구, 학교, 지역아동센터 등에서 주로 발견	· 직면 문제에 의한 자발적 의뢰자가 많음 · 분명한 목적을 가지고 의뢰함	· 본인 또는 이웃 등에 의한 발견과 의뢰 · 스크리닝을 통한 대상자 선정
인테이크	· 부모의 영유아에 대한 관심 정도 · 부모의 양육기술, 경제력, 가정환경 등	· 아동·청소년 부모 참여 필수 · 부모와 자녀의 애착 정도, 신뢰 정도 · 아동·청소년의 주 활동 장소 등	· 현재의 어려움 파악 · 경제적 상황, 직업 의식, 직장 생활, 생활의지, 사회적 관계망 정도 등 다각적인 정보 수집	· 본인, 가족의 어려움 · 가족관계 정도 · 경제수준 · 직업획득 욕구 등
사정	· 부모의 양육 태도 · 영유아와의 라포 · 영양 불균형 및 성장 특징, 부모의 애착 정도 등	· 성인기 준비 및 이해 · 부정적 인식과 왜곡된 자아 · 직업관과 직업의 이해, 성인기 목표 인식 등	· 사회활동 어려움과 제약 · 관계된 사람들의 부정적 사고(가족 외) · 생활 수준 · 주변 체계와의 관계성 · 직업생활의 장애물 등	· 현재의 문제 · 도움을 줄 수 있는 자원 · 질병, 건강상태 · 주거 환경 등
서비스 계획 수립	· 부모참여 촉진, · 양육기술 습득, · 부모의 동의 및 양육 환경 조성 등	· 전문가 참여 · 주변체계를 고려한 계획 수립 등	· 정보 제공을 통한 자기 결정(선택) · 기관 이용 절차와 방법 등	· 경제적 자립이 목표 · 생활안정 · 주거환경 개선 · 직업획득 및 생활 안정 등
서비스 실행	· 영유아와 부모 개입 동시 시행 · 정기적인 부모 상담 · 전문가 개입 연계 등	· 약속사항 확인 · 종결 시까지 상담 진행 · 아동과 부모의 의지 확인 · 프로그램 시행 전, 후 변화 정도 · 참여 동기 부여 등	· 사례대상자의 실천 의지 · 목표한 계획의 충족 · 실행에 영향을 미치는 요인 파악(장애물 외) 등	· 참여 의지 독려 · 매회기 점검 · 변화 정도 파악 등
모니터링	· 정기적인 관찰 · 회복 가능성 탐색 · 자원의 참여 정도 · 성과 확인 등	· 충족욕구와 충족욕구 분류 · 목표달성 정도 · 변화 정도 · 아동, 청소년의 참여, 동기, 욕구 검토 등	· 프로그램 참여 정도 · 대인관계 정도 · 성취 및 기술 습득 정도 등	· 변화 상황 및 성취 정도 · 가족 인식 · 생활 안정 · 사회 활동 · 서비스 참여 등
평가 및 종결	· 계획달성 또는 의도한 목적 달성 · 사후관리 및 지원 계획 수립 · 자조적인 양육환경 조성 등	· 사후조치 계획 수립 · 멘토 연계 · 이용가능 기관 및 자원 연계 · 자조적인 생활 유지를 위한 사후관리 계획 수립 등	· 목표결과 성취 정도 · 직업생활 유지 · 경제적 여건의 개선 여부 등	· 모니터링을 기초로 하여 평가 · 개인 사정(사망, 이사 등)에 의한 종결 · 지원체계 수립 · 정기적인 사후관리(가정 방문, 전화) 등

2. 영유아기 통합사례관리

1) 사례의 발견

영유아기는 스스로 돌보기 어렵고, 언어표현과 방어 능력이 부족하여 부모의 양육태도와 환경이 성장에 영향을 미친다. 때문에 부모의 소극적인 양육태도에 따라 방치, 방임, 장애발생, 성장부진 등 다양한 문제가 유발될 수 있다.

더욱 심각한 문제는 장애, 질환 등의 문제에 노출된 영유아를 발견하기가 쉽지 않다는 것이다. 많은 이유 가운데 하나는 부모에 의한 양육소홀에 의해서이다. 따라서 조기발견을 위한 지역차원의 네트워크를 구축하여 관련기관과의 유기적인 연계가 최선의 대안이다. 조기발견은 영유아시기에 가장 중요한 사례관리자의 과업이라 할 수 있다.

2) 인테이크

영유아에 대한 주된 정보 제공자는 보호자, 즉 부모이다. 양육의 주 책임자인 부모와의 집중적인 상담을 통해 영유아와 관련된 정보를 수집하고 이러한 정보들이 향후 지원 방향을 결정짓는다. 정보의 초점은 양육관점과 양육태도, 가정 내 환경이 영유아의 성장에 적절한지 등이다. 특히 양육기술, 경제력, 영유아에 대한 관심, 양육의 어려움, 양육 불만과 갈등요소, 부부관계 정도 등을 집중적으로 파악해야 한다.

사례관리자는 부모 상담을 진행하는 과정에서 또는 상담 후 영유아에 대한 정보파악을 위해 관찰을 시행한다. 영유아의 상태, 즉 신체발달, 언어표현능력, 행동특성 등을 집중적으로 관찰한다. 특히 성장특성(정상적인 발육상태, 비만, 키, 몸무게, 상처유무 외)에 대한 정보는 통합사례관리의 방향을 모색하는 기초자료원이므로 신중하게 수집해야 한다.

영유아는 언어표현이 제한되어 있어 인테이크 정보수집이 제한될 수 있다.

영유아에 대한 객관적인 자료 수집을 위해 전문가의 자문을 통해 인테이크 방향을 모색한다.

3) 사정

영유아는 만 3세 이전에 정확한 진단이 어렵기 때문에 병원 진료와 전문가 상담이 필수적이다. 영유아기의 문제는 제기한 바와 같이 부모의 양육태도와 의지가 영향을 미친다. 부모의 양육태도에 초점을 두고, 가정 내 생활, 부모와의 라포 형성, 영양 불균형요소, 발육상태, 부모애착 등을 집중적으로 사정한다. 영유아기의 성장특징이 나타나고 있는지도 확인해야 한다. '정상적인 발육상태를 보이는가?', '발육상태는 평균치인가?', '일반아동과 외모에서 차이가 있는가?', '질병을 앓고 있지는 않은가?' 등이다.

4) 계획 수립

계획은 양육의 주 부양자인 부모의 양육기술습득과 영유아의 안정적인 양육환경 조성을 목표로 수립되어야 한다. 사례관리자는 가정환경, 부모기술, 부부관계, 자녀관계, 부의 태도, 부모의 애착 등을 개선하기 위한 방법을 모색하고 개입 정도를 결정한다. 부모의 참여가 있어야만 수행될 수 있으므로 동의는 필수적이다. 여기에서 중요한 점은 부모가 위의 사항을 인식하고 있는지 여부이다. 만약 대수롭지 않게 여겨 동의하지 않는다면 설득하고, 설득이 어렵다면 서비스는 지원될 수 없으므로 종결로 이어진다.

영유아의 치료적 개입은 시간이 오래 걸린다는 제약이 있다. 하지만 부모의 참여 의지에 따라 치료시기를 단축시킬 수 있다. 따라서 계획 수립은 부모가 의지를 갖고 참여할 수 있도록 동기를 부여하고, 영유아의 상태가 호전될 수 있다는 확신 속에 개입환경을 조성하는 것이 중요하다.

5) 서비스 실행

영유아에 대한 서비스 지원은 부모의 참여가 필수적이다. 부모의 양육기술부족 또는 양육관련 지식이 부족한 경우 부모 상담을 통해 정보를 제공한다. 자녀양육에 필요한 정보 제공과 아울러 양육기술습득이 목적이며 영유아의 문제개선 의지를 갖도록 독려하는 데 있다. 영유아에게 이상 징후가 발견되면 도움을 받을 수 있는 기관을 연계하여 지원한다.

따라서 영유아에 대한 서비스 실행효과를 높이기 위해서는 방해요인을 줄이기 위한 장애물을 제거해야 한다. 장애물은 사례관리자가 예상하지 못한 문제를 의미하고, 영유아의 이상행동을 유발하는 부모의 양육태도 및 환경에 관한 것으로 전문가에게 문의하여 자문을 받는다. 전문가의 자문은 종료 시까지 진행되어야 하고, 적절히 대처하는 것만으로도 문제 해결 기간을 앞당긴다.

6) 모니터링

영유아는 욕구를 언어로 표현하지 못하는 제약이 있어 서비스 제공자와 사례관리자의 관찰이 중요하다. 특히 부모의 변화만으로도 심리적 안정을 찾게 되므로 양육태도는 영유아의 행동변화를 촉진하고 정서적 안정을 회복하게 한다. 따라서 부모가 포기하지 않도록 인내와 끈기를 가지고 설득하는 것이 중요하다.

모니터링 시 고려할 사항은 첫째, 회복 가능성을 점검한다. 둘째, 자원의 참여는 적절하였는지를 점검한다. 마지막으로 계획대로 추진되었는지 여부이다.

사례관리자는 모니터링을 통해 각각의 서비스가 변화를 촉진하는 것인지를 확인한다. 적합성을 점검하는 것으로 성과와 연관되고 통합사례관리 서비스의 효과성을 판단하는 기준이기 때문에 서비스 지원 전·후에 시행하고 기대 및 행동변화가 나타났는지를 집중적으로 모니터링해야 한다. 모니터링은 종결 이후에도 시행되어야 한다.

7) 평가 및 종결

부모 및 영유아의 행동변화, 문제의 해결 정도에 따라 종결이 결정된다. 사례관리자는 주양육자인 부모에게 언제든 교류할 수 있고, 도움을 받을 수 있다는 확신을 심어 주어 종결에 따른 부담을 줄이기 위해 지지하고, 이용 가능한 기관 및 주변의 도움을 받을 수 있는 전문가와 기관을 소개한다.

종결은 서비스가 종료되는 의미지만, 영유아의 안정적인 성장을 위해서는 양육 환경 조성과 사후계획을 통한 지원체계 마련이 중요하다.

3. 아동 청소년기 통합사례관리

1) 사례발견과 의뢰

아동·청소년기는 영·유아기와 마찬가지로 보호적 환경에서 생활하는 시기지만 가정을 벗어나 또래들과 집단 활동을 시작하고 성인기를 준비하는 시기이기도 하다. 사례의 발견은 가정 외의 주변 친구들, 주로 생활하는 학교, 지역아동센터, 위스타트 센터, 드림스타트센터 등으로 아동·청소년이 활동하는 장소이기 때문에 일탈 한 경우에도 관계하는 경우가 많다.

한편 아동·청소년은 스스로 일탈을 선택하는 경우는 드물다. 대부분의 원인은 가정 내 불화 또는 부모의 방임 등에 노출된 경우로서 주변체계의 영향에 따라 일탈은 다른 양상으로 나타난다.

2) 접수 및 인테이크

인테이크는 의뢰된 아동·청소년이 통합사례관리 대상자로 적합한지에 초점을 두고, 집중적인 지원 또는 단순 서비스 지원만으로도 해결이 가능한지, 타 기관을 연계해야 하는지 등 사례 선정 후 진행 여부를 판단하는 기초자료를 수집하는 데 있다. 아동·청소년의 부모인식, 가족이해, 고민과 갈등, 학교생활, 동아리, 동네 친구들 등 주로 활동하는 장소와 공간을 알아 두고, 평소 어느 정도 관계하는지를 확인한다. 아동·청소년이 겪는 어려움은 주변체계와 관련이 있고, 해소되지 않는 경우 친구관계와 가족, 학교생활 등에 부정적으로 영향을 미치기 때문에 반드시 확인되어야 한다.

부모 또한 아동·청소년의 생활력, 학교생활과 일탈에 관한 중요한 정보원으로 반드시 상담해야 한다. 사례관리자는 부모 상담을 통해 드러난 문제들을 점검하고 아동·청소년에게 부정적으로 영향을 미치는 요인과 왜곡된 관계 등의 정보를 파악한다.

3) 사정

사례관리자는 인성 형성에 방해가 되는 장애물을 확인하고, 성인기 진로결정을 더디게 하는 부정적 인식의 파악, 즉 직업관, 직업이해, 미래목표, 대학진학, 직업선택 등을 집중적으로 사정한다. 특히 이성관은 성인기 역할 수행을 준비하고, 사회진출에 따른 긍정적 자아관 형성에 직접적으로 영향을 미치기 때문에 사정이 구체적이어야 한다. 사정의 초점은 아동·청소년이 인식하고 있는 문제와 가족이해, 구성원의 갈등과 문제요인, 성인기 준비, 학교생활 등이다.

4) 서비스 계획

서비스 계획은 사정에서 확인된 문제를 목록화하여 문제 해결 순위에 따라 수립한다. 각각의 문제를 동시에 접근하기보다는 사례대상자와 가족이 실천할 수 있는 수준, 즉 단순문제부터 심각한 문제를 분류하여 우선순위를 정한다. 이렇게 정한 우선순위에 따라 달성 가능한 목표를 선정한다. 여기에서 중요한 점은 지원할 서비스가 이해되고 분명해야 한다는 것이다. 아동·청소년과 부모가 실천할 수 있는 수준이 달성가능성을 높이기 때문이다.

계획 수립 시 참여가 가능한 전문가 및 도움을 지원할 수 있는 자원을 연계하는 것은 문제 해결 시기를 앞당긴다. 도움을 줄 수 있는 자원은 학급동료와 담임교사, 어린 시절부터 알고 지내 온 친구 등 관계하는 사람들이다. 아동 · 청소년 스스로 문제를 해결하기도 하지만 주변의 도움을 통해 극복하는 경우가 많기 때문이며, 이들 자원은 일탈한 경우에도 관계하는 경우가 많다. 서비스 계획이 완료된 후 상담을 통해 서비스 지원에 대한 동의를 받는다.

5) 서비스 실행

적극적인 실행은 진행단계별로 목표를 제시하고 목표를 달성했을 때 얻을 수 있는 기대(성과)를 제시하여 약속사항을 정한다. 아동 · 청소년의 변화는 노력도 중요하지만 주변체계의 참여가 많고, 관심 정도에 따라 해결기간을 단축시킨다. 따라서 서비스 제공 과정에서 상담이 필수적이며 종료 시까지 진행되어야 한다.

시행 전 · 후에 변화 정도를 파악하여 아동 · 청소년의 참여를 높이기 위한 동기를 부여하며 실행한다. 서비스 실행은 아동 · 청소년과 부모의 의지에 의해 성과를 기대할 수 있으므로 사례관리자의 적극적인 개입과 격려를 통해 해결될 수 있다는 믿음을 심어 주는 것이 중요하다.

6) 모니터링

모니터링은 변화 정도 및 욕구충족 정도와 미충족 욕구를 통해 문제의 해결 정도를 확인하는 것이다. 계획에 의해 수립된 목표를 먼저 검토한다. 달성 정도를 파악하여 아동·청소년에게 변화가 있었는지, 변화가 있었다면 긍정적인지를 확인한다.

이제 계획의 지원내용을 검토한다. 서비스 지원내용, 인적·물적자원, 시설물과 서비스를 제공한 장소, 기관의 재정지원, 사례관리자의 노력 등 문제 해결에 어느 정도 기여하였는지를 알게 된다. 만약 목표를 달성하는 데 있어 지원이 부족하였다면 지원과정 전반을 검토하고 필요한 대안을 모색한다. 아동·청소년의 참여 정도와 부모의 지원 등도 점검한다. 아동청소년의 서비스 실패는 의지가 결여되어 참여를 지속하지 못하는 문제도 있지만 부모의 지원이 없는 경우에 더 많은 영향을 미친다. 그래서 성장기에 있는 아동·청소년 스스로 문제 해결 의지를 갖고 참여하지만 부모의 관심부족, 애정결핍, 변화를 기대를 하지 않는 등의 어려움으로 인해 포기하는 경우가 많다.

사례관리자는 아동·청소년의 참여 상황, 욕구, 동기 등 다각적인 검토를 통해 해결방안을 찾는다. 전문가와의 협의를 통해 시행하고 현재 상황에 초점을 둔다. 계획대로 추진되었다면 종결을 진행한다.

7) 종결

종결은 영유아기와 마찬가지로 기관의 서비스가 공식적으로 지원되지 않는다는 의미이다. 하지만 아동·청소년기는 성인기 준비에 따른 부모의 도움이 절대적으로 필요한 시기이므로 사후조치 계획을 마련해야 한다. 사후조치 계획은 아동·청소년의 변화과정을 추적하여 자조적인 생활을 적절하게 수행하고 있는가에 초점을 둔다. 사례관리자는 지원 가능한 기관 및 이용 가능한 자원을 소개하고 멘토 역할 수행을 통해 아동·청소년의 생활에 필요한 다양한 정보를 제공한다.

4. 성인기 통합사례관리

1) 의뢰와 접수

성인기의 의뢰는 목적이 분명하다. 직업생활을 통해 경제적 자립을 준비해야 하고, 원가정 독립 및 결혼 등 다양한 문제에 직면하기 때문이다. 핵심과제는 직장활동을 통한 경제적 자립을 이루는 데 있다. 만약 직업 획득에 필요한 기술을 습득하지 못했다면 성인기 과업은 실패하게 된다.

사례관리자는 성인기 대상자의 직업관, 직업유무, 직업생활경험, 소득, 결혼 유무, 생활환경, 독립의지, 사회생활 등에 대한 정보를 수집한다. 주변체계의 반응과 관계 정도, 사회관계망 등도 파악한다. 정보의 주된 출처는 사례대상자이고 필요한 경우 가족들을 면담하여 자료를 보충한다. 성인기 대상자는 분명한 목적을 가지고 의뢰하기 때문에 대안 제시를 위한 자료 수집이 충분해야 한다.

2) 사정

성인기는 사회 활동과 경제적 안정을 위해 직업 활동을 수행하는 시기이다. 직장생활을 통해 사회생활을 시작하고 결혼을 통해 새로운 가족을 형성하는 등 독립을 준비하고 실행하는 시기이다. 따라서 사정은 사회활동의 어려움과 제약을 파악하는 데 초점을 둔다. 사례대상자를 포함하여 가족 외의 관계된 사람들의 부정적 사고와 정신적인 문제 외에 현재의 생활 정도, 가족 및 주변체계와의 관계성 등을 포함한다.

만약 직업생활을 못하고 있다면 개인의 준비부족도 원인이 되지만 마음가짐, 즉 동기부족에 의해서도 영향을 받게 되므로, 직업을 얻지 못한 이유와 직업선택에 있어 방해되는 장애물 등을 집중적으로 사정한다. 특히 결혼에 대한 관점은 부양의식 등 책임과 관련되어 있어 구체적이지 않다면 생계문제로 이어지게 되므로 반드시 확인할 사항이다.

3) 서비스 계획 수립

인간이 사회를 벗어나 살 수 없는 존재인 것처럼 사회는 인간이 태어나고 생활하는 터전이다. 사회생활은 직업 활동에 기반하고, 개인의 경제적 독립에 영향을 미친다. 가족의 생계와 구성원의 생활기반이 가정을 중심으로 조성되므로 가장의 역할 수행을 준비하는 성인기 역할은 중요하다.

사례관리자는 서비스 계획을 수립하기 위해 다음의 사항을 고려한다.

첫째, 서비스 계획은 사례대상자와 그가 가진 문제에 대한 정보 제공에서 출발한다. 정보획득의 정도에 따라 자립의 질에 영향을 미치고, 자립기반을 마련하는 시기를 단축시킨다.

둘째, 성인기 계획은 사례대상자가 요구하는 바를 충족하는 정도만으로도 어느 정도의 문제 해결이 가능하므로 생활 가운데 실천할 수 있는 수준에서 수립한다.

셋째, 성인기 계획은 생계유지를 위한 직업 획득 여부에 따라 가족구성원 전체가 빈곤에 노출되어 가족해체로 이어질 수 있으므로 사례대상자는 물론 가족의 안정된 생활이 일차 목적이다. 사례관리자는 위의 내용에 주목하고 사례대상자의 생활이 나아지기 위한 대안, 즉 직업획득 준비에 따른 정보 제공과 그가 원하는 기대를 충족하기 위한 조치 등을 포함한다.

5) 실행과 모니터링

실행과 모니터링은 사정에서 드러난 문제들의 개선 여부를 확인하는 과정으로 사례대상자의 변화 정도에 따라 개입강도를 조절해 가며 진행해야 한다. 실행에 영향을 미치는 요인은 사례대상자의 마음가짐, 프로그램 참여, 대인관계, 성취여부, 기술습득 등이다. 성취 정도가 적정한 경우 종결로 이어지고, 계획된 서비스가 진행되지 않거나 미흡한 경우 또는 미충족 욕구가 발견되면 회의를 통해 사정 단계부터 재지원해야 한다.

6) 종결

종결은 계획의 실행결과에 따라 진행되며 사례대상자의 수행 정도를 고려하여 성취여부에 따라 결정된다. 독립의지와 원만한 직업생활 여부, 직업획득과 생활유지, 결혼에 대한 이해, 경제적 여건 등이다. 가족을 부양할 상황이라면 생계유지와 부양 정도를 집중적으로 파악하고 도움 정도를 확인한 후 전문가와 협의하여 방안을 모색한다.

직업획득을 위한 취업알선 지원은 성인기 사례대상자의 경제적 안정을 촉진하는 요인이므로 가능한 한 많은 자원이 개입하도록 연계해야 한다. 사후관리는 위의 사항을 토대로 사회활동과 직업생활에 초점을 두고 수립한다.

5. 중·노년기 통합사례관리

1) 의뢰

성인기 활동이 소홀하여 직업생활을 못했다면 가족은 빈곤에 처해지고 경제적 문제, 자녀양육 소홀과 양육포기, 가족해체 등의 문제를 겪을 수 있다. 이러한 문제에 오랫동안 노출되었다면 개인은 물론 가족의 문제로 확산되는 시기가 중·노년기이다.

따라서 중·노년기의 의뢰는 위의 문제로 인해 사회복지기관, 주민자치센터, 관공서 등 공공기관과 민간 기관에 도움을 구하거나 해결하기 위해서다. 자발적으로 찾아오는 경우도 있으며, 이웃주민에 의해 의뢰되기도 한다. 접수는 스크리닝을 통해 이용이 가능한 대상자인지를 선별하고, 이용자로 선정되면 면접으로 진행된다.

2) 인테이크

사례대상자 본인은 물론 부양가족이 있는 경우 동의를 받아 면접을 진행한다. 가족이 빈곤에 처해 있다면 생계불안을 걱정하고, 자녀양육 등에 영향을 받을 뿐만 아니라 다양한 어려움을 겪었을 것이다. 가족관계가 소원하다면 소원한 이유와 원인을 파악하고 갈등의 양상과 갈등기간, 갈등유형을 포함하여 자료를 수집한다. 결혼시기 및 자녀수, 자녀양육 과정, 부양의식 외에 가족이 직면한 문제와 문제 해결의지, 구성원의 부정적 인식과 가족애착 등이다. 또한 가족부양 인식을 확인하기 위해 직업유형, 근무기관, 근속기간, 소득 등도 파악해야 한다. 만약 실직한 상태라면 실직시기와 사유, 직업을 얻고자 하는 욕구가 있는지, 수입이 없다면 현재의 수입원, 생활하기 위해 시도한 활동 등 다각적으로 정보를 수집한다.

직업은 가정 및 사회생활을 유지하게 하는 기능이 있으므로 반드시 확인할 사항이다. 주로 활동하는 장소와 사회적 관계 등의 정보를 포함한다. 가족의 생활력을 파악하기 위해서는 가정 방문이 필수적이다.

3) 사정

사정은 면접에서 얻은 정보를 통해 현재의 문제, 문제의 해결가능한 정도와 지원여부를 결정하기 위해 중요하다. 개선이 가능한 사항과 해결이 어려운 문제를 분류하고, 자력으로 해결할 수 있는지, 전문가의 개입이 필요한지 등을 사정한다.

중·노년기의 직업 활동과 사회활동은 사례대상자의 인식 정도, 즉 의지여부에 따라 가족성원의 생활수준에 영향을 미치기 때문에 사정이 구체적이어야 한다. 현재의 생활에 초점을 두고 사례대상자 본인은 물론 가족의 생활상, 즉 장애가 있는 가족성원 또는 질병유무, 소득수준에 따른 직업 활동 유무, 주거환경 등 다양한 차원에서 시행한다. 사정에서 확인된 사항은 각각의 문제에 따라 지원 정도를 결정하여 서비스 계획에 반영한다.

4) 서비스 계획 수립

중·노년기의 서비스 계획은 경제적 안정이 우선이므로 경제적 자립에 목표를 두고, 안정된 생활을 유지하기 위한 대안이 있어야 한다. 지원이 가능한 수준과 범위 및 기관을 선정하고, 비공식 자원을 개발한다. 특히 노년기 주거환경은 삶의 질에 영향을 미치는 결정적 요인으로 건강한 노후생활과 관련되어 있다. 식생활 개선을 위한 식단계획, 위생적 환경 조성을 위한 주거지 내·외부의 개선, 가족관계 증진, 소득보존과 가족의 생계지원, 정서적 안정 등을 포함한다. 긴급하게 개입할 문제와 위기상황, 그리고 일반적인 문제를 구분하여 수립한다.

5) 서비스 실행

중·노년기는 개인의 의지로 참여하였다 하더라도 의지가 저하되어 서비스 제공을 거부하겠다고 선언할 소지가 있다. 따라서 매 회기 진행서비스를 점검하고 사례대상자의 반응확인이 중요하다. 참여 자원과의 협의를 통해 진행하고 서비스 종료 후에는 변화 정도를 평가하여 실행효과를 높인다.

6) 모니터링 점검과 종결

타인으로부터 지속적인 배려를 받아야 한다면 낮은 자존감을 형성할 소지가 많다. 변화가 없는 상황이 지속된다면 의지가 약화되어 만족한다는 추상적인 대답을 통해 소극적으로 참여했을 것이다.

점검은 진행된 서비스에 대한 사례대상자의 만족 정도 파악이 핵심이다. 사례관리자 및 기관의 지원 사항 전반을 재검토하여 '계획대로 실천되었고 목표가 달성되었는지', '변화가 있었고 실제 효과가 있었는지, 그리고 종결이후의 생활을 유지할 수 있는가 등을 집중적으로 점검'한다. 사례대상자의 심적 변화상태, 가족인식, 생활의 안정, 사회활동, 그리고 지원한 서비스 등을 포함한다.

중·노년기는 경제적 문제로 인해 빈곤, 질병에 노출되어 간병을 받아야 하거나 가사활동을 수행하지 못하는 등 다양한 문제가 유발될 수 있다. 더욱이 위의 문제에 장기간 노출되었다면 자조적인 생활이 불가능하여 타인의 도움이 있어야만 생활할 수 있다. 이를 확인하는 방법이 정기적으로 모니터링하는 것이다.

종결은 개인적 사정에 의해, 서비스를 받지 않겠다고 거부하거나, 요양원 입소, 사망, 가족이 부양할 수 없는 처지, 기관의 사정과 서비스 지원이 불가능한 경우에 시행된다.

7) 사후관리

사후관리 초기에는 1주 간격이 적정한데, 가정 방문 또는 대면면접 상담이 효과적이다. 필요하면 사회복지기관을 연계하여 생활이 안정될 때까지 지원한다. 만약 질환을 앓고 있거나 빈곤 또는 중대한 문제로 인해 장기적인 개입이 필요하다면 지역기관과 공조하여 주 사례기관을 정한 후 개입 방안을 마련한다.

더욱이 중·노년기는 자력으로 생활하기 어려운 경우가 있어 지원체계 마련이 중요한데, 제기한 것과 같이 정기적인 가정 방문 또는 유선 연락 등을 정례화하여 사례대상자를 지원해야 한다.

사례대상자와 지역사회를 연계하는

현장 중심의 통합사례관리

4장 /

통합사례관리 모델과 적용

1. 통합사례관리 모델과 적용

많은 사회복지기관은 재정부족 문제를 고민하고 있다. 그래서 외부 전문가를 영입하기보다는 내부 직원을 선발하여 통합사례관리 직무를 부여한다. 여기에서 주목할 것은 '과연 통합사례관리를 실행하기 위한 준비가 되어 있는가?'이다. 핵심절차만을 중점적으로 다루고, 사업차원에서, 회의를 통해 결정하는 방식이라면 통합사례관리 체계를 마련했다고 볼 수는 없다. 즉 '회의중심의 통합사례회의를 통해 어려운 결정과 민감한 문제를 직원들의 합의에 의해 판단하는 방식이 옳은 것인가?' 여부이다.

어쩔 수 없이 운영 중인 부서에 통합사례관리 사업을 일임해야 한다면 외부 전문가를 영입하여 자문을 받는 것이 대안이다. 전문가의 자문은 사례관리자를 비롯하여 직원들의 통합사례관리 업무수행 능력을 확대하게 만들어 사례지원 수준을 질적으로 높인다. 하지만 여러 가지 부담을 감수해야 한다. 재정마련과 인력구조 개편, 조직체계정비 등이 그것이다. 또 다른 방법은 통합사례관리 모델을 이해하고 적용하기 위한 학습그룹을 조직하는 것이다. 기관의 재정 부담을 줄이고, 직원들이 통합사례관리 직무수행을 질적으로 높이기 위한 조치로서 기관의 실정에 적합한 통합사례관리 모델의 특성을 찾고 적용가능성을 높이기 위해 스터디방식으로 운영한다. 하지만 이 경우에도 외부 전문가에게 정기적으로 자문을 받아야 한다.

1) 사례관리 제공자 모델

이근홍(2008)은 Weil & Karls(1985)의 사례관리 제공자모델을 제시하였다. 사례관리제공자모델의 의미와 특징에 더해 사회복지기관이 적용하고 활용 가능한 방법을 모색하면 다음과 같다.

(1) 통합전문가 모델

일반모형으로 이해되는 통합전문가 모델은 중개 모델로 불리며, 사례대상자와 집단의 서비스 조정에 관심을 둔다. 통합사례관리는 서비스 간의 조정을 통해 공공복지, 사회복지, 심리학, 간호, 대인서비스 또는 직업재활 등의 훈련을 받은 전문가들이 참여한다. 전문가는 각자의 전문성을 토대로 직·간접적인 서비스를 지원한다. 사례관리자는 사례대상자가 필요로 하는 욕구를 준거삼아 서비스를 연계하고 조정하는 역할을 수행한다.

사회복지기관 적용 Tip

중개 모델은 지속적으로 사례관리자를 만날 수 있고, 다양한 자원과 상시적으로 교류할 수 있다는 강점으로 인해 사례관리자의 역량에 따라 지원 수준이 결정된다. 따라서 단순 욕구를 표출한 사례대상자에게 적용될 때 효과적이다. 기관에서 제공하는 도시락배달, 간식지원, 차량 운행 등이 통합전문가 모델의 서비스에 해당한다고 볼 수 있다. 반면, 치료적 개입이 필요한 사례와 전문가의 개입이 필요한 사례대상자, 즉 복잡하고, 심각한 문제에 노출된 사례는 전문사례관리기관에 의뢰해야 한다.

(2) 일차적 치료자 모델

사례대상자의 경험된 문제 양상이 부정적 정서에 노출되고, 심리적 문제를 보인다면 적합한 모델이다. 하지만 치료가 주된 목적이므로 사례관리자의 경험과 지식, 기술 수준이 사례대상자의 변화를 촉진할 수 있을 정도로 임상경험이 풍부해야 한다. 따라서 석사이상의 학위를 가진 전문 사례관리자가 주도하고, 심리상담가, 간호사, 정신보건사회복지사 또는 정신과 의사 등이 참여하게 된다. 주로 정신적인 문제를 지닌 사례대상자의 치료적 개입과 재활에 초점을 두기 때문에 신뢰관계형성을 중요하게 다룬다.

사회복지기관 적용 T/i/p

사회복지 분야에서 사례대상자를 지원하기 위해 사회복지사의 역할이 중요하며 지원의 주체임을 강조하여 온 반면, 빈곤가정 또는 빈곤에 노출된 개인, 장애인 또는 장애자녀를 둔 가정, 노숙인 등 도움이 필요한 대상자와 가정에 대한 서비스는 기관을 중심으로 지원되어 왔다. 거주시설을 이용하는 장애인을 살펴보면, 장애로 인한 특이행동과 이상행동을 개인적인 문제로 치부하며, 역량을 강화하기 위한 조치로서 재활을 강조하고 프로그램 참여를 통해 해결하려는 경향이었다.

정신적인 문제를 지닌 사례대상자에 대한 지원은 최근에 부각된 것으로 여전히 사회적 지원이 부족한 실정이다. 하지만 이용자의 권리가 부각되면서 정신적 문제 등을 완화하기 위한 서비스 개발의 중요성이 강조되고 있다. 개인의 권리와 인권에 기반한 복지서비스가 실행되어야 한다는 점에서 통합사례관리 개입의 중요성을 인정한 것으로 볼 수 있다. 정신보건사회복지사를 비롯하여 관련기관은 자살예방, 우울증 환우들의 자조모임 등 다양한 노력을 기울이고 있으며, 전문가와의 협조도 강화하는 추세이다. 이러한 변화는 사회복지 실천 영역이 확대되고 있음을 의미한다.

(3) 다학제 간 팀 협력 모델

이 모델은 특정 영역에서 활동하는 전문가가 사례대상자의 문제를 지원하기 위해 참여한다. 사회복지사, 직업재활사, 상담사, 의사, 간호사, 치료사 등의 전문가는 전문성을 토대로 사례의 상황을 분석한 후 합의된 결정에 따라 서비스를 기획하고, 인적·물적 자원을 연계하여 개입한다. 사례대상자를 중심으로 다양한 전문가가 활동한다는 점에서 통합사례관리 수행 시 적정한 모델로 평가되고 있다. 의뢰는 기관자체적으로 지원하기 어렵거나 지역의 기관과 공조하여 지원할 사례가 해당한다.

사회복지기관 적용 T/i/p

문제가 심각한 사례는 기관의 지원으로는 감당하기 어렵고 사례관리자 간, 기관 간의 협조 여부에 따라 해결을 기대할 수 있다. 별도의 사례관리자를 채용하기 어려운 소규모 기관 등에서 활용될 때 효과적이다.

지역 현안에 대해 다학제 간의 논의가 공통적인 관심사로 대두되고 있는 추세로 볼 때 확대될 것이 예상되는 모델이다. 하지만 연계와 조정의 책임자, 즉 운영을 주도하는 주체기관이 있어야 한다. 사례가 의뢰될 때마다 팀을 구성해야 한다는 번거로움도 있다. 따라서 지역기관 및 전문가와의 유기적인 연계체계 마련이 다학제 간 팀 협력 모델을 추진하는 핵심과제이다. 즉 지역차원의 조정 기구를 마련하여 긴밀한 네트워크가 연계되어야만 추진이 가능하고 성과를 기대할 수 있다. 또한 다학제 간 팀 구성이 목적사업을 상실하거나 의미가 부여되지 않으면, 기관은 참여하지 않게 되어 서비스 제공이 불투명해진다. 결국 주도적인 역할을 수행하는 기관이나 사례관리자가 없다면 이 모델은 추진되기 어렵다.

(4) 가족 모델

가족 모델은 가족이 주 서비스 제공자의 역할을 직·간접적으로 수행한다는 점에서 타 모델과 구별된다. 사례관리자는 가족을 대상으로 통합사례관리 실천기술 등을 교육하여 준 사례관리자 역할을 수행하도록 돕는다. 사례대상자를 잘 알고 있는 부모와 자녀 또는 형제들이 준 사례관리자의 역할을 수행하면 사례관리자가 파악하기 어려웠던 가정 내의 문제대처가 가능하게 된다. 또한 필요한 서비스를 적시에 제공하게 되어 가족성원의 부양부담을 줄일 수 있다. 가족 모델은 보호 장치를 마련하여 방치 등에 노출될 위험을 예방할 수 있다는 가정 하에 출발한 모델이다. 이러한 이유에서 가족모델은 보호자인 부모와 자녀들이 사례관리자와의 협력적 관계를 중시한다.

사회복지기관 적용 T/i/p

가족 모델은 사례대상자와 24시간을 생활하며 지지원이 되는 가족을 통해 돌봄 등의 서비스를 제공함으로써 위기상황 대처와 필요한 서비스를 신속하게 제공할 수 있다는 점에서 유용하다. 가족이 제공하기 어려운 서비스는 사례관리자의 슈퍼비전을 통해 해결할 수 있다.

서비스 전달체계 또한 강조된다. 그들의 환경을 고려하여 변화되어야 할 상황을 주도면밀하게 확인한 후 서비스 연계망을 확대하며 진행한다는 점에서 사례관리자는 중재자, 조정자 등의 역할을 수행한다. 가족의 역량을 강화하여 가족의 상황에 적합한 서비스를 사례대상자 입장에서 제공할 수 있다는 장점과 아울러 서비스 지속성을 유지할 수 있다는 점에서 유용한 모델이다.

(5) 지지적 보호 모델

이 모델은 농촌과 빈곤지역에 거주하는 만성정신질환자가 주된 대상자이고 이웃들이 자원으로 참여한다. 이웃은 사례대상자의 상황을 누구보다 잘 알고 있고, 서비스 등을 제공하는 데 있어 효과적으로 대처할 수 있다는 가정 하에 출발한 모델이다. 서비스 제공은 지역사회 보호에 기반하여 공적 또는 비공식 자원을 연계하여 제공된다. 하지만 관련 분야의 지식습득과 아울러 서비스 지원에 필요한 훈련을 받아야 한다.

사회복지기관 적용 T/i/p

정신보건 등의 분야는 전문적인 지식을 습득해야만 활동이 가능하고, 위의 훈련을 받지 않는다면 기본적인 봉사활동만을 수행하게 된다. 또한 지역에 거주하는 이웃들의 참여와 주민들의 협조를 얻기 위한 방안이 모색되지 않는다면 추진되기 어렵다. 만약 이웃이 거부하거나, 참여지연, 동기결여 등의 문제가 발생한다면 지원은 불가능하다.

최근 사회복지 분야에서 정신보건서비스에 대한 관심이 높아지면서 지역의 사업으로 자리잡아가고 있다. 하지만 정신보건사업의 확장에 대해 낙관해서는 안 된다. 그만큼 정신적인 문제를 호소하는 사례대상자가 늘어나고 있다는 것으로 사회문제로 확산되기 이전의 노력이 충실해질 필요가 제기된다.

(6) 자원봉사자 모델

이 모델은 사례관리자와 자원봉사자 간의 협력적 관계를 유지하는 가운데 사례관리자의 다양한 역할을 자원봉사자에게 일임하여 실천하게 되면, 보다 나은 서비스를 제공할 수 있다는 가정에서 개발되었다. 따라서 자원봉사자는 사례관리자의 감독 하에 일정한 훈련을 받아야 한다. 기관 또한 교육체계를 마련하여 전문성을 신장하기 위한 방안을 모색해야 한다.

사회복지기관 적용 Tip

자원봉사자는 사회복지 분야에서 핵심적인 역할을 담당하며, 단순 활동에서 치료적 개입이 필요한 상담가 역할 등 사회복지실천가로서 역할 해 왔다. 이는 사회복지기관이 자원봉사자의 활동에 따라 영향을 받고 있다는 것을 의미하는데, 참여 자원이 많은 경우 사업이 확장되고 자원봉사자가 부족하다면 축소되거나 진행조차 못하는 현실임을 의미한다.

사실 자원봉사자가 없는 사회복지기관의 사업은 고려할 수 없는 실정이다. 일부 농 · 산촌 및 어촌 지역은 자원봉사자가 부족하여 중식제공 서비스가 중단되거나 방문상담이 진행되지 않는 등 자원봉사자의 부족이 얼마나 심각한지를 이해하게 한다.

사회복지사업이 지역적 편차가 발생하는 이유는 사업 양, 직원 수와 전문성, 예산규모와 시설의 물리적 환경 외에 기관이 위치한 지역적 여건 때문으로 자원의 역할 정도에 따라 지역적 편차는 더 심화될 것으로 예견된다. 이는 자원봉사자의 활동이 다양한 영역으로 확대되어야 하고, 전문성 신장을 위한 장치마련과 활동이 다양한 영역으로 확대되어야 하고, 전문성 신장을 위한 장치마련과 활동의 전문성을 보장하기 위한 제도적 보완이 강화되어야 한다는 것을 의미한다.

(7) 종합적인 서비스센터 모델

종합서비스센터 모델은 사례대상자의 욕구에 적합한 서비스를 생산하여 지원할 것을 목적으로 한다. 특정 기관에 오랫동안 거주하고 있는 장애인, 아동, 노인 등의 재활과 자립을 목적으로 각종의 사회서비스와 연계하여 통합서비스, 즉 사회 · 정서적 지지, 직업훈련, 일상생활지원 외에 사회활동 준비 등의 서비스를 제공한다. 서비스 지원 대상은 시설거주 장애인과 아동, 만성적인 질환을 앓고 있는 정신장애인과 자립생활지원센터 이용장애인 외에 장기적인 보호가 필요한 약물중독자 등이다.

통합사례관리를 담당하는 직원은 훈련받은 전문가와 준전문가 등이 팀을 구성하여 사례대상자와의 밀착관계 속에서 협력한다. 센터 내에서 서비스를 지원하게 되지만 통합서비스를 지원한다는 점에서 단종복지관과 거주시설 등에서 활용될 때 유용하다. 하지만 서비스를 지원하기 위해서는 기관의 운영체계 및 자원의 참여를 촉진할 수 있는 연계체계가 마련되어야 한다.

사회복지기관 적용 T/i/p

다학제 간 팀 모델이 전문가 간, 기관 간의 연계와 조정을 수행하는 주체기관이 있어야만 제 기능이 발휘되는 것처럼 사회복지기관이 종합적서비스센터 기능을 수행하는 것은 지역을 대표하는 사례관리센터 역할을 수행하는 것으로 볼 수 있다. 일부 시·군의 경우 1개소의 사회복지기관이 지역을 대표하는 복지센터로 인식되는 이유는 종합적인 서비스 센터 모델을 적용한 것으로 볼 수 있다. 이 모델을 수행하기 위해서는 직원들의 교육과 훈련이 필수적이며, 훈련수준을 높이기 위한 시스템이 마련되어야 한다.

2) 서비스 제공기관의 형태별 모델

Quinn(1993)의 독자기관 모델, 직접서비스기관 내의 특수단위 모델, 특수단위시설 또는 복합기능기관 모델, 조합 모델, 보험 케어 매니지먼트 모델을 토대로 통합사례관리 적용 방안을 모색하면 다음과 같다(이근홍, 2008).

(1) 독자기관 모델

사회복지기관은 통합사례관리 서비스를 집중적으로 제공한다. 국가와 민간기관의 협정을 통해 재정유지와 관리활동을 하지 않으며 사례대상자의 보호 기능에 초점을 두고 통합사례관리 전담기관으로서의 역할만을 수행한다.

사회복지기관 적용 Tip

통합사례관리 사업을 독자적으로 추진하는 기관으로는 드림스타트와 위스타트 사업 등으로 독자기관 모델에 해당한다고 볼 수 있다. 하지만 기관운영에 필요한 노무, 회계, 행정체계를 위반하면 기관의 위상은 본래 목적을 상실하게 된다.

독자기관 모델은 사회복지기관이 통합사례관리 서비스를 주 목적사업으로 실천하게 될 때 활용되는 모델이다. 통합사례관리 전문기관이 독립성과 자율성을 유지한 채 독자적인 사업을 전개한다는 면에서 의미가 있다.

(2) 직접서비스기관 내의 특수단위 모델

이 모델에서 통합사례관리 서비스는 가족상담, 가정지원, 가족관계 회복 등 필요한 정보와 서비스를 제공한다. 서비스 제공은 사업의 특성에 따라 전담부서를 지정하여 추진하는 방식과 서비스 제공이 가능한 부서에 일임하는 방식으로 진행된다.

사회복지기관 적용 Tip

통합사례관리를 실천하기 위해서는 전담부서 설치와 통합사례관리를 수행해 본 경험이 있는 슈퍼바이저를 배치하여 부서와 자원 간의 조정 역할, 즉 중재자 역할을 담당하게 해야 한다.

하지만 사례대상자의 복합적인 욕구 대응에 필요한 부서의 협조와 지원이 어려운 경우가 있다. 이런 경우 서비스 제공이 가능한 기관을 선별하여 연계해야 한다. 연계와 공조는 이 모델에서 중요하게 다루는 사항이다.

(3) 특수단위시설 또는 복합 기능기관 모델

통합사례관리 서비스는 기관의 이용자에게 한정하여 제공된다. 설립목적에 명시된 대상자가 이용자이며 그 외의 대상자는 제외된다. 장애인, 아동, 노인 등 기관의 설립목적이 특정 대상자에게 한정된 경우에 해당되는 모델이다. 사례대상자와 부모, 자원과의 교류 정도에 따라 사업범위를 정할 수 있어 평판과 인식이 긍정적인 경우 활성화된다.

사회복지기관 적용 T/i/p

특수한 목적을 통해 설립된 기관은 지원할 대상이 정해져 있다. 장애인복지관, 노인복지시설, 노인복지관, 아동복지시설, 지역아동센터 등의 기관에 대상자로 등록된 경우 특별한 사유가 아니라면 장기간 이용하게 되어 이용자의 변화 과정을 추적하며 지원할 수 있다는 점에서 타 모델과 구별된다. 하지만 동일한 대상자가 장기간 이용하게 되므로 사례관리 전담부서를 설치하는 등 운영체계를 마련하여 통합사례관리 사업을 특성화해야 한다.

(4) 조합 모델

조합모델은 사례의 상황에 따라 기관들의 역할을 구분하여 서비스를 제공하고 관리하는 모델로 통합사례관리 서비스는 제공기관과의 연계를 통해 지원된다. 따라서 기관 간의 네트워크 구축이 핵심이다. 주무담당자의 자율적 활동을 보장하는 가운데 사회복지기관의 재정적·시간적 지원이 있어야만 성과를 기대할 수 있는 모델이다.

사회복지기관 적용 T/i/p

조합 모델은 지역기관 간의 연계망이 구축되어야 한다. 연계체계는 주최기관을 정한 후 현안해결을 위해 협의체를 구성하여 진행하는 방식과 협의체의 성격을 명확히 하여 정기적인 모임 형태로 진행할 수 있다. 합의사안은 역할분담을 통해 추진된다.

(5) 보험 케어 매니지먼트 모델

보험회사 가입자가 의료사건과 연관된 경우 단기간 동안 집중적으로 통합사례관리 서비스가 제공된다.

사회복지기관 적용 T/i/p

보험 케어 매니지먼트 모델을 우리나라에 적용하기에는 이른 면이 있다. 사회복지기관이 보험사건과 연루된 사례대상자의 문제를 지원하는 경우가 드물기 때문이다. 따라서 사례대상자와 관련된 보험사고 등이 많아지게 될 때 고려해 볼 수 있다. 지속적인 사례연구와 발굴이 필요한 모델이다.

3) 서비스 제공기간별 모델

통합사례관리 지원이 보편적인 서비스로 자리 매김하는 현실은 정신질환자 등에 대한 지원이 체계화될 필요를 제기한다. 이에 Cline(1990)의 의료보호모델, 재해모델, 장기보호모델을 토대로 만성질환 또는 장기적인 보호가 필요한 사례대상자를 지원하기 위한 대안을 모색하고, 통합사례관리 적용 방안을 제시해 보면 다음과 같다(이근홍, 2008).

(1) 의료보호 모델

의료보호 모델의 핵심목표는 병원에서 오랜 기간 입원해 왔던 장기입원 환자의 퇴원 후 가정 복귀를 돕는 데 있다. 사례관리자는 퇴원준비부터 가정 복귀전까지 보호를 지속하기 위해 중간시설[1] 등의 단기보호서비스를 제공한다.

1) 거주시설 입소자의 사회복귀를 위해 일부 법인에서 시행하고 있다. 대표적으로는 장애인그룹홈과 아동그룹홈, 노인그룹홈, 청소년 단기보호소 외에 가정폭력 피해자 등이다.

사회복지기관 적용 T/i/p

기존의 단기보호서비스는 만성질환자의 가정 복귀를 지원하기보다는 시설장애인 등의 사회복귀서비스가 주로 지원되었다. 거주시설에서 장기간 생활해 온 지적장애인 등에 대한 자립생활 지원을 위한 프로그램과 지역사회 복귀를 촉진하기 위한 사업이 주목 받아 온 것이다. 반면 정신보건대상자와 장기입원 환자의 사회복귀 지원을 위한 중간시설(그룹홈 등) 등의 사업은 활성화되지 못했다. 주거지 구입과 생활비 조달, 사회활동 등을 지원하기 위해서는 많은 예산이 소요되고, 전문가 양성체계 또한 복잡하여 사회복지사 자격증 취득 후 추가적인 교육과 훈련을 받아 시험에 합격해야만 자격이 주어지기 때문이다. 이러한 요인은 사회복지시설의 재정지원 방식에서도 찾아볼 수 있는데, 기관의 물리적 규모에 따라 입소인원이 정해지는 구조로 입소정원에 따라 예산 및 인력을 지원받는 방식이다. 결국 정신질환대상자를 지원하는 쉼터에 소수의 입소자가 이용하게 되면 재정과 인력이 부족하여 운영의 어려움이 가중되는 구조이다.

하지만 장기간 입원하여 온 환자의 가정 복귀, 즉 사회복귀를 지원한다는 점에서 높이 평가할 수 있는 모델이다. 사회복귀 지원기관이 부족한 상황에서 더 확대되고 개발되어야 할 모델로 꾸준한 연구가 필요하다.

(2) 재해보호 모델

주로 보험회사와 관련된 것으로 만성질환자 또는 장기간의 치료가 필요한 사례대상자는 많은 수가의 보험 비용이 발생하게 되어 비용발생을 최소화하고, 건강서비스를 제공하기 위해 고안된 모델이다. 고액의 치료비가 소요되는 만성질환자를 선별하여 집중적인 치료서비스를 제공하고 조기 회복을 돕는다. 통합사례관리서비스는 재활치료 서비스 등에 초점을 두고 치료 경과에 따라 특정 시점이 되면 종결된다.

사회복지기관 적용 T/i/p

사례관리자는 의사, 간호사, 심리치료사, 의료사회복지사 등 전문가와의 협력적 관계를 수립한 후 종결시점에 따라 퇴원 이후의 지원을 고려해야 한다. 하지만 다양한 전문가가 참여해야 하고, 가정 복귀 전까지 기능회복과 가족관계 회복을 위한 심리 · 정서 · 치료서비스 등을 제공하기 때문에 협조 또는 연계가 이루어지지 않는다면 지원이 불가능하다. 일부 병원에서 의료사회복지사가 중심이 되어 서비스를 제공하고 있지만 지역기관과의 연계가 미흡한 실정으로 지속적인 연구가 필요한 모델이다.

(3) 장기보호 모델

장기보호 모델은 영구적인 손상을 입은 장애인과 만성질병을 앓고 있는 사례대상자에게 재활서비스 외에 건강 회복을 위한 치료적 개입과 물리적 서비스 등을 제공한다. 지역사회 기관 및 전문가와의 연계를 통해 지원하는 모델로 사례관리자는 사례대상자의 문제를 예방하고 보호자의 돌봄 부담을 줄이기 위해 또는 고액의 치료비용 발생을 억제하기 위해 개입한다. 주로 노인성 질환 및 희귀질환을 앓고 있는 환자, 회복이 불가능한 질환자, 선천적으로 질환이 있거나, 영구적인 손상을 입은 장애인 등 장기적인 치료와 재활서비스가 필요한 대상자이다. 지원계획은 사례대상자의 심신회복을 목표로 사례관리자의 적극적인 지지를 포함한다.

사회복지기관 적용 T/i/p

만성질환자와 장애인 등은 장기간의 입원치료로 인해 심신이 쇠약해져 있어 회복이 불가능하다는 생각에 포기하는 등 심리적인 문제를 드러낼 수 있다. 더욱이 가정생활, 외출, 관공서 이용, 문화시설 이용 외에 물품구입하기, 쇼핑하기 등은 생활하는 데 필수적인 활동으로 타인의 도움이 없이는 수행이 불가능하다. 이러한 이유에서 보호계획은 지역차원에서 수립되어야 한다. 기관과의 합의를 통해 역할을 분담하고 사례대상자의 안정된 삶에 초점을 둔다. 사례관리자의 연계 역량에 따라 서비스 질과 수준이 달라지므로 세심한 주의가 필요하다.

4) 케어 매니지먼트 모형

케어매니지먼트 모델은 가족보호 모델, 지역사회 지원 모델, 포괄 모델로 구분 된다. 이 모델에 기초하여 사회복지기관의 통합사례관리 운영체계 마련 및 적용대안을 모색하면 다음과 같다(이근홍, 2008).

(1) 가족보호 모델

이 모델은 영구적인 신체 결함 장애인, 만성 정신 장애인 등 장기적인 보호가 필요한 사례대상자의 문제를 예방하고 완화하기 위해 고안되었다. 즉 가족의 상호작용 촉진과 돌봄 부담을 완화하여 사례대상자의 사회적 기능을 향상하는 데 있다. 가족보호 모델은 보호를 제공하는 가족들에게 교육과 훈련을 통해 보호 부담을 경감시키고, 보호에 필요한 기술 등을 습득하게 하여 사례대상자의 회복을 돕는 데 목적이 있다. 가족은 사례대상자가 필요로 하는 욕구를 이해하고 있으며, 신속하고 효과적으로 보호서비스를 제공할 수 있다는 믿음에 기초한 모델로, 보호에 필요한 지식, 기술 등은 사례관리자의 슈퍼비전으로 제공을 받는다.

사례관리자는 교육 및 정보 제공자, 서비스 안내자, 가족성원에 대한 지지자, 치료자 외에 서비스 점검자 및 평가자, 지도 감독자 등 직접적인 역할을 수행하고, 간접적으로는 서비스 중개 및 연결자, 조정자와 옹호자 등의 역할을 수행한다.

가족보호 모델을 적용하기 위해서는 가족성원의 역할이 인식되어야 한다. 또한 보호를 위한 가족성원이 있어야 한다. 사례관리자는 가족관계 및 성원의 결속력을 강화하기 위해 지속적인 격려와 지지를 보내고 가족보호를 위한 방안을 모색하여 개입한다. 가족기능회복을 위한 전문적인 교육과 상담 등은 가족보호 모델을 적용하는 데 있어 필수적이다.

사회복지기관 적용 T/i/p

만성질환 등으로 인해 손상을 입은 사례대상자는 가족의 보호가 없이는 생활이 불가능하고, 이러한 보호조치는 생존과 직결된다. 하지만 안정된 생활을 유지하기 위해서는 가족의 헌신과 희생이 따른다. 장기간의 보호는 보호를 담당하는 가족들에게 가중한 부담이 되어 정서적 · 신체적 · 금전적인 갈등과 스트레스를 경험하게 한다. 스트레스가 누적될 때, 갈등에 직면하고 가족 해체 등을 선택할 소지가 많다. 돌봄의 포기는 이러한 문제가 가족 내에 만연된 것으로 가족성원을 불인정하는 갈등 상황을 의미한다.

(2) 지역사회 지원 모델

급속한 사회 환경변화와 맞물려 산업화, 도시화는 가족해체, 부모의 이혼, 부양 또는 돌봄의식 약화는 물론 가족 기능을 변화하게 하였다. 전문기관이 속속 생기기는 하지만 해결에 미치지 못하는 실정이다.

지역사회 지원 모델은 가족기능이 약화되어 서비스를 제공받기 어려운 아동, 허약한 노인, 만성정신장애인 등에게 보호서비스를 제공하기 위해 고안되었다. 사례관리자는 사례대상자에게 지지적 보호와 서비스를 제공할 수 있는 주민을 선정하여 일정기간 교육과 훈련을 이수하게 한 후 그들로 하여금 통합사례관리 직무를 수행하게 한다. 공식적 · 비공식적 자원의 연계와 상담, 옹호 등의 서비스를 제공하고 지원이 어렵거나 불가능한 서비스는 지역의 기관 및 전문가를 연계하여 제공한다.

지역사회 지원 모델에서 지역사회는 다양한 자원이 존재하고 사례대상자의 문제 해결에 필요한 역량을 갖추고 있다는 믿음에 기초한다. 신체적 결함에 의해 영구적 손상이 있는 사례대상자가 오랫동안 질환에 노출되어 있다면 보호가 필요하고, 그를 돌보고 있는 보호자의 부담이 가중되는 상황이라면 또는 가족이 돌봄 능력이 없어 일차 원조제공자의 역할을 수행하지 못하는 경우라면 돌봄 부담을 완화하기 위한 조치가 필요하다. 보호 능력이 없는 가족성원의 부담을 완화하고 안정된 생활을 유지할 수 있도록 자원의 연계를 통해 지원한다는 목적에서 고안된 모델이다.

(3) 포괄 모델

이 모델에 해당하는 사례는 전문가가 연계되어야 하고, 기관 간의 협조를 통해 그리고 다학제적 접근이 필요한 대상자이다. 즉 기관의 전문성과 관련 전문가가 사례에 집중하고 개입할 때 욕구와 문제는 해결될 것이라는 믿음에 기반하고 있어 기관 간의 연계를 통해 지원해야 하는 통합서비스가 필요한 대상자이다. 서비스 대상자는 복합적인 욕구가 있는 지적장애인, 자폐장애인, 정신질환장애인 등이다.

사례관리자는 지역의 기관과 연계한 후 지원 과정에서 조정자 및 연계자 역할을 수행하며 문제를 해결해 간다. 타 기관과의 공조를 통해 해결하게 되므로 연계를 중요하게 다룬다.

사회복지기관 적용 T/i/p

사회복지서비스의 세분화는 사례대상자의 문제양상의 복잡화 및 다양화에 대응하기 위한 체계로 변화하였지만 대처가 어려운 경우가 있다. 또한 사례관리자의 개입 능력을 벗어나는 경우도 있다. 이러한 상황은 사례대상자의 문제 유형에서도 나타난다. 지역의 자원을 모집하여 지원하였지만 해결되지 않는 경우이다. 이런 경우 문제는 또 다른 문제와 연관되어 있어 단편적 서비스는 도움이 되지 않는다.

5) 황성철의 사례관리 실천 모델

한국적 상황에 적합한 사례관리 모형에 대해 황성철(1995)은 단순형, 기본형, 종합형, 전문관리형 모델을 제시하였다. 사회복지기관의 유형에 따라 통합사례관리 적용 방안을 모색하면 다음과 같다.

(1) 단순형 모델

단순형 모델에서 사례관리자는 사례대상자가 표출한 욕구를 사정한 후 계획을 수립하여 서비스를 연계하고 중재하는 역할을 수행한다. 핵심활동은 중개자 역할로 사례대상자가 요청한 서비스를 연계하는 데 있다. 단순 서비스 연계가 주요 역할이므로 준전문가 또는 비전문가에 의해서도 지원이 가능하다. 요청한 서비스를 제공하는 것만으로도 도움이 되는 사례로 별도의 부서를 설치할 필요는 없으나 선임사례관리자의 엄격한 슈퍼비전은 정기적으로 제공되어야 한다. 사례는 100 케이스(case) 미만이 적정하다. 서비스 연계와 전달이 강조되므로 팀 차원보다는 개별적인 지원이 비용측면에서 효과적이다.

단순형 모델은 대다수의 사회복지기관이 시행하는 방식으로 사례 접근은 프로그램개발과 서비스 연계에 초점을 둔다. 하지만 참여 자원이 부족한 경우 서비스 전달 및 사업 수행에 차질이 생길 수 있어 자원의 개발과 개발된 자원의 활동을 촉진하기 위한 교육이 선행되어야 한다. 군단위 사회복지기관이나 소규모 기관에서 자원의 참여를 통해 지원한다면 효과적이다.

(2) 기본형 모델

이 모델에서 사례관리자는 상담가 역할 외에 사례대상자 발굴, 사정, 계획, 서비스제공 및 점검 과정에서 정보 제공 및 교육활동을 수행한다. 기본형 모델은 사회복지기관에서 일반적으로 시행하는 사례관리 방법으로 준전문가 또는 초임 사례관리자가 지원할 수 있다. 하지만 역할 수행에 필요한 교육을 받아야 한다. 지원하기 어려운 사례는 외부기관의 협조를 통해 지원해야 한다.

기본형 모델이 팀 차원의 접근보다 개별적인 접근이 선호되는 이유는 사례대상자의 상황에 적합한 서비스 지원과 변화 등을 확인하고 유지하기 위한 관리의 효율성 때문이다. 따라서 사례관리자에게 서비스 결정권한이 있어야 한다. 사례양은 30 케이스 정도가 적정하며 가정 및 현장 방문 서비스를 병행하여 제공할 때 효과적이다.

(3) 종합형 모델

종합형 모델은 사례대상자의 문제 상황 및 행동을 치료하는 데 초점을 둔다. 사례 수가 많은 경우 집중적인 지원이 어려울 수 있으므로 10 케이스에서 20 케이스가 적정하다. 종합형 모델에서 다루는 사례는 집중적인 개입이 필요한 위기 또는 긴급한 개입이 필요한 사례이다. 따라서 전문가의 개입과 팀 차원의 지원이 필수적이다. 이러한 지원은 행정지원을 포함한다.

최근 집중적인 치료적 개입이 필요한 사례대상자가 증가하고 있다. 이를 대응하기 위해 사례관리 팀을 신설하거나 임상경험이 많은 직원을 배치하는 등 대안을 마련하고 있지만 모두 대응하기에는 한계가 있다. 더욱이 추가적으로 팀을 구성하고 인력을 배치하는 데 있어 예산 확보라는 걸림돌은 대응을 늦추게 하거나 포기하게 만든다. 또한 통합사례관리에 소요되는 비용효과성이 파악되지 않은 상황에서 부서를 신설하는 것은 모험일 것이다. 그래서 많은 기관은 차선책으로 기존의 직원을 재배치하여 통합사례관리 직무를 추진한다. 또는 지자체와 기업복지재단, 후원에 의존하는 경향을 보인다.

그럼에도 통합사례관리 사업은 기관의 핵심 사업으로 이해되고 사례관리자의 역량으로 인식된다. 사례대상자의 문제와 욕구를 지원하는 최선의 방법으로 자리 잡았기 때문이다.

(4) 전문관리형 모델

전문관리형 모델은 기관의 내부자원만으로는 지원하기 어려운 사례가 해당하고, 사례를 지원하기 위해 전문가와 기관은 팀으로 활동한다. 따라서 심각한 문제에 노출된 사례대상자를 지원할 때 유용한 모델이다. 기본형 중심의 서비스를 제공하는 기관이 타 기관과 연계하여 통합사례관리 사업을 추진하게 되면 인력부족, 재정취약성의 한계를 극복하고, 다양한 인적·물적 자원과의 교류체계를 확보할 수 있게 되어 전문적인 사례지원 기관으로서의 역할을 수행하게 된다. 이러한 점에서 볼 때 소규모 기관이 지역의 기관과 연계하여 통합사례관리 사업을 시행할 때 효과적이다.

전문관리형 모델에 참여하는 전문가는 간호사, 정신과의사, 물리치료사, 상담사, 사회복지사 등이며, 각자의 전문영역을 보장받는 가운데 활동해야만 성과를 기대할 수 있다. 자율성 보장은 문제의 사정과 서비스 계획 수립, 의사결정 등 기관의 지원과 인정을 의미한다. 전문가의 숙련성과 전문성에 기반하여 진행되는 만큼 지역기관의 참여 및 협조가 있어야만 수행이 가능하고 지역에 전문가 또는 사회복지기관이 없다면 수행이 불가능한 모델이다. 또한 많은 수의 사례를 다룰 수 없다는 점도 전문관리형 모델의 특징이다.

통합사례관리 실천이 사례관리자 개인의 역할보다 팀 차원으로, 지역기관과 공조하여 수행될 때 효과를 기대할 수 있다는 것은 다양한 현장에서 증명되고 있다. 하지만 통합사례관리 수행에 필요한 시스템이 마련되어 있어야 하고, 직무담당자의 자율성을 어느 정도 보장하는가에 따라 성취 정도가 달라진다. 따라서 기관의 지원이 없다면 시행이 불가능한 모델이다.

2. 통합사례관리 모델 적용 시 고려사항

통합사례관리 모델은 학자들 간에 추구하는 관점이 다르기 때문에 사회복지기관의 실정에 적합한 모델을 찾아 적용하는 것은 사실 사례관리자에게 어려운 일이다. 기관의 상황과 사업특성에 따라 서비스 접근방식과 전달체계가 다르듯이 각각의 모델은 핵심관점과 지향목적이 다르다. 따라서 모델의 특성을 충분히 검토하지 않는다면 단순 사례관리 서비스만을 제공하게 된다. 더욱이 교재중심으로 소개되고 논문 등을 읽어야만 이해될 수 있는 모델의 특성은 사례관리자의 입장에서는 부담일 수밖에 없다. 이를 선택하고 적용해야 하는 사례관리자의 능력이 요구되는 직무이기 때문이다.

1) 사례관리자에게 일임하는 방식 제고

사회복지기관의 사례관리 절차를 살펴보면, 사례관리자는 인테이크 후 사례보고서를 작성 한 후 사정회의에 상정한다. 사정회의(많은 기관이 사정회의를 사례회의로 혼용하여 사용하고 있다)에서 결정된 사항을 토대로 서비스를 계획하고 실행방안을 모색하게 되는데, 혼자서 모든 것을 주도해야 한다면 사례관리자가 인식한 문제만을 부각하게 된다. 이러한 방식은 사례의 문제에 따라 개입방법을 찾는 사정방식, 즉 원인을 설명하지 못한 채 직원들의 의견만을 반영하는 회의중심의 사정이 요인이다. 문제의 조치는 의견 게시 또는 의견 중심으로 합의되어 문제의 해결과는 거리가 있는 대안이 제시될 소지가 있으며, 설사 통합적 대안이 제시된다고 하여도 성과만을 부각하는 등 편중된 대안만이 합의될 뿐이다. 결국 사례대상자는 해결보다 선처를 기다리는 처지에 놓이게 되어 문제가 심화되고 방치될 소지가 많다.

사례대상자의 문제 해결에 기여하지 못한다는 것을 알고 있음에도 이러한 일들을 수행해야 하는 이유는 인력부족 때문이다. 그래서 많은 사례관리자는 직무과중을 호소한다.

2) 선임사례관리자의 역할 확대

통합사례관리 진행의 운영책임과 권한은 관리자의 몫이다. 관리자[2]는 사례관리자의 계획 수립, 수립된 계획의 의사결정, 서비스 및 자원의 조정 및 배분 외에 기관의 재정과 기자재 등의 투입에 관여한다. 서비스 전달 과정에서 부서 간의 협조와 역할이 공유되고 있는지를 확인하기 위해 자원 연계 및 개발을 위한 관리·조정·연계·통제 등의 역할을 수행한다. 사례관리자에게 정기적으로 슈퍼비전을 제시함으로써 업무 누수와 공백이 생기지 않도록 조치하는 사회복지기관의 중간관리자이다.

2) 대개 사회복지기관은 관리자가 슈퍼바이저 역할을 수행한다. 이는 직위와 직급중심의 업무처리 특성 때문이다.

통합사례회의 개최를 요구한 사례관리자와 개별면담을 시행하고 사례에 관한 서류를 검토한다. 검토내용은 사례대상자에게 발생한 문제의 원인, 현재 나타난 상황, 사례의 특성, 문제의 심각성 등이다. 통합사례관리 서비스는 기획과 추진 과정에서 보고를 통한 조정기능을 중요하게 다룬다는 점에서 슈퍼바이저의 중재는 추진방향을 제시하고 성공을 기대하게 한다.

3) 기관의 특성에 적합한 사례관리 모델 적용

전 장에서 제기한 바와 같이, 통합사례관리 실행의 중요성을 이해하고 있지만 기관의 특성을 반영하지 못한 채 일부 과정만을 반복적으로 적용하는 것은 기관의 통합사례관리 수준을 질적으로 저하시킨다. 그래서 경험이 부족하고, 경험 없는 사례관리자를 배치하면 양식 중심의 단편적 기록에 치중하게 되어 기록의 질을 담보할 수 없는 상황에 놓인다. 자원의 참여 또한 사정회의 후 결정사항에 따라 개발되고, 이렇게 개발된 자원은 활동주체로서 역할하게 되지만, 사례의 상황을 대처하기 위해, 그리고 사례관리자의 관점에서 개발되었으므로 역할이 종료된 후에는 관여하지 않는 연계성의 저하가 유발된다. 또 따른 문제는 직원 간의 상이한 기록에 관한 것이다. 소규모시설이나 재정이 열악한 기관이 통합사례관리의 일부절차만을 시행하는 것은 통합사례관리 모델을 적용하지 못했기 때문이다.

이에 대해 권진숙(2010)은 다음과 같이 지적하고 있다.[3)]

① 사례관리 개념과 전문가의 부족

사례관리의 공통요소에 대한 합의 없이 특정 대상중심 또는 모델 중심의 연구가 주를 이루고 있어 대처할 수 있는 학계와 현장의 전문가가 부족하다는 지적이다. 사례관리 개념의 합의가 구체적이지 않은 상황에서 운영체계에 대한 확인

3) 권진숙, 2010, 3-5에서 내용을 발췌하고 재인용하였음.

없이 또는 전문가가 부족한 상황 또는 대학에서의 사례관리 교육경험이 아예 없거나 미비한 사회복지사 대상의 단기교육 혹은 훈련만으로 사례관리를 적용하고 효과성을 도출한 후 발표하는 연구가 이어지고 있다. 공통적인 이해나 합의가 부재한 우리나라의 사례관리 연구와 실천현장의 상황을 고려한다면 기본요소에 대한 합의 및 통합적 노력이 더 우선되어야 한다.

② 대학교육의 부재 혹은 미흡

사회복지기관의 경우 프로포절작성법과 사례관리 등을 주요 실습내용으로 훈련하고 있지만 교육계의 대응이 상당히 느리다. 현장의 슈퍼바이저 역시 사례관리 전문가 수준에 미치지 못해 개별적 해석이 위에서 언급한 특정 사례관리 모델의 경험을 일반화하여 혼란 상황에 부정적으로 기여하게 되는 악순환을 초래하였다.

③ 도입과정과 내용의 차이

공공의 이해에 바탕을 두지 않은 학계와 민간에서의 개별적, 임의단체별 도입과 적용이 이루어졌다. 도입과정은 부분적으로만 이루어졌고 그 내용에 대해 합의할 수 있도록 하는 노력은 학계나 현장 모두가 관심을 기울이지 못하였다. 소통과 협력관계 미흡으로 요약될 수 있겠다.

④ 공공정책 협력수준의 미흡

사례관리 현황에 대한 체계적인 파악노력조차 없이 민간의 사례관리와 공공의 사례관리를 분리하는 입장에서 정책을 실행에 옮기기 시작했다. 사례관리 통일된 체계 및 양식개발과 제공, 전산시스템구축 그리고 자원개발과 접근용이성을 위한 서비스 제공을 위한 지원노력 등을 이루어지지 않고 있을 뿐 아니라 민간과의 적극적인 협의도 미흡한 수준이다.

이와 같은 지적을 통해 우리나라 사례관리 체계는 통일성, 체계성, 연계성 등이 미흡하다는 것을 지적하고 있다.

T/i/p

사례관리자는 사회복지기관에 소속되어 직무를 수행하고, 관리자의 중재, 조정, 슈퍼비전을 통해 직무를 추진해야 하기에 부서 및 동료의 협조는 중요하다. 이런 의미에서 기관차원의 통합사례관리에 대한 개념합의는 반드시 선행되어야 하고, 모델을 적용하고 실행하기 위한 교육이 시행되어야 한다. 적합한 모델의 적용은 불필요한 해석과 절차의 혼돈을 방지한다.

4) 회의 참석자 중심의 결정

사례회의를 할 때 기관장 또는 기관장 부재시 사무국장 또는 부장이 슈퍼바이저가 되고, 참석자는 부서의 팀장과 간호사, 물리치료사, 사례관리자와 담당직원 등이다. 회의 진행은 사례관리자의 사례 요약과 함께 현안 보고가 이루어진 후 해결방안 협의로 진행된다. 핵심 의제는 참석자들이 분석한 문제의 원인과 양상이 더 심각한 상황에 이르지 않도록 대안을 모색하는 것인데, 회의 참석자의 결정이 사례 지원에 영향을 미친다. 이러한 결정에 의해 사례관리자는 각각의 대안을 반영하기 위해 계획을 수립한다.

이러한 절차는 사회복지기관에서 추진하는 사례관리 방식이다. 사정 중심의 사례회의는 과정보다는 결과를 중시하게 되므로 사례대상자의 변화 과정을 추적하는 데 제약이 있다. 왜냐하면 인테이크, 사정, 서비스 점검 및 종결이 사례관리라고 오해하여 진행 과정보다는 사례관리자가 인지한 단위 과정, 즉 사정과 계획, 실행에 집중할 소지가 있기 때문이다.

통합사례관리의 핵심은 사례대상자가 의뢰된 순간부터 그가 살아온 과정을 추적하여 현재의 생활에 초점을 두고 삶의 변화를 목표로 한다. 그래서 사례의 발견과 의뢰를 중요하게 다루고, 스크리닝을 통해 대상적격성 여부를 판정하여 인테이크로 진행한다. 사례관리자는 인테이크에서 얻은 정보를 통해 사정보고서를 작성하여 통합사정회의에 상정한다. 이 과정에서 외부 전문가가 참석하여 핵심 현안을 파악하고 문제분석과 아울러 최적의 해결방법을 모색한다. 통합사례관리에서는 통합사정회의를 할 때도 외부위원이 참여해야 한다. 사정의 객관성을 확보하고 지역차원의 지원체계를 모색하기 위해서다. 이제 결정의 순간, 즉 통합사례회의를 시행하게 되는데 관련분야의 전문가가 위원으로 참석한다.

통합사례회의는 사례대상자의 행동의 결과를 문제 삼아 지원하는 것이 아니라 드러난 상황과 현재에 초점을 두고 환경에 주목한다. 따라서 변화를 기대하는 사례대상자도 변화를 목격하고 문제 해결 추진 과정에 참여할 것을 강조한다. 주된 변화의 대상이 사례대상자이기 때문이다. 통합사례회의에서 결정된 사항은 서비스 계획으로 진행된다. 사례대상자에게 동기를 부여하고, 환경의 변화를 위해 노력하고 전문가의 개입과 진행 상황을 분석하며 진행된다. 수시 또는 정기적으로 모니터링하여 변화 상황을 추적하고 평가를 통해 종결된다.

통합사례관리에서는 종결시점이 다가왔으므로 종결에 따른 서비스 중단을 일방적으로 시행하지 않는다. 추가적인 서비스가 지원되어야 할 필요가 있는 경우 사례대상자의 안정된 생활을 유지하도록 지역기관을 연계하는 등 종결 이후의 자조적인 생활을 중요하게 다루기 때문이다.

5) 사례 상황에 따른 분류방식의 적용

통합사례관리 대상자를 체계적으로 지원하기 위해서는 사례의 상황에 따라 관리할 수 있는 사례관리 체계를 마련해야 한다. 사례를 한꺼번에 관리하는 데 따른 오류를 줄이고, 관리조차 못하는 실수를 예방하기 위해서이다. 위기상황을 대처하였던 서비스 지원 사항을 구분하지 않아 한 권의 서류철에 관리된다면 그 많은 사례를 어떻게 기억하고 진행할 수 있겠는가? 이런 경우 사례와 연관된 특정 이미지만을 기억하게 되어 문제만을 떠올리게 된다. 친분 있는 사례대상자를 제외하고는 일상의 지원수준, 즉 단순 업무로 분류하게 되어 연계성을 저하시키는 것은 물론 드러난 문제 상황을 대응하는 데 급급하게 된다.

일일이 문서파일 목록을 검토한 후 서비스 진행 일지와 기안 문서 등을 찾아야 한다면 제대로 관리 된다고 볼 수는 없다. 결국 업무효율성이 저하될 것이 분명하다. 따라서 사례별로 사례의 상황에 따라 관리하는 사례관리자의 방식을 모색해야 한다. 심각한 위기에 처해 있고 긴급한 개입이 필요한 사례, 덜 심각하지만 개입하지 않으면 위기상황으로 진행될 사례, 단순 지원만으로도 욕구와 문제를 해결할수 있는 사례, 잠정적으로 보류할 사례를 분류하여 서류철로 관리하는 것이다. 사례의 상황을 통합사례관리 체계에 맞게 분류하는 것은 사례관리자의 능력 가운데 하나이다.

6) 역량강화를 위한 교육확대

통합사례관리 사업은 사례대상자의 복합적인 욕구에 대응하기 위해 사회복지 실천분야에서 다양하게 적용됐을 뿐만 아니라, 대상 또한 아동, 노인, 장애인 외에 다문화가정과 이주여성, 북한이탈주민에 이르기까지 세분화되었다. 그러나 단순 서비스 또는 일회성 서비스가 주를 이루고 있다는 논의가 있다. 이러한 이의 제기는 사회복지기관의 운영체계와 관련이 있다. 사실 사회복지기관은 기관운영에 비중을 둘 수밖에 없는 여건이고, 재정 및 인력부족을 극복해야 하는 것은 물론 직원들의 자발적 헌신을 유도하여 여러 직무를 수행하도록 독려해야 하는 어려움 등으로 인해 통합사례관리 직무만을 수행하기 어려운 상황이다. 전담사례관리자를 배치하더라도 사정회의만을 중점적으로 다루고, 사업방식에 의한 결정방식을 선호하는 것 또한 이러한 이유에서이다.

그래서 많은 사례관리자는 모델을 검토하기보다 쉬운 선택을 한다. 이미 제기한 것처럼 비교적 규모가 있는 사회복지기관의 사례관리 절차와 방식, 양식을 적용하는 것이다. 통합사례관리의 범위가 넓고, 포괄적이고 복잡하다는 제약과 더불어 대상 또한 다양하여 사례대상자의 문제와 욕구를 대응할 인력이 부족하다는 점과 기관의 기대, 부서의 요구, 개인이 수행할 직무 등 추진할 사업이 많다는 이유를 대며 쉬운 선택을 통해 어려운 결정을 내리는 것이다.

사례관리자에게 통합사례관리 업무가 부가적인 직무로 이해되는 것은 해야 할 직무가 많다는 것으로, 현실은 사례관리자가 통합사례관리 업무만을 수행하지 못하는 여건이다. 팀 내 요청사업, 슈퍼바이저의 지시 업무, 기관 행사 준비, 보고서 작성, 계획 수립 등 고유직무를 처리하기에도 버거운 실정이다. 이러한 상황은 사례관리자가 경험하고 겪는 일이다. 통합사례관리 업무가 일반 직무가운데 하나로 이해될 때, 그리고 다른 직무에 더 비중을 둔다면 성취가 없어지는 것은 물론 직무성장을 기대하기도 어렵다.

그럼에도 통합사례관리 체계를 마련하기 위한 기관의 노력이 집중되어야 한다. 이를 효과적으로 수행하기 위해서는 내부교육과 연수를 정례화해야 한다. 월 1회 전체 직원교육을 시행하고, 분기별로 외부 전문가를 초청하여 슈퍼비전을 강화한다. 또한 전담부서 설치와 전담직원을 배치하여 기관의 사례(자원포함)를 통합하여 관리한다.

3. 통합사례관리 모델의 활용

통합사례관리 모델을 적용하기 위해서는 직원들의 이해수준을 확인하고 적용가능성을 높이기 위한 운영체계가 마련되어야 한다.

1) 통합사례관리 모델의 이해

통합사례관리 모델은 사례대상자의 문제 상황을 해결하는 데 필요한 서비스 계획과 실천 과정을 모색하게 한다. 상황이 파악될 때 서비스가 계획되고 해결지향적인 문제처리 방식을 결정할 수 있는 것처럼, 사례관리자의 직무능력이 강화되면 직무성취에 대한 만족이 높아진다. 업무처리 속도가 빨라져 능률 또한 향상된다. 지원 또한 전략적으로 추진하게 된다.

다만 사례대상자의 상황개입에 적합한 모델을 이해하고 있어야 한다. 사례관리자는 문제 해결에 따른 최적의 모델을 찾아 적용하기 위해 모델의 진행 절차와 자원연계 방식 등을 검토하고 적용가능 여부를 분석하여 실행가능성을 높여야 한다.

2) 지역자원 연계와 개발

첫째, 통합사례관리 모델은 사례대상자의 욕구와 연계된 최적의 자원이 개발되었을 때 성과를 얻도록 고안되었다. 사례대상자의 욕구와 그를 돌보는 가족에 대해, 지역의 문제까지도 알려 준다. 이런 이유에서 자원의 개발과 연계는 각각의 모델에서 중요하게 다루고 있다.

둘째, 각각의 모델은 사례대상자의 복합적인 욕구를 대응하기 위해 자원 간의 긴밀한 연계 정도가 성과에 영향을 미치기 때문에 자원의 연계 방식과 배치 시기, 연계의 적정성 외에 중재노력을 중요하게 다루고 있다. 각각의 모델은 자원과의 연계에 기반하여 적용가능 여부가 판단된다. 하지만 자원 스스로 사례 상황을 파악하기란 쉽지 않다. 따라서 자원을 개발하면 동기를 부여하면서 활동수준을 높이기 위한 교육을 시행하고 개입방법과 절차 등을 모색해야 한다.

셋째, 네트워크에 포함되는 자원은 다음과 같다. 지역 내 사회복지기관(거주시설과 이용시설)과 사회복지 관련 업무를 수행하고 있는 전문가 외의 자원(자원봉사자, 후원자)을 포함하고, 직·간접적으로 도움을 주고 있는 관계된 사람들이다. 이러한 자원은 사례대상자의 문제 해결을 위해 모인다. 그리고 사례의 심각성에 따라 협조관계에서 활동하게 된다. 각각의 자원은 소속된 기관에서 활동하기 때문에 중재해야 하고, 필요한 시기에 개입되고 전문성을 발휘하도록 연계해야 한다.

넷째, 통합사례관리 서비스가 사례대상자의 모든 욕구를 해결할 수 없다는 제약을 인식해야 한다. 문제에 대응하지만 해결이 안 되는 경우이다. 이를 해결하기 위해서는 다음과 같은 절차를 마련해야 한다.

- 사례대상자와의 합의가 전제되어야 한다.
- 외부 자원과 연계하여 지원하는 방법이다. 하지만 사례대상자의 동의가 필요하다.
- 내부 자원이 부족하고, 사례 해결에 필요한 지역의 자원이 부족하다면 기관은 어떤 선택을 해야 하는가? 이런 경우 다른 지역으로 연계를 확대해야 한다. 내부자원을 먼저 배치하고 해결방법을 모색한 후 과정을 설명하여 동의를 받아 진행한다.

3) 사례관리자의 관점 정립

통합사례관리가 사회복지실천 방법 가운데 사례대상자의 변화를 촉진하기 위한 최적의 기술로 이해되는 이유는 사례대상자의 상황에 적합한 욕구해결과 문제 등을 효과적으로 대처할 수 있는 실천 방법이기 때문이다. 사례대상자의 입장에서 이해하고 기대하게 하며, 설사 또 다른 요구가 있다 해도 신속한 대응이 가능하다.

따라서 사례관리자는 모델에서 요구하는 가치와 철학, 신념, 그리고 보유한 지식과 기술, 실천기법 등을 확신해야 한다. 신념은 임상능력을 향상하고, 직무역량을 강화하기 위한 기저로서 다양한 시도를 할 때 또는 부여된 임무와 결부될 때 현실화 된다. 기관의 지원 부족, 동료 간의 의견차이, 과도한 업무 등 감당해야 할 사례 수가 많은 경우에도 효과적이다. 사례대상자의 요구가 복잡하고, 요구수준이 모호할 때도 현실에 타협할 가능성을 줄인다. 뚜렷한 신념은 수행과정에서 경험하는 시간적 제약과 심리적 부담, 스트레스로 인한 실패의 가능성을 줄인다.

4) 사례대상자 중심의 팀 어프로치

사례관리자는 지역의 전문가와 기관을 연계하는 자원의 조직화를 통해 전문가 집단이 보유하고 있는 전문성에 기반하여 통합적 접근을 시도하기 위해 팀 간의 협력적 관계는 긴밀해야 한다.

통합사례관리에서 강조하는 팀 어프로치는 다음의 방식에 의한다.

첫째, 기관자체적인 팀 어프로치 방식이다. 부서 간의 협력체계를 수립하여 담당인력을 정한 후 부서장 간의 연계와 협조를 통해 시행하는 방법이다.

둘째, 지역의 전문가 또는 기관 간의 팀 어프로치 방식이다. 특정한 목적 하에 모인다는 점에서 정기적인 모임은 필수적이다.

이러한 점에서 통합사례관리 실천은 사례관리자의 계획에 의해 추진되는 목적 있는 활동이라 할 수 있다.

5) 사회복지기관 간의 서비스 전달체계 마련

사회복지기관이 중심이 되어 통합사례관리를 실천하는 목적은 문제로 인한 어려움을 최소화하고, 심화될 상황을 예방하기 위해서이다. 문제는 가족의 갈등과 원만하지 않은 교류일 수 있고, 경제적인 궁핍 등 다양하다. 각각의 문제는 단순 욕구도 있으나 복합적 양상을 띠며, 사례 상황에 따라 더 심각할 수 있다. 따라서 사회복지기관 간의 네트워크는 사례를 중심으로 초기 접근부터 해결의 관점에서 연계되어야 한다(정순돌, 2001).

황미경(2009)은 민간 전달체계와 시·군·구와의 협력을 강조하며, 사후 대응적 복지행정의 문제점을 지적하였다. 이에 복지사각지대가 지속적으로 발생하고 있으며, 이를 해결하기 위해서는 노인 및 질환자, 저소득 가정, 실직자 등의 상황에 맞는 급여, 고용, 보건복지 서비스를 제공하고, 공공 및 민간 기관의 연계와 협력의 필요성에 더해, 통합사례관리 지정기관을 선정하여 기관 간의 서비스 연계를 확대하고 통합해야 한다는 것을 주장하였다.

사례대상자와 지역사회를 연계하는

현장 중심의 통합사례관리

5장 /

통합사례관리 기록실무

1. 통합사례관리 기록의 중요성

1) 사례관리자 직무의 질 향상

통합사례기록은 서비스 지원 과정에서 발생하는 위험요소 제거와 지원방향을 판단하게 하고 결정된 서비스의 조정과 연계 등 문제의 원인에 따라 해결에 필요한 방법을 모색하게 한다. 필요한 정보를 획득하여 내·외부의 자원을 개발하는 데에도 유용하다. 사례대상자와 협의할 때도 옳은 판단을 내리게 한다. 또한 새로운 업무를 처리하거나 상급자의 지시를 수행하기 위해, 신규 사업을 수행하거나 또는 기관의 전략적인 프로젝트는 물론 프로그램을 기획할 때도 활용된다. 기록의 도움을 통해 사례관리자는 통합사례관리 지원의 효과를 증명하게 된다.

2) 사례관리자의 업무능력 신장

사례관리자는 수행하였던 직무를 검토하면서 사례대상자의 상황을 대처하기 위한 방법을 알게 된다. 상황 판단이 어려운 경우, 서비스 계획 수립 시 또는 계획에 따른 진행을 원활하게 하기 위해, 그리고 결과를 도출하는 데에도 유용하다. 직무수행에 필요한 공문(내부, 외부)검토, 계획서 및 사례평가서 작성 외에 사례관리 진행 과정을 알게 하는 일지 및 회의록 등을 확인하는 과정에서 직무수행 방향을 알게 되어 적절한 대처가 가능해진다.

3) 사례관리자의 직무수행 역량 강화

사례대상자의 상황이 사례관리자의 능력범위를 벗어나 전문가의 도움이 필요하다면 개입계획을 수립한 후 해결에 필요한 다양한 상황을 고려해야 한다. 첫 번째 고려사항은 자원에 관한 것이다. 사례관리자가 추진하는 활동에 필요한 자원은 누구이며, 어떠한 자원을 개입시킬 것인가이다.

이렇듯 사례관리자는 자원관계를 통해 자신의 역량을 계발하게 된다. 기관 간, 전문가 간의 협조와 관계 맺기, 서비스 질을 유지하고, 효율성을 높이기 위한 방법 등을 통합사례관리 수행 과정에서 체득하는 것이다. 즉 사례의 상황에 적합한 대처방법과 기술을 습득하게 되는데 기록의 검토 과정에서 직무수행과 추진방법을 이해하게 된다.

4) 사실이 담겨 있는 기록

직원은 행정부서와 사업부서로 배치되어 직무를 수행한다. 배치된 부서의 직무를 수행하며 기록물을 생성하고, 생성된 기록은 문서로 보존되어 수행직무의 정당성을 증명하는 데 활용된다.

행정부서의 기록은 인사, 사무행정, 각종일지, 재무회계, 시설 및 기자재, 자원과 관련된 서류작성 등이다. 사업부서의 기록은 사례대상자와 관련된 서비스[1]를 포함한다. 모든 활동을 기록으로 담기는 어렵지만 지원 사항과 참여 장소, 활동시간, 참여방법, 사례의 활동과 반응, 자원의 역할 등은 활동상을 중심으로 기록되어야 한다.

사례관리기록은 사례대상자와 관련한 지원 사항이 드러나야 하기에, 그리고 업무수행의 결과를 확인하기 위해, 직무 수행의 증거를 제시하기 위해서 등 일련의 활동을 파악하는 데 유용하다.

5) 유용한 정보 제공

통합사례관리 수행에 필요한 서류는 끊임없이 생성되고 기록되기 때문에 관리와 보존방법을 모색해야 한다. 결국 사례관리자의 기술 역량에 의해 좋은 기록으로 보존되거나 부실한 기록으로 남게 된다. 기록이 부실하면 역사적 사실이

1) 기록문서는 일지, 상담관련 서류, 분야별 사업관계철, 공문, 평가서, 회의록, 사업계획서, 사례관리 관계서류 등 최초의 면접에서부터 종결까지의 모든 서류이다.

소실된다는 관점을 가져야 할 이유이다. 사례대상자의 상황을 기록하는 것도 중요하지만 지원초기부터 변화상황이 이해될 수 있는 기록으로 보존하는 것이 더 중요하다.

2. 통합사례관리 기록의 쟁점

1) 문제 제기

통합사례관리를 시행하는 기관이나 사례관리자에게 사회복지실천의 질을 높이고, 역할수행의 정당성을 확인시켜 주는 매개가 기록이라는 것을 알고 있을 것이다. 기록은 관계된 사람들과 주민들에게 기관운영의 내실화와 투명성, 책임을 알게 하는 수단으로 활용되고, 사업수행 능력과 행정처리 수준 등 운영능력을 평가받는 데에도 활용된다.

하지만 일부 사회복지기관은 기록을 수행할 직무로 보지 않는 경향이 있다. 개인의 직무활동, 즉 프로그램의 진행, 외근과 출장, 사례대상자와의 대면상담과 가정 방문, 행사준비와 자원봉사자와의 미팅, 행정기관에 공문서를 보고하기 위한 계획서 작성 등의 역할을 직무로 이해하고 활동에 정성을 쏟는 반면, 활동의 결과를 담아야 할 기록을 개인적 역할로 여기는 것이다. 사례관리자는 실천활동에 많은 역량을 쏟지만, 어느 날 기록의 필요성을 느껴 미루어 놓은 서류들을 한꺼번에 처리하거나, 야근 시간을 활용하여 기록하는 현실은 기록을 직무로 인식하지 않았기 때문이다.

이러한 상황은 다양한 직무와 해야 할 일이 많다면 반복될 수밖에 없다. 왜냐하면 기록은 알고 있는 내용이므로, 그리고 이미 수행한 사항이기에 정리한 후 보고하면 된다는 인식 때문이다. 여기에 더해 이런 식의 직무처리를 받아들이는 업무분위기라면 익숙해질 것은 물론, 기록이 통일되지 않아 제각각 기록될 것이고, 어떤 기록이 좋은 기록인지 분별하지 못한 채 기록 부담만 가중 받기 때문에 기록은 소홀해질 수밖에 없다.

T/i/p

우리는 사례관리자의 역할과 활동, 책임성에 대한 요구를 들어왔다. 그리고 실행의 중요성을 학습해 왔다. 하지만 통합사례관리 기록 실무에 대해서는 실습현장에서, 기관에서 조차 배우지 않았다. 그럼에도 기록에 역량을 쏟아 최선을 다해야 할 이유는 사례관리자의 업무가 기록에서 시작되어 기록으로 정리되고 마치기 때문이다. 어떻게 기록해야 할지 모른다고 고백하기보다는 지금부터라도 기록에 열정을 쏟아야 할 이유이다.

2) 통합사례기록의 쟁점

(1) 관리자의 요구에 맞추는 기록 방식

많은 사회복지기관이 통합사례기록에 대한 지침을 마련하지 않았을 뿐만 아니라 기관장과 관리자의 요구에 따라 기록하거나 직원 개인의 역량에 따라 기록하는 경향을 보인다. 이렇다면 책무만 강조되어 기록이 부실해질 소지가 있다. 관리자가 사례관리자의 기록 문서 또는 보고서의 문장 구조, 문맥을 중심으로 검토한다면 기록수준이 나아지기보다는 현재를 유지하는 데 초점을 두게 된다. 문제의 핵심을 기록하기를 요구하지만 요구한 내용이 담겨 있는지를 우선하여 검토하고, 수정할 내용만 확인한다면 기록은 관리자의 요구사항 외에는 담지 못하게 된다. 이를 개선하기 위해서는 관리자의 노련함이 필요한데 기록관점을 갖는 것이다.

(2) 기록 보존과 관리 미흡

행정기관은 지도점검을 통해 과거의 업무처리 결과를 확인하고 현재를 평가한다. 지난 시간, 즉 1년 전의 기록물을 점검하여 재정지원을 확대하거나 축소하고, 때론 위탁을 취소하는 등 재 위탁 여부를 결정한다. 매년 지도점검을 받아야 하는 사회복지기관은 기록에 의해 평가되므로 통합사례관리기록은 기록시점이 지나면 기록물로 남게 되고, 이 기록을 통해 수행 정도와 수준을 평가받는다. 기록물은 기관이 수행해 온 역사적 활동과 사건들, 위기상황 극복 과정을 알게 하고 현재의 활동상과 위상을 대외적으로 알리고 신뢰를 증가시키는 데 유용하다.

하지만 지난 상황을 현직 직원들은 모른다. 그리고 알 필요를 느끼지 못한다. 이미 지난 상황을 누가 기억하며 관심을 둘 것인가? 그럼에도 지난 시간의 역사적 사건과 상황, 즉 기록물을 통해 현재를 평가받는다. 따라서 기관의 가치를 담아야 한다는 관점에서 기록물 관리의 원칙을 수립하는 것은 통합사례관리 사업을 질적으로 높일 뿐만이 아니라, 기관의 위상을 대외적으로 알리는 기회임을 명심하자.

(3) 기록 문화조성에 대한 인식부족

직무수행 상황을 설명할 수 있는 기록 방법을 찾을 때 일체감 있는 기록 문화가 형성된다. 직원의 직무수행이 기관의 성장과 발전에 기여하고, 역사성을 담아 현재를 드러내는 활동이라는 인식을 공유하기 위해서는 기관의 성장에 기여하고 있다는 확신 속에 직무에 대한 성실함과 책임 있는 활동, 그리고 그 활동을 보존하는 주체인 직원들이 기록에 투자하는 시간이 많아야 한다. 기관의 서비스 수준을 높인다는 인식과 함께 책무성을 담보하는 증거가 된다는 이해도 필요하다.

자신의 직무가 결재 싸인과 도장을 받는 것으로 마치게 된다면 허무하지 않겠는가? 매일의 업무수행 증거들과 놀라울 정도의 활동이 어제와 동일하고, 동일한 직무수행이라는 이유로 유사한 단어와 문장으로 기록되고, 별다른 일이 없었다는 얘기로 마치게 된다면 분명 기록은 세련될 필요가 있다. 이러한 상황을 반복적으로 인정한다면 그 정보는 몇 가지 축소된 문장으로 매몰되고 말 것이다. 결국 기관과 사례관리자의 발전가능성을 저해하고 업무수행 증거를 잃어버리게 된다.

위의 문제는 당시에는 드러나지 않겠지만 성장 없는 자신을 알게 될 때가 온다. 상황을 대처하지 못해 우왕좌왕하며, 분주하게 활동하지만 결과 없이 시간을 허비하는 것들이 그것이다. 기록을 소홀이 다룬 결재권자의 책임인지, 아니면 기록을 소홀하게 담은 사례관리자의 실수인지는 업무진행 과정에서 드러나게 되어 있다. 기록기술이 사례관리자의 역할 수행에 있어 필수 역량으로 이해되는 현실은 사례관리자의 기록이 사회적 요구라는 것을 인식해야 한다.

(4) 통합사례관리 기록의 문제

부서 및 직원의 수행활동 근거를 기록으로 담아야 하는 이유는 기관운영의 투명성을 확인하고 신뢰성을 보여 주기 위해, 사례관리자의 직무역량을 확인하고 직무수행 정보를 얻는 것에서, 직무수준과 수행능력을 평가하는 데 활용되기 때문이다. 사례대상자의 욕구를 충분히 담고 있으며 실천에 부합하고 있는지 여부 또한 보존된 기록에 의해서다. 슈퍼바이저 또한 사례관리자의 활동이 담긴 기록을 통해 정보를 얻고, 활동을 조언하며 실무자와 부서의 업무 실천 과정과 결과 등을 파악하여 기관장에게 보고하기 위해 기록을 활용한다.

이렇듯 기록이 중요함에도 기록체계를 마련하지 않는 상황에서 양식에 따라 기록하는 방식이 선호되고 있다. 사례관리자의 주관적 견해를 최소화하고, 오류된 기록을 쉽게 발견하며 수정이 용이하다는 장점 때문이다. 하지만 체계적이지 않은 부실한 양식은 정보를 축소시켜 부실한 지원을 양산하고 지원의 수준을 질적으로 저하시킨다.

통합사례관리 기록의 문제점을 살펴보면 다음과 같다.[2)]

- 기록할 시간이 부족하다.
- 기록을 하기 위해 너무 많은 시간이 든다.
- 사례관리자가 기록업무에 대해 반감을 가지고 있다.
- 기록에 대한 사무적 보조가 부족하다.
- 기록물 보관 장소가 미비하다.
- 록이 최신 정보로 되어 있지 않다.

2) Jill Doner Kagle(1991), 홍순혜 외 역(1999), 34에서 재인용

- 기록의 질이 떨어진다.
- 재원을 유치하기 위한 기록이 비현실적이고 과중하다.

3. 통합사례관리 기록 현실

통합사례관리 사업수행에 따른 양질의 기록 대안을 제시하면 다음과 같다.

1) 업무전산화와 직무과중

사회복지기관의 뚜렷한 변화는 외부재원 확보가 경쟁적이며, 이렇게 확보된 재정이 사업 수행 과정에서 투명하게 지출되었는가와 적정하게 사용되었는지에 대한 책임 때문이다. 그래서 많은 사회복지기관은 운영체계를 조직화하고 직무 분장 등을 세분화한다. 팀제의 반영은 기관의 사업을 전문화하기 위한 조치로서 대부분의 기관이 팀 체제를 통해 사업을 분화하고 있다.

이러한 조치들이 직무의 명확화와 직무분화에 기여한 것은 맞지만 그렇다고 기록량이 줄어드는 것은 아니다. 전문성은 기록의 질에 의해 판단되므로 질을 유지하기 위한 조치가 필요하다. 그래서 업무에 필요한 정보를 축적하고, 직무를 수행하기 위해 컴퓨터를 활용한다.

컴퓨터 활용의 장점은 다량의 정보를 다루는 데 있어 사용이 편리하고 보존이 쉽고, 간편하다는 것 외에 부서활동과 직원들의 움직임 등을 한눈에 확인할 수 있다는 것이다. 즉 관리자는 부서와 직원들이 추진하였던, 그리고 추진하고 있는, 추진해야 할 사업을 몇 번의 클릭으로 확인이 가능해졌다. 직원과 대면하여 지시하는 시대가 지나간 것이다.

하지만 기록의 부담은 간소화되었다는 장점에 비해 더 많은 정보의 생산과 관리, 보존을 요구받게 되었다. 사례관리자의 업무 양을 증가시키는 요인이 되었으며, 새로운 정책은 표준화된 문서관리 방법을 기록업무에 쏟아 붓게 하였다. 더욱이 관련 절차와 법규 등을 준수할 것도 요구받게 되었다. 관리할 서류가 많아졌고 기록 또한 복잡하여 사례관리자가 기록에 투입하는 시간이 많지 않다면 부실한 기록만 담게 된다는 것을 의미한다(Kagle & Kopels, 1993, 홍순혜 외 역, 2010).

2) 통일되지 않은 기록체계

직무활동 결과는 사례관리자의 의지에 따라, 이해 정도에 따라, 기록의 관점에 따라 양과 질이 달라질 수밖에 없다. 보다 나은 직무활동 성과를 드러내기 위해서는 정보로 보존되도록 기록체계를 마련해야 하지만 체계적으로 훈련받지 못했다면 자의적 판단이 영향을 미칠 것이다. 무엇을 기록하고, 어떤 정보가 관리자와 동료에게 유익한지 결정해야 한다는 점, 단순하다고 여겼던 정보가 현재의 직무에 유익하고 사례대상자에게 유용한지, 향후에도 활용가치가 있도록 고려되어야 하지만 판단하기 어려운 경우가 있다.

기록체계는 다음의 사항을 고려해야 한다. '지금의 기록이 몇 년이 지난 후 활용가치가 충분할 것인가?', '지난해의 기록으로 현재의 활동이 평가절하 되거나 또는 사례대상자에게 불이익이 되지는 않는가?', '직무수행의 질을 높이지 못하는 기록이라면, 선임자의 기록이 부실하다면 대처할 방법이 있는가?' 등이다.

기록은 사무처리 및 인력관리 차원에서, 공문서의 생성과 관리, 자산과 시설관리, 소모품과 비품의 관리, 재무회계처리 외에 자원봉사자와 후원자의 개발과 활동을 촉진하기 위해, 외부기관과의 업무연계를 통해 서비스를 개발하고 실행하기 위해, 지역사회 전문가를 조직하고 역할을 분담하기 위해, 기관의 중장기 발전과 사업계획 수립 등 직원에 의해 생산되어 보존된다. 각각의 기록방식에서 샘플사례를 제시하면 효과적이겠지만, 기술방식, 담겨야 할 내용, 기술의 유의점 등이 담긴 기록지침을 마련하여 배포하는 것이 기록의 통일성을 확보하는 방법이다.

T/i/p

사회복지기관은 지난 기록을 통해 매년 행정기관으로부터 감사와 점검을 받는다. 또한 보건복지부에서 시행하고 있는 사회복지기관 평가는 3년마다 시행되고 있어, 직원(사례관리자)의 기록에 따라 전문성을 확인받는다. 결국 지식과 기술이 포함되지 않는 기록은 부정적 평가의 요인이다.

기록이 부서마다 또는 직원들마다 제각각인 이유는 기관의 정책부재 때문이다. 그래서 기록의 일관성이 없고, 내용 또한 통일성을 확보하지 못해 원칙 없이 기록되는 것이다. 직원마다 또는 직원의 변동이 있을 때마다 또는 직위에 따라 기록 방식이 차이가 있다면 객관적인 직무활동을 증명하지 못해 불필요한 정보를 담게 되어 부실한 기관이라는 오명을 받게 된다.

3) 원칙 없는 기록과 직무가 부가된다는 인식

기록을 소홀하게 여기는 직원들은 평소의 직무태도에서 확인된다. 때때로 일주일치의 문서와 서류 속에 파묻혀 기억을 더듬어 가며 상담록을 작성하거나, 과정기록지를 작성하는 것들은 사례대상자의 욕구를 반영하지 못한다. 제때 기록하지 못하여 보고가 늦어지는 경우도 있다. 더 심각한 것은 무엇을 기록할지 등 기록할 내용을 잊어버리는 것이다.

관리자와 사례관리자 사이에 갈등이 일어나는 이유는 그의 실천 활동이 증명되지 않았기 때문인데, 기록을 정확하게 담지 않았거나 근거가 취약하기 때문이다. 관리자는 기록내용을 통해 평가한다는 점에서 직무처리가 소홀하고 기관에 애착이 없다는 등 사례관리자의 업무능력을 부정적으로 평가할 것이다.

반면, 사례관리자의 기록 고민은 혼자서 서류를 검토하고, 기록방식을 결정해야 한다는 점에서 유발되기도 한다. 기관의 방침이 없는 상황에서 기록할 내용도 이해하지 못한 채 기획서와 프로포절 보고서를 작성해야 하는 어려움 등이며, 이러한 사항이 반복되는 이유는 연관된 양식만을 반복적으로 활용하는 것에서 비롯된다.

하지만 이러한 업무처리가 피치 못할 사정에 의한다는 의견도 있다. 다양한 직무를 소화해야 하고 여러 가지 역할을 동시에 수행해야 하는 어려움이 있다는 것 등이다. "아침 미팅을 마친 후 외근을 다녀오면 행사 준비를 해야 하고 찾아온 손님을 접대하는 등 다른 업무가 과중된 나머지 자리에 앉아 서류작성 할 시간을 내는 것조차 쉽지 않다"는 분주함을 호소한다. 시간이 부족하여 야근하는 경우도 많고, 지시한 서류를 처리하기에도 빠듯하다는 항변들은 기록에 집중할 수 없을 뿐만 아니라 기록할 시간도 없다는 현실을 대변하고 있다.

기록 갈등 요소는 다음의 논의일 것이다.

- 슈퍼바이저의 지적이 상시적인 경우
- 활동이 정보로서 보존되지 않는 것에 대한 불만족
- 업무과중 등 직무포화에 의한 부가직무라는 이해
- 사례관리자 스스로 해결해야 한다는 부담을 안겨 주는 기관분위기
- 자기 시간을 할애해야만 추진이 가능한 업무가 많은 경우
- 기록을 지적하는 슈퍼바이저의 태도, 하지만 교육하지 않는 관리자의 처우 등

Tip

기록은 생성된 즉시 보존연한에 따라 관리된다. 정확한 지침과 규정이 수립되지 않는다면 가치 있는 역사적 사건들과 정보가 소실된다는 관점을 갖고 전력해야 할 이유이다.

4) 기록훈련 부족

사회복지 현장에서 기록의 중요성을 강조하지 않는 이유는 취업 후 재교육 없이 알아서 해결할 과제로 인식하기 때문이다. 부실하다고 이해되는 문서들은 오류가 있는 기록, 부실한 기록, 핵심 없는 기록, 장황한 기록, 불필요한 기록, 기록 없이 진행된 사업, 구두로 넘어가려는 판단 등 결과를 알 수 없는 기록을 보존하는 것 또한 슈퍼바이저가 충분히 검토하지 않았기 때문이다.

기록은 기관의 명확한 지침에 의해서만 보존이 가능하다. 하지만 많은 사례

관리자는 대학에서조차 기록을 학습받지 않았을 뿐만 아니라 취업 후에도 기록에 대한 연수 등을 거의 받지 않은 상황에서 직무에 투입된다. 그리고 자신의 기록을 임상으로 연계한 경험도 없다. 사회복지사 자격증을 취득하기 위해 필수적으로 참여해야 하는 사회복지현장 실습교육 과정에서 슈퍼바이저가 제시한 과제를 해낸 정도이다. 더욱이 부서별로 수행하는 직무가 달라, 타 부서의 서류들을 파악도 하지 못한 채 직원이 되어 선임자의 기록을 모델링 삼아 관리자로부터 슈퍼비전을 받으며 처리한다. 그래서 많은 사례관리자는 사례기록을 부담으로 인식한다.

5) 관리자의 요구에 맞추는 기록

사례관리자의 통합사례관리 기록은 기관의 수준으로 이어지고 기록된 문서로 평가되고 있음을 아는 때, 누락된 기록이 정보의 손실임을 인지할 때 충실해진다. 하지만 기관의 서류들과 양식을 실무로 연계하고 추진해 본 경험은 취업 후 부터다. 작성경험이 부족하여 기관장과 관리자의 요청이 곧 기록의 방식이라고 믿고 그제서야 배우는 것이다. 오탈자가 있음에도 그대로 보고하고 싸인 누락을 지적받으며, 지시한 내용이 담겨 있는지를 확인받는 수준이다. 새로운 아이디어를 가미하기 보다는 요청한 수준을 맞추는 것도 허덕이며, 마감일에 쫓기는 등 문서작성 중심으로 직무를 배운다.

이러한 현실은 사례관리자에게 더 혹독한 어려움을 준다. 훈련된 기관장은 기록수준을 높이고, 대수롭지 않게 여기는 관리자는 실천 활동에 역점을 두기에 기록은 차이가 있을 수밖에 없다. 만약 기록에 대한 투자보다 사업과 진행할 서비스가 우선된다면, 결과에 역점을 두고 사례관리자를 독려할 것이다. 사례관리자는 스스로를 돌아볼 여유도 없이 직무를 수행하지만 어느 정도 경력을 갖게 된 후 부족한 역량을 채우기 위해 이전보다 힘든 도전을 해야 한다. 사례관리자는 두 가지 유형으로 반응한다. 하나는 직무를 알게 되어 역량이 강화된다. 그리고 열정을 쏟는다. 왜냐하면 자신의 직무수행이 한 사람의 인생을 바꾼다는 사실을 알았기 때문이다. 반면 지쳐 포기하기도 한다. 일이 일을 만드는 통합사례관리 업무는 줄어들 기미보다 오히려 과중되기 때문이다.

4. 통합사례관리 기록의 효과

하루에도 수십 건의 문서가 생성되고 이에 기반한 활동을 수행하는 사례관리자의 기록이 직무와 관련되고 유용한 것인지는 오래전부터 이슈가 되어 왔다. 기록의 효과는 통합사례관리 진행 과정에서 사례관리자의 활동을 이해하게 한다. 사례대상자의 생활이 이해되고, 욕구파악을 용이하게 할 뿐 아니라, 변화를 촉진하기 위한 전문가의 참여, 서비스 내용과 개발, 자원 등의 참여를 확장시킨다. 통합사례관리 기록의 효과는 다음과 같다.

1) 사례대상자의 생활이해

지역은 다양한 방식으로 살아가는 주민들의 터전이다. 빈부의 격차가 있고, 성별, 나이, 직업 등의 차이가 존재한다. 차이는 살아가는 방식에서, 그리고 기대와 추구하는 관점이 다르기 때문에 생활 가운데 겪는 일상이다. 생활방식은 소득에 따라, 직업, 사회활동 정도, 대인관계, 가치관 등 다양한 요인에 영향을 받는다. 사례대상자의 사회활동은 사회체계 내에서 이루어지기 때문에 생활 차이에 의한 어려움을 파악하고, 살아가는 방식을 이해한다면 단절의 벽을 허물 수 있다.

사례관리자가 이러한 차이를 알고 주민들의 생활상을 이해하는 때부터 질 높은 서비스를 제공할 수 있게 된다. 따라서 지역의 상황을 이해해야 한다.[3] 사례

3) 사례대상자가 생활하는 지역의 특성은 공단밀집지역, 농촌지역, 어촌지역, 중소도시, 주택가 등에 의해 또는 인구학적 특성, 산업화 정도, 직업군, 성별인구비율, 문화여가시설 및 편의시설의 발달 등은 사례대상자의 생활수준을 반영한다. 따라서 사례대상자를 이해하기 위해서는 생활하고 있는 지역의 특성을 알아야 한다.

대상자는 도움을 받아야 할 대상자와 그렇지 않은 사람들로 구분되는 우리 사회의 이웃들로 이를 감싸줄 전문가가 사례관리자이다.

2) 사례대상자 상황 공감

누구나 살아가는 과정에서 어느 정도의 문제를 가지고 생활한다. 문제는 가족 또는 관계된 사람이나 이웃들로부터 도움을 받는 등 시간이 지나면 극복되는 경우가 허다하다. 하지만 예기치 못한 어려움에 처하는 경우가 있다. 생각지 못했던 경제적 부담이 오거나 가족이 법적 소송에 휘말리기도 하고 자녀가 장기간의 치료가 필요한 상황에 처하게 될 때도 있다. 또는 실직으로 인해 생계를 유지하지 못할 정도로 어려움이 닥치기도 하는 등 자력으로는 해결하기 어려운 상황을 경험한다. 생활을 이어가지 못할 정도라면 남모를 고민도 가중될 것이다.

이러한 상황이 갑자기 닥친다면 힘든 시간을 보내고 극복하기 위한 기다림이 필요하다. 해결이 아니라면 소소한 배려가 의미가 없다는 것을 경험에서 배운다. 이 상황을 벗어나려 하지만 뚜렷하게 말해 줄 사람을 사회 내에서 만나기가 쉽지 않다는 것도 알게 된다. 지인과 친구, 친척들에게 문제를 호소하며 도움을 요청하는 등 극복하기 위해 다양한 노력을 기울였을 것이다. 하지만 도움을 줄 만한 사람이 없다면 혼자 해결하려는 시도를 할 것이다. 그것마저 어렵게 된다면 가족에게 도움을 요청하게 될 수도 있다. 그러나 가족 또한 여의치 못하다면 그저 상황을 지켜보며 아무런 조치도 못한 채 지내왔을 것이다. 결국 방법이 없다면, 문제 속에 휩싸이게 되고 시간만 보내게 되어 포기하거나 한다. 그래서 사례대상자의 충족되지 않은 욕구와 가족이 어렵다는 것을 알리는 유일한 방법이 수급자로 등록되어 도시락 서비스 등 사회복지기관을 이용하는 것일 수 있다. 사례대상자의 표출된 문제는 상황을 드러내는 생활의 곤란함에 대한 현재의 이야기라는 시각, 즉 문제들은 도움을 요청하는 사례대상자의 호소라고 이해해야 한다.

따라서 사례대상자의 현실이 어떠한지를 이해하는 것은 중요하다. 사례관리자가 사례대상자의 생활을 이해하기 위해서는 문제로 인해 힘든 상황을 겪고 있다는 이해 속에 우리도 같은 상황이면 이러한 행동과 태도를 보일 수 있다는 것을 공감해야 한다.

문제는 심각한 상황에 이르기까지 드러나지 않는 상황도 있다는 것이다. 사례대상자의 상황을 기록할 때는 현재의 생활이 어떠한지, 곤란함의 정도, 무엇을 지원해야 하는지 등 관찰자의 입장보다는 상황을 알고 있는 이웃의 입장에서 이야기하듯 기록하는 것이 이해를 돕는다.

3) 욕구파악의 용이성

통합사례관리의 핵심 목표는 사례대상자 및 보호자의 요구를 해결하는 데 있다. 따라서 문제 해결을 통해 변화를 원하는 사례대상자와 보호자의 입장에서 기록해야만 진전 상황을 확인하게 되어 욕구충족 정도가 파악된다.

사례대상자 입장을 대변하는 기록은 성취결과에 초점을 두고 서비스를 점검하며 기록하는 것이다. 이러한 점에서 기록은 사례관리자의 지원결과이며, 매 과정에서 진행하고 성취한 프로그램과 서비스의 종합적인 결과물이라 할 수 있다.

통합사례관리는 욕구에 기반하여 서비스를 지원한다는 점에서 과정과 맥락을 이해하게 하는 기록은 인테이크 과정에서 파악된 사례대상자의 요구가 기록되어 있다. 서비스 진행 과정에서 욕구에 따른 사례대상자의 충족 정도와 반응, 성취 정도가 이해하기 쉽게 기술되어 있다. 이러한 활동상을 이해하게 하는 결과물이 기록이다.

4) 전문가 등의 협조 촉진

사례관리자가 직무를 추진하는 과정에서 협조를 받아야 할 사항은 문제 해결을 위해, 자원을 동원하기 위해, 서비스 제공에 필요한 계획을 수립하기 위해, 직원 및 부서 간의 협의가 필요한 경우 등 다양하다. 협의의 목적은 서비스 지원에 필요한 인적·물적 자원을 포함하여 행정지원에 대해 협조를 받기 위해서이다.

협의는 문제 해결의 시간적 소모를 줄이게 하여 해결이 어렵거나 문제 양상이 복잡한 경우에 유용하다. 필요한 정보를 사전에 습득하게 하여 결정할 사항을 신속하게 판단하고, 타 기관의 직원 및 자원의 참여를 이끌어 내는 데에도 효과적이다. 지역사회에서 통합사례관리를 주목하는 이유는 사례대상자의 삶의 무게를 줄이고, 예방하기 위해 내부 자원만을 활용하지 않는다는 것이며, 전문자원들과 연합관계를 형성한 후 각각의 전문성에 기초하여 지원한다는 점 때문이다.

5) 전문가 참여 확대

사례의 상황이 심각할수록 많은 문제를 내포하고 있다고 이해해야 한다. 자력으로 극복하기 어려울수록 오랜 시간 문제로 남아 있었을 것이다. 해결에도 장기 간 개입해야 한다. 가족의 문제로 확산된 경우 또는 지역사회와 관련될수록 동료 또는 선임사회복지사의 협조가 필요하고, 전문가의 자문을 받아야 한다.

협조적인 자문은 사례지원 방향과 개입방법을 옳은 것으로 판단하게 한다. 또한 해결대안 마련에 있어 사례관리자의 시각을 넓혀 심각한 상황으로 진전될 것을 예측하게 한다. 문제 상황의 정확한 분석과 아울러 지원의 적시성도 높인다. 이렇듯 전문가의 조언은 문제 해결에 필요한 방법을 알게 하고 서비스 효과를 높이는 데 유용하다.

6) 서비스 지원에 필요한 정보 제공

통합사례관리기록은 사례대상자가 기관을 이용하며 제공받았던 서비스와 과정, 평가가 담겨 있어야 한다. 서비스 지원이 포괄적이고 넓어질수록 많은 사례를 담당하는 것이므로 주요 결정들을 실행에 옮기기 위해 서비스 지원 범위를 정한다. 사례관리자는 기록을 점검하며 사례 유형에 적합한 기록방법을 찾고 적용대안을 모색한다.

이 같은 기록은 불필요한 정보와 필요한 정보를 구분하게 하여 서비스 지원을 최적화시킨다. 또한 추가적인 지원이 생긴다 하여도 옳은 판단을 하게 하여 최적의 서비스가 제공되도록 안내한다.

7) 문제 해결에 적합한 서비스 개발

기록은 통합사례관리 과정에 참여하는 기관과 사례관리자, 자원이 활동을 선택하는 데 있어 합리적으로 판단하게 한다. 현재의 상황을 이해하게 하여 서비스 개발은 물론 필요한 정보를 얻게 하고 사례대상자의 상황을 규명하는 자료 원으로 활용된다. 이에 기반을 둔 서비스가 문제 해결에 적합할 것임은 분명하다.

문제 해결에 적합한 서비스는 사례대상자의 호소 욕구에 기반하고, 그의 상황을 해결하는 논의가 구체적이며 진행의 과정이 한눈에 읽혀지는 등 변화 상황에 따라 구성되어 있다. 이 모든 정보는 오직 기록을 통해서이다.

8) 기관의 서비스 방향 제시

일반적으로 이용자의 만족 정도와 다음 연도 사업을 수립하기 위해 활용되는 방법이 욕구조사이다. 대개 프로그램 종료 후나 당해 연도 사업종료 시점에 시행된다. 조사 자료는 직원들의 업무추진과 관련되어 있어 다음연도 사업계획 수립 시 또는 신규 사업을 구상하기 위해 또는 투입할 재정규모를 결정하고 인력배치와 부서 개편, 중·단기 목표를 수립하는 등 사업의 방향을 결정하는 데 활용된다.

활용될 수 없는 정보가 시간적·인력적·재정적 낭비를 초래하는 것처럼 사실에 기반을 둔 기록은 사례관리자의 직무수행을 질적으로 높인다.

5. 사회복지기관의 통합사례관리 기록적용과 실천

분명 통합사례관리 기록은 좋은 기록과 그럭저럭 괜찮은 기록, 부실한 기록이 있다. 좋은 기록은 직무를 수행하는 과정에서 시간 부족에 쫓기는 상황이라 해도 정당성을 증명하고, 내린 결정이 설명되는 기록이다. 그렇다면 서비스 과정을 한눈에 확인하고 양질의 서비스를 제공하기 위한 정책적 결정이 담긴 기록은 무엇인지를 확인할 필요가 있다.

1) 기록의 원칙

사례관리자는 질 높은 기록을 위해 다음의 사항을 고려해야 한다.[4)]

- 가치 있는 목적의 균형 유지하기: 좋은 기록은 사례관리자의 책무성 실천을 지원하고 향상시키며, 사례대상자의 사적권리 사이에서 균형을 유지한다.
- 사명에 초점을 둔다: 기관의 사명과 서비스, 프로그램의 목표와 관련된 내용으로 구성되어 있다.
- 위험 관리: 기관의 정책, 법적 기준, 실천지침, 전문가의 윤리와 부합하는지를 문서화하고, 위의 사항이 없는 경우 대처할 수 있는 정당성이 제시되어 있다.
- 책무성: 서비스 목적, 목표, 계획, 활동, 진전, 영향, 성과 지표가 문서화되어 있고 서비스 전달에 초점을 둔다. 또한 서비스 결정과 실천의 근거, 서비스 정책이 기관의 목적과 부합하고, 법적 기준과 실천을 위한 지침, 전문가의 윤리에 부합한다. 부합하지 않다면 이에 대한 근거가 문서로 담겨 있다.
- 단축: 서비스 목적, 목표, 성과를 포함하고, 성과에 영향을 미치지 않는 사례대상자의 정보는 포함하지 않는다.
- 객관성: 사정은 공정하고 공평하며, 사례대상자 관찰, 정보의 출처, 사례

4) Jill Doner Kagle & Sandra Koels, 1993, 홍순혜 외 역, 2010, 2-5에서 재인용

관리자의 판단에 사용된 기준과 평가의 네 가지 요소를 포함한다.

- 사례대상자에 대한 관여: 사례대상자의 욕구와 상황에 적합한 사정과 목표, 계획, 활동으로 이루어져 있다. 좋은 통합사례관리 기록은 사례관리자의 의사 결정과 행동 등 서비스 과정이 사례대상자가 수행한 역할을 중심으로 문서화되어 있다.
- 자료의 출처: 좋은 기록은 출처에 근거하고, 매 기록마다 날짜 및 날인 등이 기록되어 있다.
- 문화적 맥락: 좋은 기록은 사례대상자와 그의 욕구, 그리고 상황에 기초하여 서비스 결정, 행동, 성과에 영향을 주는 문화적 요소가 문서화되어 있다.
- 접근성: 사례대상자와 사례대상자를 돕는 사람들 외에 참여하지 않는 사람들조차 기록을 읽을 수 있다는 전제 하에 기록되어 있다.
- 활용성: 좋은 기록은 가치가 있는 모든 내용이 포함되어 있으며, 일관되게 구성되고 문장이 잘 쓰여 있다. 관련된 사람이 기록을 확인할 때, 시간 경과에 따라 사례대상자의 욕구, 상황, 서비스 과정을 확인할 수 있다. 또한 중복을 최소화하기 위해 연대순, 주제에 따라 상호 참고할 수 있도록 구성되어 있다.
- 현시성: 좋은 기록은 최신의 내용이 담겨 있다.
- 근거: 모든 서비스 결정과 행동 근거가 명확하게 기술되어 있다.
- 긴급 상황: 사례대상자의 위급 상황과 위험한 사건들이 충분하게 기록되고, 사례관리자가 날인한 후 슈퍼바이저 및 관리자가 승인한 보고서 등이 결재되어 있다. 위급 및 사건들의 내용과 대처 행동 계획 등이 포함되어 있다.
- 제외: 좋은 기록은 상담, 집단의 회기별 미팅에 대한 기술에서 추측, 근거 없는 견해를 기술하지 않으며 사례관리자의 판단과 직감적 반응, 직관이나 서비스 목적과 무관한 사례대상자의 욕구 및 상황에 관한 정보 등 조치한 많은 것들이 개인을 중심으로 기술되어 있지 않다. 또한 자극적인 언어표현을 자제하고 품위를 떨어뜨리거나 차별적인 언어구사 외에 선입

견 등을 포함하지 않으며, 서비스 목적, 목표 성과와 관련 없는 내용은 기록에서 제외시킨다.

T/i/p

통합사례관리 기록은 사례를 중심으로 사례의 상황을 보고하는 문서이다. 따라서 사례관리자의 개입 이후의 과정이 상세하게 기록되어 있다. 개입 상황과 과정, 서비스 선택의 이유, 실천 내용 외에 참여 자원의 활동 근거가 명확하다.

2) 통합사례관리 과정기록

직무와 관련된 기록 시간이 많을수록 기록의 질이 좋아진다는 것은 알려진 사실이다. 기록은 기록 연습을 통해 성취되는 노력의 결과물로 직무수행 후의 결과를 어떻게 담을 것인지를 고려해야 한다. 질 높은 기록은 직무와 관련한 시간 투자와 직결된다.

(1) 의뢰와 기록

사례대상자는 다양한 경로를 통해, 주변의 자원과 관련된 사람에 의해 발견되어 의뢰된다. 따라서 기록은 의뢰 사유가 명확해야 한다. 의뢰사유가 불분명하면 동의하지 않은 상황에서 의뢰되었거나, 주변의 권유 때문에 어쩔 수 없이 참여했다는 거부 때문이다. 동의하에 진행된 의뢰는 사례대상자와 보호자가 서비스를 이용하고 도움을 받겠다는 목적이 분명하다.

(2) 욕구와 문제를 발견하는 기록

욕구를 발견하고 문제를 확인하는 기록은 다음의 사항에 의한다.

첫째, 사례대상자의 생활상이 이해되고 어려움에 직면했을 때 드러나는 행동패턴이 담겨있다. 사례대상자가 인식하고 있는 결핍의 정도와 관련된 어려움,

결핍이 지속된 원인과 생활의 문제, 주변인물과의 관계 정도 등을 포함한다. 여기에서 중요한 점은 생활의 부적응 정도와 심리적 상태로 단순 지원 대상자인지, 치료적 개입이 필요한 상황인지를 판단하게 한다.

둘째, 상담을 진행하는 과정에서 그의 감정 상태와 표현을 기록으로 담아야 한다. 문제를 얘기할 때 드러내는 태도와 말투, 표정, 분노 표출 등이다.

셋째, 활용양식 점검이다. 양식은 정보를 담기에 충분한지, 활용가치가 있는지, 미흡하다면 새로운 양식을 개발해야 하는지 등이다. 만약 양식이 부실하다면 기록을 보완할 수 있는 기록양식을 채택해야 한다.

넷째, 기록방식을 선택한다. 사례관리자의 능력이 출중하다고 하여 사례대상자와 나눈 모든 내용을 기록하는 것은 불가능하다. 사전에 질문할 내용을 정한 후 사례대상자에게 양해를 구하여 녹음할 것을 동의 받는다. 사례관리자는 질문내용을 준비한 후 사례대상자에게 반응을 보이며 면담을 진행한다. 면담이 종료된 후 필사 과정에서 핵심내용을 요약하여 기록한다.

다섯째, 가족의 요구와 기대가 담겨야 한다. 가족들은 문제의 원인을 사례대상자에게 두고 있는지, 아니면 가족들의 상황으로 이해하고 있는지 등 장기간 결핍된 생활을 해 왔다면 이 문제를 심각하게 고려해 왔을 것이다.

(3) 서비스결정 기록

사례대상자의 상황이 검토되었다면 내부회의를 거쳐 서비스 지원여부를 결정한다. 여기에서 지원여부는 서비스 적격성을 의미한다. 다음 단계는 문제를 확인하는 것이다. 문제는 면접 과정에서 어느 정도는 확인이 되지만 가정조사나 방문, 보호자 및 사례대상자와의 대화에서도 드러난다. 중요한 점은 문제를 분류하는 것인데, 분류된 문제에 따라 서비스 범위가 정해지기 때문에 여기에서 기록은 왜 서비스가 지원되어야 하는지가 설명되어야 한다.

따라서 내담자의 호소에 초점을 두고 개인적 요인, 대인관계 측면, 주거지 상황과 사회적 관계 등이 이해되어야 한다. 현재 상황을 이해하는 것은 핵심문제가 무엇인지를 밝혀내는 중요한 단서를 제공하기 때문에 선행사건이나 반복되는 문제, 향후 계획을 진술하게 하여 사례대상자가 인지하고 있는 문제의 소재와 요인을 파악한다. 사례관리자는 사례대상자가 나타내는 반응을 관찰하며 자신의 잘못을 축소하고, 문제의 요인을 타인의 탓으로 돌리는 성향, 문제를 확대하여 과장하거나, 문제를 더 드러냄을 통해 이익을 얻으려는 패턴 등을 주목한다. 이를 확인할 수 있는 방법이 사회력 파악이다. 사회력은 중요 사건과 상황을 이해하게 하고 사례대상자의 내면세계를 이해하는 데 유용하다. 그러나 사회력이 가치 있는 정보로 활용되기 위해서는 사례대상자의 주변 환경에 대한 분석이 선행되어야 한다. 적합한 환경인지, 부적절한 환경인지에 관한 것이다. 서비스를 결정하기 위해서는 건강상태, 사회적 배경, 사례대상자의 욕구와 한계, 강점, 자원관계 등을 종합하여 판단해야 한다(Kagle, 1991, 홍순혜 외 역, 1999).

(4) 자원활동 기록

자원의 분석은 자원으로부터 영향을 주고받는 대상을 분석하는 것이 목적이다. 따라서 자원의 분석이 충분하면 적정한 자원의 개입을 가시화시킨다. 자원과 관련한 기록은 자원의 연계와 반응, 자원과의 관계성, 자원의 역할과 제공하는 서비스 외에 자원의 활동내용, 참여 가능한 범위, 개발 계획과 자원의 참여 이유 등이다.

T/i/p

사례대상자가 내성적이고, 소극적인 성격이라 해도 또는 한번 맺은 관계를 더 이상 확대하지 않거나 기존의 생활을 벗어나지 않으려는 성향이라 해도 누군가와는 교류해 왔을 것이다. 사례관리자는 사례대상자의 이러한 성향을 주목하고 그의 생활상을 기록에 담아야 한다. 관계하는 자원은 사례대상자의 생활 가운데 만나고 교류하는 인물들이다. 자원은 사례대상자의 생각, 가치, 행동, 태도, 의지에 직·간접적인 영향을 미치는데, '어떠한 영향을 미치고 있는가?'는 현재의 생활과 관련이 있다. 따라서 누구로부터 영향을 받았는지, 누구에게 영향을 미치고 있는지 등이 확인되어야 한다.

(5) 문제 규명 기록

문제규명 기록은 사례대상자의 상황에 적합한 서비스 제공의 이유와 원인에 관한 것으로 호소하는 욕구와 문제가 연관성이 있는지를 밝혀내는 것이다. 즉 문제를 규명하는 것은 서비스 시작과 지원할 내용을 결정하는 것으로 현실적인 어려움을 극복하기 위한 대처방안과 관련이 있다. 문제 이전의 상태로 회복할 수 있다는 가정 하에 추진되어야 하기에 현재 상황에 초점을 둔다.

(6) 목적이 명확한 기록

서비스가 지원되는 이유는 다양하다. 문제를 해결하기 위한 기대에서 출발하고, 기대는 서비스를 제공할 이유이다. 하지만 목적은 달성하기 위한 과정이 필요하다. 목적을 최종의 결과로 본다면 서비스 전개 과정과 지원내용이 사례대상자에게 이해되도록 제시해야만 달성되고 지원되었을 때 성취된다.

T/i/p

기록은 목적이 분명하게 이해되어야 한다. 목적을 성취하기 위해 기관의 시설물, 프로그램, 자원 등은 서비스를 기획하고 진행할 때, 그 이상의 자원을 참여시키고자할 때, 상담을 진행하고 변화 과정을 확인할 때에도 사례대상자의 바람과 기대에 부합하고 있는지를 확인하게 한다. 이러한 내용이 기록으로 담겨 있지 않는다면 목적달성에 필요한 계획실행이 불투명해져 진행사항을 확인하지 못할 뿐 아니라 성과도출에 실패하게 된다.

(7) 계획적인 서비스 기록

통합사례관리에서 지원하는 모든 서비스는 사정 후 계획에 의해 개발되고, 이렇게 수립된 계획은 성과, 즉 목표를 달성하기 위해 추진된다. 계획에 포함할 요소는 계획 달성에 필요한 활동프로그램, 프로그램 진행의 소요 비용, 참여인력, 진행장소와 시간, 진행기간, 장소의 적합성, 사례대상자의 예측된 변화 등이다. 사례대상자의 변화가 예측되는가? 여부는 초기계획에서 어느 정도 확인이 되어야 한다.

T/i/p

통합사례관리에서 계획을 강조하는 이유는 목적을 분명하게 제시해야 사례대상자의 동기와 의지를 부여할 수 있고, 실천 과정을 구체화해야만 성과를 기대할 수 있기 때문이다. 따라서 기록은 일자별로, 그리고 시간 순서적으로 진행될 것이라는 예측이 가능해야 한다. 지원할 사항만을 기록하기보다는 장소, 시설물, 준비사항 등 실행방법이 구체적으로 이해되어야 한다. 계획이 실천을 전제로 추진되는 것처럼 통합사례관리 서비스의 성공여부는 계획 수립에 달려 있다고 해도 과언이 아니다.

(8) 서비스 실행 기록

서비스 실행은 당초의 계획이 시간 순서적으로 진행되고 있다는 것을 의미한다. 따라서 계획에 포함된 모든 활동이 드러나야 한다. 지원 과정에 참여한 자원의 개입과 장소선정의 적합성, 기자재 및 시설물 외에 수행 결과에 따른 사례대상자의 반응 등을 포함한다. 이러한 기록은 변화 과정을 알게 하고 목표달성을 확인하게 한다. 서비스 실행 과정은 매 순간 기록되어야 한다.

(9) 과정(모니터링)을 설명하는 기록

통합사례관리 성과를 확인하는 방법은 과정기록에 달려있다 해도 과언이 아니다. 따라서 서비스 지원 과정에서 나타난 사례대상자의 반응과 지원사항 등이 이해되어야 한다. 과정을 설명하는 기록의 장점은, 첫째, 사례대상자의 현재 상황과 지원 사항을 알게 하여 변화되지 않는 요인을 발견하게 한다. 둘째, 서비스 불만족을 표현하는 경우 또는 개선을 요구한다 해도 원인을 알게 되어 대처가 가능해진다. 셋째, 필요한 지원과 필요 없는 것들을 구분하게 하여 선택과 결정을 바르게 내릴 수 있다. 넷째, 사례대상자의 변화 과정에 주목하고 욕구의 충족 정도를 가늠하게 한다. 다섯째, 변화를 위한 실행방법을 알게 하여 성과를 얻기 위한 목표 중심의 진행이 가능해진다.

(10) 서비스 점검기록

서비스 점검 기록은 사례대상자의 변화 상황에 주목하고 제공된 서비스의 지원효과를 확인하게 한다. 이때 참고서류가 초기면접 기록으로 과정기록지, 즉 일지와 상담록 등이다. 서비스 검토는 지원된 서비스가 사례대상자의 행동변화에 영향을 미쳤는지, 영향을 미친 시기와 서비스는 무엇인지, 그리고 참여한 자원이 누구인지 등을 알게 한다.

T/i/p

성과는 기록을 통해서만 확인이 가능하다. 사례관리자의 역할은 진행상황이 기록에 포함되어 있는지를 확인하는 것이다. '충분한 정보가 담겨 있는가?' 또한 중요하다. 기록 정도에 따라 사례대상자의 변화 상황을 알게 되므로, 종결로 이어질 수 있고, 사정 단계부터 재시작하거나 또는 더 이상 진행이 어렵다고 판단되면 타 기관의뢰가 결정된다. 점검내용은 문제 상황, 서비스 내용(기관의 시설물과 환경 등 포함), 자원(참여 동기, 의지대로 실행하였는지 등), 사례대상자의 반응(욕구의 해결 정도, 또 다른 기대 등) 등이다.

(11) 서비스 종결기록

기관은 종결과 관련하여 다음의 질문을 고려해야 한다. '종결은 새로운 시작인가? 아니면 서비스 제공기간이 만료되어 관계가 종료되는 것인가?', '사례대상자는 변화된 삶을 살아갈 수 있는가?' 등이다. 성공적으로 진행되었다면 자신 있게 답하며 종결을 시행할 것이다.

종결은 사례대상자의 거부, 계약기간이 다가와 마무리 된 경우 등 다양하지만 새로운 시작을 의미한다. 따라서 종결의 이유와 종결의 반응, 정서·심리적 상태, 향후 계획, 추가적으로 개입할 사항 등이 담겨 있어야 한다.

(12) 사후지원 기록

사후지원 기록은 자조적인 생활유지와 가족의 협조, 관계를 촉진하기 위한 중재, 그리고 생활에 초점을 둔다. '사례대상자가 문제이전의 생활을 회복하였고 그것을 유지하며 생활하고 있는가?', '추가적인 지원이 필요한가?' 등이다.

> **T/i/p**
> 사후지원 기록은 종결 이후 사례대상자와 사례관리자의 교류 및 지원에 관한 것이다. 사례대상자는 안정된 삶을 영위하고 자조적으로 생활하고 있는가?에 초점이 있다. 지역에서 살아가는 사람들과의 원만한 교류와 문제에 직면했을 때 극복하고 갈등을 이겨낼 수 있는지 등이 확인되어야 한다.

3) 부서운영과 통합사례관리 기록체계

(1) 기록 매뉴얼 수립

통합사례관리 직무수행의 혼란을 방지하고, 일관성 있는 업무수행을 위해서는 기록매뉴얼을 개발해야 한다.

(2) 이용자 기록관리 강화

사례대상자와 관련된 모든 활동은 공문서에 의해 기관장의 결재 후 시행된다. 따라서 서류보존에 주의하고 관리지침과 방침에 따라 처리해야 한다.

(3) 사례관리기록 시스템 정비

기록물은 직무수행의 결과물로서 기관의 사업 및 운영에 대한 신뢰를 증명하는 매개체이다. 이러한 결과는 기관의 대내·외적인 신뢰로 연계되어 후원자원을 개발하는 데 기여할 뿐 아니라 자원의 유치와 사업 확장에도 기여한다. 따라서 일회성 행사보고서 또는 단순직무 수행의 결과를 보고하는 문서라 하여도 기관차원에서 볼 때 사업추진 역량을 대내·외적으로 증명하고, 부서 및 직원차원에서는 당시 수행한 직무가 기관의 사업과 위상에 영향을 미친다는 점에서 체계적으로 관리되어야 한다. 기록의 가치는 내용의 질에 따르지만 체계적으로 보존되고 보존에 따른 장치 등이 마련될 때 높아진다. 따라서 관리 노력을 집중하기 위한 시스템을 마련하여 직원들의 이해수준을 높여야 한다.

T/i/p

통합사례관리 기록물을 효과적으로 관리하기 위한 방법으로는 시기를 정해 점검하는 것이다. 생성은 직원들이 하지만 점검의 1차 책임자는 부서장이고, 기관장이 최종적으로 점검한다. 매월 또는 분기별로 기록의 보존과 보관 상태를 확인하고, 미흡한 부서는 전체회의 시간을 통해 개선방안을 제시한다. 점검에 포함할 서류는 당해 연도에 생성된 모든 문서이다.

(4) 통합사례관리 기록과 직원교육

통합사례관리의 기록수준을 향상하기 위해서는 정기적인 교육이 필수적이다. 기록교육을 통해 직원들의 문서작성 능력이 향상되면 계획 수립이 용이해지고, 기획서 작성과 보고서 및 프로포절 작성역량이 강화된다. 다만 기록의 필요성과 기록방식, 기록의 질을 담보할 수 있는 교육 과정을 마련해야 한다. 직원들이 관리하는 문서는 보존할 기록물이 다양하기 때문에 기록 문서에 국한되지 않으며 수반되는 행정처리 절차를 포함하고 있어 정기적으로 시행될 때 효과적이다. 이러한 교육은 직원들의 직무수행 자신감과 성취감을 얻게 한다.

(5) 통합사례관리 기록의 부서적용

사회복지기관은 기획팀, 자원관리 팀, 사무행정 팀, 시설관리 팀, 급식 팀, 사회재활 팀, 생활재활 팀 등의 부서를 운영하고 있다.[5] 각각의 부서는 사업이 달라 기록방식이 다르다. 이를 부서에 적용하면, 행정부서는 기관운영 및 직원관리, 기관의 재산과 필요 물품의 조달 등 사무적인 기록이 많고, 서비스 부서는 사업의 개발과 실행 등 사례대상자 중심의 기록이다.

5) 사회복지기관의 부서 운영은 이용시설과 거주시설, 소규모·대규모시설, 사업 분야에 따라 차이가 있다. 또한 지원 대상에 따라 기관의 목적사업이 다르므로 부서는 차이가 있을 수밖에 없다. 여기에서 차이는 법인의 설립목적이 영향을 미치고 기관장의 운영방침 또는 지역적 여건과 상황, 이용자현황 등에 의해 영향을 받는다.

① 서비스 기록에 투자하는 시간을 늘려야 한다

거주시설을 중심으로 살펴보면, 가정운영은 입소자의 안정적인 생활에 초점을 둔다. 생활지도원은 가정을 담당하는 일차 책임자지만 돌봄자, 생활조력자 역할을 수행하기 때문에 기록할 내용과 범위가 정해져 있다. 입소자와의 상호작용 과정에서 드러난 행동, 심리적 변화, 관계형성과 유지, 서비스 및 활동 프로그램의 반응결과, 자립목표, 가정생활 조언 등이 그것이다.

사례관리자(아동시설은 자립전담요원, 장애인시설의 경우 사회재활교사)는 생활지도원을 비롯하여 입소자의 가정 내 생활, 그리고 가정운영을 총괄하는 직무를 수행한다. 기록은 가정 운영사무와 생활서비스가 주된 것이다. 서비스를 개발하고 연계하는 역할이 주요 직무이므로 입소자의 관찰사항을 중심으로 생활지도원의 직무수행에 초점을 둔다. 생활지도원의 역할, 개입방법, 상호작용, 가정의 문화적 요소, 가정 내 사례대상자의 반응과 개별적인 개입 정도, 유지되는 힘의 관계, 개입시기 등을 포함한다.

② 부서의 역할과 기능에 따른 기록서식과 방식을 이해한다

슈퍼바이저가 직무에 몰입하다 보면 최소본 기록으로 정리해야 할 경우가 생긴다. 최소본 기록이 기록물로서 가치를 담기 위해서는 양식 작성에 따른 기록방식을 이해해야 한다. 사례관리자는 부서의 공통문서를 파악하여 작성시기와 내용을 확인한 후 자신이 추진할 직무양식을 확인한다. 이제 기록방식을 습득하는 것이 남아 있다. 모든 문서는 내용을 많이 담기보다는 해당 양식에서 요구하는 핵심내용을 축약하는 기록이 더 중요하다. 이러한 기록연습은 업무 역량을 강화할 뿐 아니라 직무성과를 높인다.

③ 부서 특성에 맞는 기록방식을 찾고 적용한다

부서의 특성에 적합한 양식을 선정하여 직원 간, 부서차원, 기관차원에서 기

록할 내용과 수준을 합의한다. 통합사례기록은 사회복지기관의 운영근거가 될 뿐 아니라 부서와 소속된 직원들의 활동 내용을 담는 것이므로 어떻게 기록할 것인지는 기관이 선택하고, 기술하는 직원이 노력해야 할 문제이지만 그 시기의 미흡한 기록은 정보손실과 직결된다. 더욱이 재정보조를 통해 운영되는 사회복지기관이 관계자들에게 정확한 정보를 제시하지 못한다면 부실한 기관이라는 오명을 받게 된다. 따라서 기록은 기관의 위상을 높이는 결과물이라는 인식하에 체계적으로 관리하기 위한 기관만의 전략이 있어야 한다.

T/i/p

행정부서의 기록은 사무와 관련되어 있어 행정적 처리와 재정보조, 자산 및 비품 구입 외에 정책결정, 인사관리 등과 관련되고, 공적 문서의 대내·외적인 처리가 많아 처리절차와 결정사항 등의 관리에 초점을 둔다. 위의 사항은 기관차원에서 기록되는 것이므로 사회재활교사는 가정운영 및 생활지도원, 입소자와 관련한 비품, 소모품의 유입과 분출, 공문서의 작성 등 가정운영 중심으로 기록한다. 행정기록은 기록의 기준을 정하고 나면 변동보다는 현재 상황을 유지하는 기능이 있으므로 관리에 초점을 둔 기록이 대부분이다. 반면, 사업기록은 기관과 직원, 사례대상자 차원에서 지원된 서비스 계획, 전개 과정, 평가에 관한 것이므로 유동적이며, 변동될 소지가 많아 기록량이 증가할 수밖에 없다.

직원이 이러한 과정을 이해하고, 역할이 안정되면 기록에 필요한 문서관리 수준을 정할 수 있다. 생활지도원은 입소자의 안정된 생활에 집중하고 라포 형성을 위해 정서, 심리 등 생활에 초점을 두기 때문에 대분의 기록은 개인과 관련한 반응, 안정적인 생활에 관한 것이다.

사례대상자와 지역사회를 연계하는

현장 중심의 통합사례관리

6장 /

통합사례관리 구성 체계

1. 통합사례관리 대상자의 생활상

1) 사례대상자의 지위 변화

통합사례관리의 핵심 주체인 사례대상자는 사회복지서비스가 태동된 시기부터 현재까지 다양한 관점에서 논의되어 왔다. 복합적인 욕구가 있으며 사회적으로 도움이 필요한 주민들이라는 이해 속에, 사회복지기관을 이용하거나 시설입소를 통해 서비스를 제공받고 있는 대상자이다. 이들은 '사회적 약자'로, 그리고 '취약계층'으로 분류되어 왔으며, 지속적으로 서비스가 제공되어야 할 서비스 '수혜자'로 호칭되고, '수급자', '빈곤자' 등 사회복지 전문가 또는 기관으로부터 다양한 복지서비스가 제공되어야 할 대상자라는 인식이 일반적이다. 자력으로는 생활하기 어려운 주민들로 문제 해결 능력이 없거나 사회적 보호가 필요하고, 물질적 도움이 제공되어야 한다는 이해 등이 그것이다.

서비스 수혜방식은 우애방문자와 같은 자선적 봉사활동가 또는 사회복지기관의 사회복지사로부터 물질적·정신적인 도움 속에 수시 또는 정기적으로 서비스를 제공받게 된다. 하지만 사례대상자의 권익과 권리, 자기결정, 행복추구 등 권리가 강조되면서 서비스 주체로서, 기관운영에 없어서는 안 될 핵심 인물로 자리매김되었다. "사례대상자가 이용하지 않는 기관이 존재하지 못하는 것처럼, 사례대상자가 주체가 되지 않는 사업은 가치를 인정하지 않는다."

이러한 변화는 사회복지기관의 서비스 제공방식에서도 나타나고 있다. 서비스는 시혜가 아닌 이용이 강조되고, 이용 정도는 서비스 만족을 통해 얻는 결과물로서 사회복지서비스가 적절하게 지원되었다는 것을 의미한다. 결국 '사회복지기관이 사업을 잘 수행하는가?'는 '사례대상자의 욕구와 문제를 얼마나 잘 이해하고 있는가?', '복합적인 욕구를 대변하고 해결하였는가?'에 따라 평가받게 되었다.

2) 사례대상자의 처지와 삶 살펴보기

지역사회는 사례관리자가 알지 못하는 다양한 문제를 안고 살아가는 주민들이 생활하고 있다. 사례의 발견이 쉽지 않은 이유는 생활이 공개되지 않는 사적인 영역[1)]이기 때문이다.

살아가면서 마음이 아플 수 있는 상황은 여러 가지 요인 때문에 생긴다. '남들보다 돈이 없어서', '일자리를 잃은 아버지 때문에', '엄마가 달라서', '가정이 해체되어', '우리 집은 가난하니까', '출근할 직장이 없어서', '소득이 없어서' 등 너무나 많다. 그래서 마음이 아픈 사람은 그것을 떨쳐 낼 다른 무언가를 시도하고 싶어도 동기가 없어 하지 못할 때가 있다. 상처 주는 일들이 그에게만 생기는 것 같아 받아들일 수밖에 없는 처지라면 하루를 생활하는 것도 힘들 것이다. 그런데 그렇게 아픈 세상에서 살아가야 한다. 그래도 일하지 않으면 안되니까 참고 이겨낸다. 더 나쁜 처지에 놓이지 않기 위해 할일을 찾아보고, 노력도 해보지만 원하는 대로 얻고 찾기란 쉽지 않다. 거기엔, 그 장소엔, 함께 살아갈 가족이 있지만 만날 때마다 힘든 얘기와 피곤에 지친 생활 속에서 상처받는 일들만 생긴다면 누가 좋은 일이라고 생각하겠는가? 아닐 것이다.

삶은 소중하고, 즐거운 것이라고 어떤 이는 얘기할 수 있지만, 사는 게 힘들어 아무것도 못할 정도로 지쳐 있는 생활이라면, 하루 종일 빚쟁이 때문에 힘들었는데, 도시락만 가져다준다면 이것을 복지라고 생각하지는 않을 것이다. 산에서 딴 나물을 저자거리 모퉁이에서 비가 오나, 눈이 오나 팔아야 할 노모의 처지라면, "그래도 살아야 할 이유가 있다."고 말하기는 쉽지 않다.

더운 날도, 추운 날도, 비가오고 바람이 부는 날도 나아지지 않는 삶을 살며, 그나마 없는 수입에 아픈 아이 약값이라도 보태야 한다면 어느 날 찾아온 봉사

1) 그래서 통합사례관리에서 강조하는 바는 발견과 의뢰를 위한 지역기관 간의 네트워크마련에 있다. 우리가 잘 아는 바와 같이 문제를 지닌 채 생활하는 사례대상자는 발견되지 않으면 문제 심화로 인해 더 큰 곤란에 처하는 경우를 종종 확인하게 된다. 여기에서 네트워크는 지역기관들의 유기적인 연계체계를 의미하고, 이러한 연계를 통해 개 기관에 의뢰된 사례라고 하여도 상호 보완적 관계 속에서 협력적으로 서비스를 지원하는 것, 즉 통합적 관점의 서비스 지원을 말한다.

자가 반가울 수 있겠는가? 물론 도와준 것이 감사하지만 근본적인 문제는 돈이 아닌가? 집이 허름하다면 수리가 필요하지 않겠는가? 약값을 벌어야 한다면 병원치료가 더 필요하지 않겠는가? 사례대상자를 위한다면 진정성 있게 생각해야 할 논의이다. 대상자의 아픔은 다른 데 있는데 자기 얘기만 한다면, 그리고 이런 식의 논의가 익숙해진다면, 복지는 복지일 뿐! 가치가 없다. 실천가인 사회복지사의 얘기도 얘기일 뿐이다. 그냥 참아 주는 대상자가 감사할 따름이다.

사례관리자의 직무는 그 대상이 '빈곤으로 고민하는 사람들'이고, '생계를 이어가기에도 고단한 삶을 살아가는 리어커를 끌고 있는 이웃들'이다. '매일 출근전쟁과 가족을 부양하기 위해 살아가는 지역의 주민들'이다. '어린 시절 부모를 잃어버린 아이', '학교를 다니지 않는 청소년', '질환을 앓는 20대를 보내고 중년기를 보내지만 직장이 없어 일할 수 없는 가장'과 '부양받지 못하는 어르신들'이다. 그들은 자잘한 도시락이 필요한 게 아니라 기관의 힘을 통해 생활비가 필요한 대상자이다. 이런 사람들을 매일 만나는 사례관리자의 직무가 개인의 직무로 끝날 수 있겠는가? 아니라고 확신할 것이다.

사례대상자는 생계의 어려움으로 인해 문제를 지닌 채 생활하는 경우가 있다. 이러한 생활이 장기화 되면 개선하기가 쉽지 않다. 생활의 궁핍 등에 오랫동안 노출되었을 때, 비슷한 처지에 놓인 사람들과 교류하며 과도한 음주, 인터넷 중독, 채팅으로 보내거나, 아니면 은둔형에 가까운 야간활동과 밤샘 등으로 시간을 보낸다. 실직하였음에도 취업을 시도하지 않고, 주변사람들과 교류를 단절하거나 가족들에게 심리·정서적 갈등을 드러내고, 심한 경우 폭력을 행사하는 등 가족해체로 이어지기도 한다. 더욱 심각한 문제는 자녀를 양육하며 자녀의 신변처리와 식사 챙기기, 학용품 준비, 학업을 돌보지 않거나 학교생활에 관심을 보이지 않는 등 부모 역할을 소홀히 하는 것이다.

이러한 생활은 오래될수록 드러나지 않고, 노출되지 않는다는 특성으로 인해 가족은 유대와 애착이 부족하여 친밀감이 떨어지고, 갈등 또는 관계단절, 불신, 폭언과 폭력행사 등 더 심각한 지경에 이르게 된 후에야 발견되는 경우가 있어

회복을 더디게 하는 요인이다.

우리가 이해해야 할 것은 사례대상자는 사례관리자를 만나기 이전부터 나름대로의 삶을 살아왔다는 것이다. 그래서 처지의 부끄러움, 삶을 바꾸지 않으려는 태도, 수혜를 받아야 할 이유 등을 생각하며 주저할 수 있으므로 의지를 갖게 하고 희망의 끈을 이어주는 것이 사례관리자의 역할이다.

T/i/p

사실 남에게 도움을 받는 것은 결심과 의지가 필요한 일이기에 설사 그 자리에서 동의를 표명하며 반갑게 인사를 하였다 해도 성실하게 참여할 것이라고 기대해서는 안 된다. 면담이후 용기를 내지 못하거나, 잊어버리고, 다른 여타의 이유를 대며 피할 수 있다. 만약 방문을 거절하고 주저한다면 설득하고 가정을 방문하는 등 용기를 줄 수 있는 메시지를 전달하며 격려해야 한다. 사례대상자가 기관을 방문한다는 것은 현재의 상황을 개선하겠다는 의지로 보아도 무방하다.

3) 사례대상자 가족, 가정 내 생활 이해하기

현대사회에서 가족은 다양한 형태로 변화하였다. 가정을 중심으로 사회생활을 준비해 온 전통적인 가족관은 가족공동체 의식이 약화되면서 가족구조와 가족의 기능을 약화시켰다. 가족성원이 소속된 사회집단의 요구와 활동에 수용적인 경향을 보이고, 성원의 활동을 우선하게 하였다. 새로운 가구 유형은 혼자 사는 가구를 인정하고, 이른 독립과 늦은 결혼, 저출산, 출산연령이 늦추어지는 등 사회적 현상으로 이해되고 있으며, 가족성원의 사생활을 우선하고 부부 중심의 생활을 가치로 여기게 하였다. 결혼과 독립은 부모의 결정보다 자녀의 의견이 우선된다. 하지만 부모는 결혼식 준비, 주거지 마련 등에 관한 비용을 지불해야 하고, 부족한 경우 대출이나 집을 파는 경우들도 있어 자녀양육에 대한 부담은 결혼 이후에도 지속된다고 보아야 한다. 최근에는 맞벌이부부가 증가하면서 손주 또는 손녀를 돌보는 경우도 있어 이러한 부담은 계속 증가하는 추세이다. 하지만 자녀로부터 부양을 받아야 한다고 생각하는 부모는 많지 않다.

이러한 변화가 시대의 흐름이기는 하지만 다양한 문제를 유발하고 양산하였다. 가족성원 모두는 집단에 소속되고 적응해야 한다. 현실은 집단에 소속되기도 어렵고, 설사 소속된다 하여도 집단이 추구하는 목적을 충족하기 위해 노력해야 한다. 또한 소속된 집단에 적응하기 위해 많은 투자를 하며 활동에 참여하는 것을 당연시한다. 그리고 준비 과정 또한 복잡하여 해야 할 과업과 역할이 많아지게 되었다. 결국 개인의 이익은 줄어들고, 손해와 갈등을 유발하는 상황이 잦아진 것이다. 극복하지 못한다면 사소한 갈등이 문제가 되어 법적 호소를 통해 해결하려는 경향이 증가하고 있다. 개인의 문제에서 가족의 문제로, 사회의 문제로 확산되었고, 또 다른 문제를 양산하고 있어 전문가의 끊임없는 개입이 요구되는 상황이다.

한편, 가족의 어려움은 취약한 가족성원에게 감당하기 어려운 문제를 직면하게 하였다. 장기간 돌보아야 하고 평생 동안 돌봐야 한다면 사회적 차원에서 논의되어야 하지만, 제도의 취약성은 최소한의 지원을 통해 가족간에 해결해 가기를 요구한다. 돌봄 거부 등의 문제가 그것이다. 경제적인 문제와 정서적인 문제 등을 심각하게 느낄 경우 또는 부양(돌봄)부담이 가중되면, 구성원에 대해 문제만을 인식하게 되어 가족해체를 선택하고 또는 시설입소를 결정하기도 한다. 그래서 일부의 보호자는 협회나 단체에 가입하여 활동을 한다.

2. 복합적인 욕구가 있는 사례대상자

1) 사회복지기관의 사례대상자[2)]

도움이 필요한 사례대상자에게 서비스를 제공하는 기관이 사회복지기관[3)]이

2) 통합사례관리에 의뢰되는 대상자의 구분이 필요하다. 단순 서비스를 제공하는 대상자라 하여도 경제적 상황은 단시간에 개선되기 어렵고, 생활이 불가능할 정도이며 문제의 심각성은 다양한 지원이 필요하고, 여러 기관이 참여해야만 해결을 기대할 수 있는 사례가 해당한다.

3) 여기에서 의미하는 사회복지기관은 지역에서 사회복지사업을 수행하는 종합사회복지관을 의미한다. 하지만 보다 넓은 차원에서 지역에서 사회복지사업을 수행하고 있는 모든 기관으로 확대하여 소개하겠다.

다. 사회복지기관은 물품을 후원하는 주민들과 일반주민 또는 사례대상자 누구나 이용할 수 있으며, 문화생활을 보내기 위해 프로그램에 참여하고, 직업 획득을 위해 교육 과정을 이수하거나 창업에 필요한 정보 제공 등 프로그램을 개설하여 돕는다. 삶의 의미를 찾기 위해 본인이 소유한 기술과 능력을 활용하여 서비스를 이용하는 사례대상자를 돕고, 문제를 가진 그들을 위해 터전을 제공한다.

사회복지기관을 이용하는 주민들은 다양한 서비스를 원하고 실생활에 도움이 되는 프로그램을 기대한다. 이용자는 장애와 신체 및 정신질환, 부모가 없는 아동, 빈곤 가정 등 아동부터 청소년, 취업을 준비하는 여성들과 평범한 가정주부, 직장을 다니거나 실직한 중년가장 외에 노년기 삶을 이웃과 함께 하고픈 노인에 이르기까지 성별에 구애 없이 다양한 계층의 주민들이다.

(1) 프로그램에 참여하는 단순이용자

이용자들은 프로그램에 참여하며 생활기술을 습득하거나 여가를 보내기 위해 사회복지기관을 이용한다. 대체로 주민들과의 교류차원에서 참여하는 경우가 많고 새로운 것을 배우는 자기 개발의 목적이 있다. 사회복지기관은 이러한 이용자를 후원자원 또는 자원봉사자로 여긴다. 프로그램만 이용한다 하여도 언제든 자원으로 활동할 수 있기 때문에 잠재적 자원으로 인식한다.

(2) 서비스를 지원받는 이용자

물질적, 금전적 지원이 필요한 주민들로 물품 지원이나 무료급식 서비스 또는 프로그램 이용 등 단순 서비스가 제공된다. 경제적인 어려움으로 인해 도움이 필요하다면 외부 자원을 연계하여 지원하기도 한다.

(3) 기관의 지원이 필요한 주민

생활의 문제를 호소하고 문제를 완화하거나 해결하기 위해 또는 도움을 받기 하기 위해 이용하는 주민들이다. 기관의 절차에 의해 의뢰되고 사례관리자와의 인터뷰 후 스크리닝을 통해 서비스 적격성을 심사받아 적합한 경우, 긴급, 위기, 일반 대상자로 분류되어 지원 정도가 결정된다.

(4) 집중적인 개입이 필요한 사례대상자

사례관리자는 문제를 사정한 후 통합사례관리 계획을 수립한다. 서비스는 문제 해결에 목표를 두고 지원 사항에 따라 외부 전문가, 즉 물적·인적 자원이 참여하게 된다. 따라서 정기적인 상담과 모니터링을 통해 지원결과가 요청내용과 부합하고 있는지 또는 변화가 있는지를 확인해 가며 서비스 강도를 조절한다. 변화 정도에 따라 계획적으로 개입해야 하기에 통합사례관리 서비스는 기관 간에 또는 전문가와의 협의를 통해 최적의 서비스를 개발하여 지원해야 한다.

(5) 장기적인 지원이 필요한 주민

문제는 복잡한 양상을 띠지만 문제를 인식하지 못하거나 주변 체계와의 상호작용에서 두드러진 제약이 있는 등 전문가의 개입이 필요한 사례이다. 신체적 또는 정신적 문제를 보이고 경제적 문제로 인해 가족갈등이 있으며, 표면화된 사회활동의 제약은 개인, 가족, 집단, 사회 환경과 얽혀있어 신속한 개입이 필요하다. 집중적인 개입이 필요한 사례대상자는 개입계획을 수립한 후 변화 상황에 따라 자원의 개입을 확대하는 등 지역기관과의 공조를 통해 지원해야 한다.

2) 거주시설 사례대상자

거주시설의 통합사례관리는 입소자를 이용자로 이해하는 시각에서 출발한다. 보호에 기반하여 공동생활의 적응 정도가 통합사례관리 대상으로 확대될 수 있고 일상생활로 이해된다. 하지만 입소자에게는 넘어야 할 벽이 있다. 시설에 입소하는 순간 모든 환경이 낯선 것이기 때문이다. 매일 생활해야 하는 동료들과 직원들, 그리고 방문하는 자원봉사자와 후원자들과 친해져야 한다. 시설의 문화에 적응하며, 생활에 필요한 기자재와 활동실의 이용방법을 배워야 한다.

그리고 함께 쓰는 공간에서는 공평한 분담이 우선되기에 동료에게 피해를 주지 말아야 하고, 규칙적인 생활에 익숙해져야 한다. 나들이 프로그램은 새로운 경험이지만 정기적인 것으로 계절에 따라 참여할 일이다. 시설생활은 이러한 특성을 알고 익숙해진 경우 적응한 것으로 이해된다.

만약 입소자의 생활이 자립을 준비하기에 미흡하거나 재활과 교육프로그램 또는 서비스 거부, 참여가 저조하다면 또는 일상생활을 지키지 않게 되면 통합사례관리대상자로 선정된다. 장애로 인한 특이행동은 비슷한 양상을 보이기도 하지만 장애 정도에 따라, 개인의 성향에 따라 혹은 생활습관에 따라, 가정환경과 생활 정도 및 배경에 따라, 나이 등에 따라 다른 형태로 나타난다.

이러한 특성으로 인해 거주시설의 통합사례관리는 인간에 대한 이해 속에 장애에 대한 지식 습득, 즉 개별적인 특성을 이해할 것과 개인의 장애 정도에 따른 생활유지능력, 거주에 따른 입소자의 상황파악이 우선이다.

마지막으로 통합사례관리 지원수준에 관한 것이다. 어떤 사례는 20년을 시설에서 보내고 시설에서 운영하는 그룹홈에 입주한다. 어느 입소자는 입소 일 년 만에 그룹홈에 입주하고, 어떤 사례는 이렇게 어려운 과정을 극복하고 그룹홈에 입주하였지만 사회생활의 버거움으로 인해 거주시설로 재입소하는 경우가 있어 입소자의 자립을 촉진하기 위한 공동생활방식을 검토할 필요가 제기된다.

거주시설은 제한된 공간에서 다수의 사람들이 가족과 유사한 공동체 생활을 공유하며 살아가는 주거지이다. 입소자의 개별생활 보장 정도에 따라 이상행동과 자립생활에 방해가 되는 걸림돌을 줄일 수 있고, 주거의 안락함 정도가 동기부여가 되어 사회구성원으로서의 역할수행에 필요한 기술습득 정도에 영향을 미친다. 그에 따라 자립 시기와 자립생활 수준이 결정되기도 한다.. 따라서 거주시설의 통합사례관리는 입소자의 장애특성과 생활 정도, 대인관계 능력 정도를 파악하여 지원계획을 수립해야만 성공확률이 높다. 통합사례관리의 주 대상이 시설입소자(아동, 노인, 장애인시설 등)로 한정되기에 생활능력에 기반한 서비스 제공이 핵심이다.

3. 지역자원: 개입과 활동

사회복지기관은 자원을 중심으로 운영되는 조직이라 해도 과언이 아니다. 자원은 사회복지기관에 소속되어 활동하게 되는데, 직원을 대리하는 조언자, 상담가, 활동보조자, 동반자 외에 안내자 역할 등 다양한 활동을 수행해 왔다. 지역사회 동호회를 통해 또는 개별적인 관계를 맺으며 직업을 소개하거나 일상생활을 조언하며 사례대상자를 돕는다. 가정을 방문하여 가사활동을 지원하고, 주거지 환경을 정비하는 등 친구 또는 이웃으로 맞이하며 대화의 상대가 된다. 사례대상자의 부족한 사회활동과 가정생활에 필요한 기술습득을 돕는 등 동반자의 입장에서 지원하여 온 것이다. 이러한 활동은 사회복지기관에 소속되어 활동할수록 소속감을 갖게 되어 역할이 확장된다.

거주시설에서 활동하는 자원봉사자를 예로 들면, 거주시설은 사례대상자와 관계를 맺는 주된 활동처이다. 농·산촌 및 어촌 지역에 위치하고 있는 경우 환경의 제약으로 인해 읍·면·동에 위치한 시설보다 열악한 조건에 처해 있다. 특히 장애, 신체질환, 정신질환, 미성년자라면 시설직원에게 의존하는 경향이 많아 직원의 준비여부에 따라 활동과 영역, 범위가 결정된다. 하지만 직원 한 명이 7-8명의 입소자와 수행하는 지역체험 활동을 하는 경우 시설의 규칙은 더욱 강조된다. 왜냐하면 사고 또는 이탈 등이 예상되기 때문이다.

이런 이유에서 자원봉사자는 반가움이며, 함께하는 활동은 새로운 것을 경험하는 기회이다. 사례대상자는 혼자하기 어려웠던 일들에 대해 도움을 받으며, 우정 어린관계를 맺고 친절을 경험한다. 통합사례관리에서 비공식 자원이 소중한 이유는 자원의 활동을 통해 성장하고 발전해 왔기 때문이다.

1) 사회자원의 한계

사회자원을 필요로 하는 대상은 누구인가? 개인의 치부가 외부에 노출되는 경우 사회활동에 영향을 받는 세상에서, 경제적 빈곤에 허덕이며 생활하는 주민은 누구를 지지원으로 받아들일 것인가? 병든 부모의 수발을 들어야 하고, 아픈 동생을 돌보며 학업과 먹을거리를 염려해야 하는 어려운 형편에 돈을 벌어야 할 상황이라면 버겁게 지낼 것은 뻔하다. 생활고에 허덕이며 누군가를 의지해야 하는 상황에서 어느 날 찾아온 낯 모를 주민이 반가울 수 있겠는가? 식사를 하기 위해 줄을 서야 하는 무료급식소를 이용하는 노인들의 하루를 무덤덤하게 받아들이는 것은 아닌지 생각해 볼 필요가 있다.

어느 날 봉사를 한다며 찾아온 학생들이 내신 때문이라며 복도를 청소한다. 확인서를 받고는 방문하지 않는다. 점수를 따기 위해 시설을 찾는 그들이 주체가 될 수 있는가?, 명예퇴직에 고민하는 아버지의 모습에서 세상은 평범하다고 따뜻한 세상이라고 얘기할 수 있겠는가? 절망 속에 희망을 기대하며 힘겨운 삶을 이어가는 사람들의 이야기가 신문에 게재되고 나서야 알려지는 소식에 사람들은 주목한다. 그들을 이해하자는 목소리가 외쳐지지만 고통스러운 상황은 여전히 계속되고 있다. 경제적 상황 때문에 가정을 버리고 자녀를 외면한 채, 생활하는 일이 일상이 되어있다. 어떤 이는 자녀를 시설에 맡기기도 했다. 술이 문제라고 가족으로부터 지탄을 받기도 하고, 돈벌이가 없어 매일을 놀고 있는 남편을 지켜보며 힘든 시간을 보내는 이도 있다.

여러 이유로 인해 선택한 홀로서기는 자녀보다, 남편보다, 가정보다 자신의 삶이 더 중요하다며 내린 결정을 순응하게 하였다. 장애자녀는 어떠한가? '스무 살, 서른 살이 되도록 경직된 뇌성마비 형을 돌보는 동생이 결혼도 하지 않은 채 80세 된 노모까지 모셔야 한다면 어떤 심정일까? 생활은 삶의 연속이며 생활이다. 그리고 현실이다. 버거운 짐을 짊어진 현실은 힘든 생활의 연속일 것이다.

이런 처지에 놓여 있다면, 자원봉사자를 웃음으로 맞이할 수 있겠는가? 병원에서 평생을 보내고 평생토록 약을 먹어야 한다면, 태어나서 처음으로 외출을 한다는 그들의 얘기를 어떻게 전해야 할까? 장애인이 살기 힘들고, 경제적인 문제 때문에 아버지 노릇을 못한다는 신문기사는 어떠한가? 우리는 그냥 읽고 덮어 둔다. 돈 때문에 유학 간 아들이 유흥비 때문에 부모를 탓하는 세상, 비교하는 세상은 '친구의 아버지보다 돈을 더 못 번다고, 더 잘살았으면 한다'며 자녀에게 불평을 들어야 하는 세상이다. 다음 사례를 살펴보자.

사례

'몇 해전 만난 알콜중독자는 쳐다본다고, 그냥 쳐다본다고 하루에 소주 스무 병을 드셨다'. 그의 얘기는 "내가 뭘 잘못했는지, 왜 쳐다보는지 모르겠다며 고민이 된다는 것이다. 자식들은 아버지가 없었으면 한다는데 이런 얘기를 매일 듣는 내가 왜? 살아야 하는지, 그냥 이대로 죽으면 안 되는지"를 말을 하였다. 그런데 사회는 '그를 알콜중독자' 라고 부른다. '조건부 수급자인 그는 얼마 안 되는 돈을 받아 생활하면서 매일 술을 마신다는 핀잔이고, 그런 사람이 무엇을 할 수 있는지, 저런 사람은 도와주면 안 된다'고 말한다.

하지만 이 사람은 소득의 삼분의 일을 개인용돈으로 쓰고, 나머지는 가정과 자녀들을 위해 사용하였다. 문제는 수입이었다. 조건부 수급자로 그가 벌수 있는 돈은 오십만 원이 채 안되어 열심히 일한다고는 하지만 생활은 나아지지 않았다. 사람들은 그를 '알콜중독자'라고 저렇게 살면 안 된다고 평가할 뿐이다. 자신도 살기 벅찬 사회에서 말이다.

사례

어느 날 모 지체장애인 협회에서 바닷가 관광을 다녀오게 되었다. 모두가 한자리에 모였다. 그들은 이런 대화를 나누었다. 난 30년 만에 처음 바닷가에 가 본다고, 곁에 있던 더 나이가 많은 장애인이 웃으며 말한다. "야!, 난 40년 만에 처음이야"

이러한 삶이 현실이라면 자원봉사자들에게 어떻게 설명해야 할까? '우리의 이웃들이 이렇게 어렵게 살아가고 있습니다. 여러분의 도움이 필요합니다!'라는 말이 충분한 설명이 될 것인가? 과연 이러한 일상을 이해할 이웃들이 많겠는가?

자원봉사자는 어느 날 갑자기 새롭게 변화되고 무언가를 해보고 싶어서 그렇게 봉사의 계기를 삼는다. 그런데 다음 주에는 활동하지 않는 경우가 있다. 왜냐하면 생활하는 것이 바쁘고 먹고사는 것도 빠듯하기 때문이다. 그와의 약속도

잊은 채 말이다.

한편, 식사를 위해 줄을 선 노인들을 바라보며 "맛있게 드세요!"라는 인사를 하며 땀을 흘리는 자원봉사자들이 있다. 사회의 한 켠에는 도움을 필요로 하는 사람들과 그를 돕기 위해 땀을 흘리는 자원들이 공존하지만, 분명 도움을 제공하는 자원들을 통해 더 밝아지는 것은 분명하다.

2) 사회문제와 자원봉사자의 역할

자원봉사자들이 통합사례관리의 주체가 되는 이유를 살펴볼 필요가 있다. 자원봉사자는 사회복지사업의 실행 주체로서 활동을 하며 서비스를 제공하는 인적 자원으로 이해되어 왔다. 이러한 역할은 많은 사람들에게 '보람, 회복, 삶의 의미, 존재감' 등 다양한 유익을 제공하였다. 사례대상자의 사회화에 영향을 미치고 사회문제로부터 보호하며, 사회구조적 병리현상을 극복할 수 있는 지지원으로 역할 해 온 것이다.

반면 자원봉사자의 역할에도 불구하고, 사회 내에는 문제를 지닌 채 살아가는 주민들이 늘어 가는 추세이다. 개인의 문제가 가족의 문제로 사회문제로 확산되는 현대사회의 모순은 사회불안과 사회발전을 저해하는 일탈의 문제를 확산시켰고, 일탈은 인간을 소외시키고, 가치저하, 빈곤, 기계적인 직업 활동에 내몰았다. 또한 사회적 격차를 심화시켰다. 개인주의 성향을 지향하게 하였으며, 개인의 가치가 무엇보다 중요하다는 것을 인식하게 만들었다. 자기중심적인 생활이 추구되고 타인과의 관계를 거절하는 경향을 정당화시킨 것이다. 즉 자율적 선택에 의한 외톨이 생활을 권리로 인정한 것이다.

어쩌면 자원봉사자의 활동이 동반자적 관계보다 시혜가 우선된 위계적 도움이라는 시각을 가질 수밖에 없는 요인도 스스로를 방어하지 못하는 취약계층에 대한 보호차원의 배려가 영향을 미쳤다고 볼 수 있다.

따라서 자원봉사자가 이러한 사회현실을 아파한다면, 그리고 어려움을 겪는 그를 돕기 원한다면 달라질 것이다. 그러나 이러한 고민을 가진 자원봉사자들이 부족하다면 기대는 희망으로 남게 된다.

> **T/i/p**
>
> 인간은 우리라는 공동체를 지향하는 연대의식을 추구한다. 서로 돕는 행위를 통해, 그리고 돕는 과정에서 자원봉사자 또한 건강성을 회복하게 된다. 더 어려운 현실에 처해 있는 사례대상자와의 교제 속에 봉사를 하면서 잊어 버렸던 정체성을 찾고, 본래의 이타적 성품을 회복하는 것이다. 사례대상자 또한 자신과 다른 처지에서 생활하는 자원봉사자를 통해 삶을 배우고 살아가는 방법을 알게 된다. 그래서 많은 자원봉사자들은 꾸준히 봉사를 한다. 왜냐하면 이러한 가치는 직장생활 속에서, 친구관계에서, 사람들과의 관계에서는 맛 볼 수 없는 경험이기 때문이다.

4. 사회복지기관

1) 통합사례관리시스템 마련의 어려움

기관의 사정에 대해 직원들은 동료들과 논의하며 알게 되는 경우가 있다. 휴식시간의 대화를 통해, 개인적인 만남을 통해서 등 부서에서 추진하는 일들과 기관의 상황을 알게 된다. 동료가 겪은 일들을, 그리고 타 부서의 직원들과 관리자가 수행하였던 직무를 직·간접적으로 겪으며 어느 정도는 이해하게 된다. 기관장이 통합사례관리 전담 팀을 신설하여 직원의 직무를 재분장한다는 선언을 한 후 새롭게 달라질 우리 기관의 모습을 기대하며 직원들의 역할을 정할 것이라는 말을 들으면 기대보다 무거운 마음에 망설이는 이유는 기관의 상황이 어떠한지를 알고 있기 때문이다. 한편 직원들이 부담을 느끼면서 받아들이는 이유는 마땅히 대처할 방법이 없기 때문이다. 따라서 기관장이 새로운 기대를 전하며 '우리 기관은 이렇게 운영한다는 것'을 전체 직원 앞에서 공포하는 것은 소수의 직원들이 더 이상 나의 방침에 이의를 제기하지 말라는 의미가 내포되어 있다. 그래서 많은 직원들은 침묵을 지키고 친한 동료에게 얘기를 한다.

기관장이 조직개편 구상을 마친 후 통합사례관리 사업을 확대·적용하겠다는 선언을 통해 전담 직원을 채용하고, 직무를 재분장하여 직원을 배치하는 시도는 분명 도전이다. 공모 등의 방법에 실패하는 경우 자체 재정을 투입해야 하고, 부서개편을 통해 추진하게 되므로 의지를 시험하는 것일 수 있다. 사례관리자가 이러한 모험을 감행한 기관장의 속사정을 알 수는 없지만 분명 새로운 직무는 부담일 것이다.

더욱이 기록교육을 받지 못한 상황에서 기록이 부족하다는 평가를 받으며 직무를 수행할 처지라면 부담은 가중될 수밖에 없다. 기록의 질이 좋은 것인지 아니면 새로 수정해야 할 만큼 수준이 낮은 것인지, 장황하고 부정확하다는 등 어느 수준에서 처리해야 할지를 제시도 못 받은 채, 오타와 문맥의 실수를 지적받는 것이 전부라면 부담은 갈등일 것이다. 하지만 통합사례관리 직무의 고민은 '담당 사례 수가 많다는 것'과 '직무과중에 따른 시간 부족' 등 다양한 요인에 의한다. 사례대상자의 상황을 도와야 하는 부담은 서비스 욕구에 따라, 문제의 범위에 따라 개입할 것을 요구받고 있어, 어떻게 극복하고 사례관리자의 부담을 줄일 것인가는 기관장의 몫이다.

2) 사회복지기관의 전문화

오늘날 사회복지기관은 지역을 대표하는 복지센터로 자리매김하였다. 아동복지사업수행 기관은 지역아동센터와 아동시설, 종합사회복지관, 협회, 위스타트사업과 드림스타트 사업 등이 운영 중이며, 아동과 가족을 위한 사업을 세분화하였고 전문성을 인정받고 있다. 노인복지분야의 기관은 노인종합사회복지관과 노인주간보호센터, 노인요양시설, 노인복지시설, 방문요양기관 등이 운영 중인데, 노인장기요양보험제도 시행이후 개인 또한 시설운영이 가능해졌다. 장애인복지분야의 기관은 거주시설 외에 장애인종합복지관 및 장애인가족지원센터, 주·야간 보호소와 그룹홈을 비롯하여 각종 협회 등이 운영 중이다. 재가대상자를 위해 활동보조인사업 및 바우처 사업 등을 제공하고 있으며, 종합사회복지관에서도 사업을 시행하고 있다.

이렇듯 다양하게 운영되고 있는 사회복지기관 중심의 서비스는 설치목적에 따라 분야와 대상이 다르고 사업전개 방식 또한 차이가 있다. 기관의 설립목적에 따른 전문화 추세는 확장될 것이 예견된다.

3) 통합사례관리 직무부각

이러한 전문화 경향은 통합사례관리 업무의 중요성을 부각하였고, 사례대상자 중심의 서비스를 촉구하게 하였다. 사회복지사 및 기관의 필수 업무로 자리매김 되어 통합사례관리를 수행하지 않는 기관은 사례대상자 중심의 직무수행에 필요한 여건을 마련하지 않았을 뿐만 아니라 복지센터의 기능수행에 따른 준비가 부족하다고 이해될 정도이다. 그래서 통합사례관리 업무에 대한 이해부족 또는 행정적 역량이 부족한 사례관리자는 직무능력을 의심받을 소지가 많다.

4) 통합사례관리 체계 구축

통합사례관리 체계를 수립하기 위해서는 기관 운영과 사업 방향을 서비스 중심으로 구축해야 한다. 대상자가 원하는 바와 해결을 기대하는 문제들을 중심으로 각각의 지원역할을 일원화하는 체계에 관한 것이다. 체계는 통합사례관리 전달 과정에서 사례대상자 스스로 변화를 목격하고 직원 또한 이를 확인하는 시스템에 관한 것이다. 이는 변화를 촉진하기 위한 부서 및 직원 간의 목표를 일치시키는 것을 의미한다. 원스톱 체계가 직원들의 직무 속에 파고들 때 시스템으로 자리 잡게 되고 사례대상자로부터 신뢰를 얻는다.

실행의 방법은 통합사례관리 전담부서를 설치한 후 욕구를 대응하기 위한 전달 과정 마련과 서비스 조직화에 따른 인력을 확대하는 것이다. 여기에서 의미하는 인력구성은 서비스를 제공하기 위한 사전준비에 해당한다. 사례대상자의 변화에 주목하며 욕구에 따라 지원한다는 기대 또한 내포되어 있어 지원체계를 마련하지 않는다면 통합사례관리 서비스는 제공될 수 없다.

5) 참여 자원 개발

서비스 제공에 참여하는 자원은 단체에 가입한 후 또는 개인적 자격에 의해 활동하게 되므로 참여를 지속하고 유지하는 관계설정은 사례관리자의 역할이다. 사례관리자는 통합사례관리 서비스 제공 과정에서 자원을 개발하고, 개발된 자원의 강점을 발견하기 위해 노력해야 한다. 그리고 자원 스스로 강점을 발휘하도록 이끌어야 한다.

사회복지기관의 통합사례관리 실행 의지와 자원의 노력이 일치될 때 자원은 능력을 발휘하고 문제를 해결할 확률 또한 높아진다는 원칙은 과거로부터 지금까지 변하지 않는 진리이다. 이러한 활동은 개입 목표를 명확히 하고 기관의 목표와 일치될수록 높은 수준의 성과를 얻게 한다.

6) 참여기관 연계와 중복수혜 방지

마지막으로 전문가 간의 협의에 대한 것으로 중복수혜 방지를 위한 조정 기능이 마련되어야 한다. 서비스 중복은 서비스 양과 질에 부정적인 영향을 미치고 서비스 누락을 유발한다. 즉 동일하고 비슷한 유형의 서비스를 여러 기관에서 동시에 제공하게 되면, 정작 필요한 서비스를 제공하지 못하게 되어 문제를 방치하는 등 어려움을 가중시킨다. 더욱이 경쟁적인 성과도출에만 관심을 두게 함으로써 보건위생(주거환경 포함), 생활복지서비스(생활정보 제공), 의료적 처치 등의 서비스가 연계되지 못하고, 일회적인 서비스만을 제공하게 되어 본래의 목적을 상실하게 한다. 따라서 중복수혜를 예방하는 것은 사례대상자 입장을 대변하는 사례관리자의 핵심활동이라고 할 수 있다.

5. 사례관리자

• 사례관리자의 역량강화

통합사례관리는 기획력이 요구되는 직무이기에 업무 강도가 높은 편이다. 기관을 이직하는 많은 요인 가운데 하나는 상사와의 관계, 직무과중 등에 의한다. 어느 기관은 1천 케이스 이상을 관여해야 하고, 500 케이스 이상을 다루는 경우도 적지 않기 때문에 자기 관리는 중요하다. 뚜렷한 목표의식을 갖고 소중한 인생을 다루고 있다는 확신 속에 끊임없이 훈련하는 자세가 필요한 이유이다.

• 사례관리자의 노력

통합사례관리를 수행하기 위한 노력은 사례관리자의 태도가 의지와 결부될 때 사례대상자의 처한 현실을 직관하여 바라보게 하는데 이러한 시각은 성과를 기대하게 만든다. 따라서 통합사례관리 수행에 필요한 전문지식을 습득하고, 역량을 개발하여 언제든 사례에 개입하고 지원할 수 있는 준비가 필요하다. 이러한 준비는 사례관리자 개인의 성장은 물론 사례대상자의 해결기대를 높인다.

• 소속된 기관의 설립목적 이해

하지만 사례관리자가 소속된 기관이 '어떤 목적으로 설립되었는가?', '어느 지역에 위치해 있는가?'에 따라, '농촌인가 도시에 위치해 있는가?', '단종복지관 또는 종합복지관에 소속되어 있는가?'에 따라, '소규모시설 또는 대규모시설인가?' 등에 따라 활동 범위와 역할이 달라진다. 사회복지기관에 채용되어 부서에 배치되지만 부서의 기능과 역할에 따라, 그리고 기관이 지향하는 바에 따라 업무범위가 정해진다는 의미다.

• 통합사례관리의 핵심주체

그럼에도 불구하고 사례관리자는 통합사례관리의 핵심주체로서 사례관리 기획과 진행, 평가를 주도하는 사회복지사이다. 사례대상자의 문제의 핵심 사안을 발굴하여 해결에 투신하고, 자원을 개발하여 연계하는 조직가로서 사례대상자의 변화 목표에 맞추어 서비스를 지원하는 주체이다.

- 사례관리자가 극복해야 할 과제

위의 논의를 토대로 사례관리자가 경험할 수 있는 어려움과 극복전략을 제시하면 다음과 같다.

사례관리자는 직무를 수행하며 사례대상자를 만난다. 하지만 타인의 보호와 시선을 받으며 생활해 온 사례대상자가 사회복지기관의 문을 두드리고 찾아오는 것은 용기가 필요하다. 갑자기 닥친 인생의 문제를 해결하는 것조차 버거운 현실은 도움을 구하거나 받을 수 없는 생활을 받아들여야 하고, 해결할 수 없는 상황이 문제가 되기도 한다. 이웃의 도움이 거절되고, 친척과의 교류가 단절되는 경우도 있다. 사례관리자는 사례대상자의 이런 상황을 수시로 대면하고 경험한다.

하지만 욕구와 문제, 원인을 파악해 내기란 쉽지 않은 일이다. 한두 시간의 면담을 통해 욕구를 발견하고 문제의 중심을 찾아 지원의 방향을 수립하는 것은 전문적인 기술도 필요하지만 노력이 수반되어야 한다.

더욱이 사회복지기관의 재정부족 문제는 사례관리자의 직무역량을 외부보조사업에 몰입하게 하였다. 보조금이 지원되는 업무 비중이 높아졌고 이러한 직무는 반드시 해결할 직무이다. 여기에 더해 여러 업무를 동시에 수행하거나 다양한 역할 수행이 일상화된 현실은 줄어들 기미가 보이지 않는다. 특별한 시기에 진행하는 후원행사, 바자회, 활동을 요구하는 외부 캠페인, 명절행사, 하계 및 동계캠프, 기획행사, 자원유치 활동, 상시적인 외근과 출장, 성과지향적인 일회적 역할 등 부가직무가 많아진 것이다. 이러한 활동은 고유 직무처리를 지체하게 만든다. 그래서 많은 사례관리자는 업무과중을 호소한다. 더욱이 재정이 열악하다는 호소가 끊이지 않고 있는데, 이는 재정보조 수준이 현실적이지 못하고 물가 인상분에 미치지 못하기 때문이다.

또 다른 활동은 관리와 감독권한이 있는 행정기관의 요구 업무를 중심으로 처리해야 한다는 것이다. 각종의 서류는 행정기관에서 요구하는 업무를 중심으로 생성되고 기록되며 관리된다. 때문에 행정중심의 기록이 주를 이루고, 서류 양 또한 많아, 소규모 시설은 인력 부족과 자원 개발의 어려움을 호소하곤 한다. 지침 및 법규 중심의 기록은 기관운영에 필수적인 보조금과 관련된 서류중심의 업무처리에 몰입하게 하였고, 재무회계, 시설, 소방, 직원채용 및 인사 서류, 급여 및 퇴직금, 4대 보험 관련, 재산의 변동, 소모품과 비품의 관리, 입·퇴소 대장 또는 이용자 명부와 대기명부 등은 소홀히 다룰 수 없는 직무이다.

사회복지조직의 특수성은 재원을 조달하고 관리하며 감독하는 행정기관에 의해 평가되는 특성 때문에 연 1회 행정관련 사항과 서비스를 점검 받아야 한다. 그래서 기관의 기록방식과 다르다고 하여 행정기관의 요구를 무시하거나 개선해 달라고 제안하기가 쉽지 않다.

T/i/p

위의 사항들을 수행하는 주체가 사회복지사이고 통합사례관리 업무를 수행하는 사례관리자가 도전해 가며 해결할 일이다. 오늘날 사례관리자에 대한 기대역할은 기관의 핵심 실천가로 사례대상자와 동료사회복지사, 지역기관의 사회복지사와 행정기관의 담당자, 자원봉사자, 후원자 등으로부터 최고의 서비스를 제공하는 실천가로 주목받고 있다.

6. 사회복지기관의 서비스

사례관리자의 프로그램 개발과 진행역량이 직무능력으로 이해되는 현실은 프로그램 기획과 추진실적이 기관평가의 주요 지표가 되었기 때문이다. 사례관리자가 갖출 역량으로, 역량은 지역수요에 적합하고 현안 문제를 해결할 수 있는 수준이어야 한다. 이렇게 개발된 프로그램은 사례대상자의 욕구와 문제 해결

정도에 따라 성공여부를 결정짓는 결과물로서 인정을 받는다.

사실 지역의 사회복지기관은 지역실정에 적합한 복지프로그램을 생산하고, 운영하는 주체로 기능해 왔다. 주체적인 활동은 무엇을 지원하였는가?에 대한 서비스로 이해된다. 재정을 지원하는 기업의 복지재단이 관심을 두는 핵심 초점 또한 지불된 비용이 효과적으로 사용될 것인가? 기업의 이미지를 높이고 대상자의 변화를 이끌어 내기에 충분한가? 등이다. 이러한 요구는 보조금을 지원하는 행정기관의 요구와도 일치한다.

사례관리자가 프로그램 수준을 결정할 때 사례대상자의 문제와 욕구에 부응하는가를 고려하는 이유는 프로그램 수행 능력과 수준을 평가하는 주체이기 때문이다. 자신에게 유익한지를 확인한 후 수용한다는 점에서 욕구에 적합한 프로그램 개발은 중요하다.

T/i/p

사회복지기관이 지역을 대표하기 위해서는 주민들의 욕구와 서비스를 필요로 하는 사례대상자의 기대를 충족시켜야 한다. 그래서 많은 사례관리자는 문제 해결에 초점을 둔 프로그램 개발과 변화를 촉진할 수 있는 통합사례관리를 핵심과제로 인식한다. 인테이크부터 사후관리까지의 과정이 연계되어야 하고, 변화 상황을 확인하기 위해 모니터링하며, 점검을 통해 추진된 서비스를 확인한다.

사례대상자와 지역사회를 연계하는

현장 중심의 통합사례관리

7장 /

통합사례관리 운영과 준비

1. 사회복지기관의 준비

최근 사회복지서비스 동향은 사례대상자의 사적 생활을 보장하고, 원하는 시기에 서비스를 제공받아야 한다는 것을 권리로 인정하고 있으며 사례관리자의 역할을 강조하고 있다. 하지만 아무리 좋은 서비스도 사례대상자의 내면욕구 모두를 채울 수는 없다. 그럼에도 양질의 서비스 제공노력은 사례관리자와 사회복지기관의 몫으로 충분한 역량을 갖추어야 한다는 요구가 확대되고 있다.

〈표 4〉 사회복지기관의 준비

준비사항	준비내용	비고
통합사례관리 시스템 구축	· 운영체계 수립을 위한 타 기관 연계 · 사례발굴과 의뢰부터 사후관리 과정에 대한 체계수립 · 통합사례관리 수행에 따른 행정시스템 마련 외	
직원교육	· 지원할 사례 유형 분류 · 타 기관 의뢰 사례에 대한 대응 기술 습득 · 사례지원 지침 마련 · 전문성 함양을 위한 교육 과정 마련 외	
직원교육체계 수립	· 교육 과정 개발 - 지난 연도 실적에 근거한 교육계획 수립 - 법정 연수 확인 및 참여자 배정 - 직원욕구 및 선호에 따른 연수 반영 - 직무능력 향상을 위한 연수계획 수립 외 · 교육방법 - 사업계획에 의한 교육 진행 - 정기교육, 전문가초청교육, 외부연수 참여, 타 기관 위탁교육, 사례 시연회의 등	

1) 통합사례관리 시스템 구축

도광조(2009)는 통합사례관리를 시행하기 위한 기관의 준비를 강조하였다. 서비스를 지지하는 환경조성과 이를 제공하기 위한 시스템 마련을 지적하고,

사례관리자의 전문성은 자원의 원활한 조달과 네트워크 구축에 초점을 두어야 한다고 하였다. 이를 세부적으로 살펴보면 다음과 같다.

첫째, 행정적 정책 시스템은 기관의 참여를 의미하고 통합사례관리 업무수행의 기본요건에 해당한다. 지역의 전문가와 기관 간의 네트워크를 구축하여 슈퍼바이저의 능동적·지지적 슈퍼비전을 제공하고, 사례에 대한 행정적 처리 외에 지원 과정에서 제공되는 피드백, 사례분배, 교육욕구의 충족과 사례관리자에 대한 감성적지지 등이 원활해야 한다고 강조하였다. 네트워크는 부서 및 직원 간의 협조체계를 포함하는 외부기관과의 연계활동으로 네트워크 수준에 따라 서비스의 질이 달라진다고 하였으며, 위의 요건이 마련되었을 때 사례대상자의 욕구를 충족할 수 있고, 기관은 통합사례관리 시스템을 구축한 것이다!라고 하였다.

둘째, 통합사례관리 시스템은 전담부서의 설치 유무와 프로그램 진행, 서비스 내용, 사례의 1인당 배정 수와 정기적인 통합사례회의 실시, 통합사례관리 지침 수립 및 전담사례관리자의 배치 여부 및 통합사례관리 수행 공간 마련과 행정적 지원 외에 공식·비공식 자원 간의 연계 정도에 따라 서비스 진행 등의 질적 수준이 높아진다. 더욱이 사례의 1인당 배정 수는 사례에 집중할 수 있는 수준[1]이어야 한다. 정기적인 통합사례회의 실시는 지속성을 보장받아 문제 해결 능력과 대처역량을 강화시킨다.

통합사례관리 운영체계는 지역의 기관들과 공조하여 사례대상자의 발굴, 의뢰 및 접수 면접과 조사, 사정, 서비스 계획과 실행, 평가와 종결 과정이 시스템으로 가동되었을 때 구축된 것으로 본다. 사례대상자의 파편화되고 단편적인 문제에만 대응하는 것이 아니라 생활 속 욕구와 기대, 그리고 예측된 문제를 포함한다.

1) 황성철은 단순형 사례를 5 케이스에서 300 케이스로 제안하였고, 기본형 사례 30 케이스, 종합형 사례 10 케이스에서 20 케이스, 전문관리형 사례는 10 케이스 미만으로 담당할 것을 조언하였다(황성철, 1995, 285-289). 하지만 일선 기관에 적용하기에는 제약이 있다. 농·산촌 지역에 위치한 사회복지기관이 1개소만 운영되고 있다면 사례 수를 조절하거나 사례를 구분하여 지원하는 것이 현실적으로 불가능하다.

2) 통합사례관리와 직원교육

(1) 통합사례관리 교육체계 마련의 필요성

통합사례관리에서 다루는 사례는 기관의 지원 사례[2]와 부서차원에서 지원할 사례[3], 사례관리자 개인의 역량으로 지원할 사례,[4] 타 기관과 공조하여 지원할 사례[5]가 해당하며, 운영지침이 마련되었을 때 성과로 이어진다. 하지만 현실은 이에 대한 필요성을 절감하고 있지만 방향 일치가 쉽지 않고, 추진하는 사업이 많아 통합사례관리 업무에만 집중할 수 없는 여건이다.

기관 또한 해결방향을 모색하고 있지만 쉽지 않은 현실이다. 그래서 사례관리자 스스로 기술을 습득하여 직무에 반영하기를 기대하며 연수 참여를 권장한다. 직무성장을 요구하는 것이다. 일부기관은 타 기관의 사례관리 양식을 적용하여 활용방법을 모색하지만 알려진 사례관리 절차를 중심으로 시행하고 있어 질을 담보하기에는 한계가 있다. 더욱이 외부 전문가를 초청하는 것은 재정이 소요되므로 기존대로 수행하는 경우가 많다.

이러한 이유에서 기관의 실정에 적합한 통합사례관리 체계를 마련하고, 사례관리자의 직무능력 성장을 위한 교육체계 마련의 필요성이 제기된다.

---

2) 통합사례관리에서 지원하는 사례는 기관이 자체적으로 지원한다고 하여도 사례 상황에 따라 해당 전문가의 자문과 개입이 필수이다. 자체적인 지원의 수준은 직원들의 유기적인 협력 하에 이루어져야만 해결을 기대할 수 있다. 따라서 심각한 상황에 처해 있는 사례가 해당한다. 전문적인 실천에 필요한 기술은 해당 전문가 또는 전문기관과의 연계를 통해 자문을 받아가며 진행하고, 자문은 종결 시까지 지속되어야 한다.

3) 사례의 직면한 문제는 기관차원보다는 덜 심각하여 부서의 직원들이 협력해야 성과를 기대할 수 있다. 하지만 이 경우에도 외부 전문가의 개입은 필수이다. 기관장의 승인을 받은 후 전문가를 섭외하고, 전문가의 자문에 따라 지원한다.

4) 사례관리자가 독립적으로 추진하는 사례라 하여도 외부 전문가의 지속적인 자문이 필요하다. 여기에서 의미하는 사례관리자의 독립적인 추진은 통합사례회의에서 결정된 사항에 따라 계획을 수립하고 추진하는 것을 말한다. 전문가의 자문은 수시 또는 정기적으로 이루어져야 한다.

5) 위의 사례는 심각한 어려움에 노출되어 있고, 어려움은 자력으로는 해결하지 못하는 상황으로 지역의 기관들이 공조해야만 문제의 심각성이 완화될 수 있다. 지역의 전문가들이 협력관계를 맺고 사례의 문제 해결을 위해 역할을 분담하여 지원한다. 이러한 네트워크가 체계적으로 가동될 때 사례의 문제 해결을 기대할 수 있다.

(2) 직원 교육체계 수립절차

통합사례관리 교육은 외부 교육기관, 즉 협회, 학회 등에서 주관하는 연수 또는 보수교육 등을 통해 시행된다. 하지만 연수에 참여했다고 하여 연수내용을 직무에 적용하고 반영하기는 쉽지 않다. 효과적인 방법이 사업계획서에 통합사례관리 교육을 반영하고, 필요 시 또는 정기적으로 외부 전문가를 초빙하여 교육하는 것이다.

① 교육 과정 개발

직무역량 강화에 초점을 둔 통합사례교육은 지난 연도 연수 및 교육 실적을 토대로 수립된다. 관리자는 연수 계획을 수립하기 위해 직원들의 직무특성에 따라 필수적으로 참여해야 할 외부교육을 검토한 후 직원을 선발한다. 직원선발은 특수직(간호사, 물리치료사 등) 종사자가 필수적으로 참여해야 하는 연수를 먼저 고려하고, 직원들의 직무성장에 기여할 수 있는 외부 연수를 검토한 후 참여 직원을 선정한다.

주의할 사항은 지난 연도 실적이 저조하거나 연수효과가 낮다고 하여 최소인원만을 참여시켜서는 안 된다는 것이다. 교육계획을 수립하고 자료를 배포하여 부서 및 직원들의 의견을 청취하는 방식이 바람직하다. 교육계획은 직무역량 강화차원에서 모든 직원이 참여할 수 있도록 배정해야 한다.

관리자는 예산을 고려해야 하는데, 예산은 한정되어 있으므로 무한정 지출할 수 없다. 따라서 법규에서 정한 연수는 반드시 시행하고, 내부교육은 직원들의 요구와 기관의 대응전략을 모색하는 차원에서 관련분야의 전문가를 초빙하여 진행하는 것이 효과적이다. 연수계획은 직원들의 외부연수 욕구를 파악하여 신청을 받은 후 사업계획에 반영하여 추진한다.

② 교육 방법

㉠ 자체 교육

• 사업계획에 의한 정기 교육

통합사례관리는 전문적 임상실천이 필요한 사업이므로 초임사례관리자나 슈퍼바이저 교육이 필수이다. 통합사례관리 이론과 모델을 소개하고, 개입절차와 방법 등 직원들의 이해 정도에 따라 연수내용을 구성한다. 사례유형별로 과정을 개설하되, 연수 개시 전 사전 교육을 통해 직원들의 이해를 도모한다. 연수 후에는 직원들의 만족도 조사를 통해 다음 회기 연수방향을 준비한다. 교육시행에 따른 설문조사는 직원들의 요구를 파악할 수 있는 전략으로서 신뢰를 갖게 한다. 사업계획 반영은 연 사업을 기준으로 직무별, 직원의 경력별, 부서별로 시행하는 것이 효과적이다.

• 전문가 초청 교육

전문가 초청 교육은 두 가지 의미가 있다. 첫째, 직원들과 사례관리자의 통합사례관리 운영 역량을 강화하기 위해서이다. 둘째, 사례분석과 대처, 개입방법을 직접 확인하게 하여 실천기술과 대응능력을 향상하기 위해서이다.

전문가 초청은 통합사례관리 수행에 따른 기술의 취약성을 보완하고, 진행의 어려움을 지도하고 조언할 수 있는 임상경험이 풍부한 전문가를 선정하되, 통합사례관리 회의 등을 주도해 본 경험이 많은 인물을 섭외한다.

외부 전문가 초청은 해당 직무를 수행하는 직원들의 상황을 점검하게 하여 임상능력을 증진시키고 사례 상황의 대처역량을 강화하는 효과가 있다. 복잡한 문제를 지원하기 위해 슈퍼비전이 필요한 경우, 만성질환자와 중증의 장애인과 노인 등 기관의 자원으로는 해결이 어렵고 긴급한 개입이 필요한 사례라면 더욱 그러하다.

슈퍼바이저는 위의 사항을 고려하여 교육 전 질문방법과 순서를 정한다. 사소한 질문 등으로 귀중한 시간을 낭비하지 않기 위해서이다.

T/i/p

사실 우리가 아는 상식적인 이해는 지시에 순응하며 업무를 처리하는 직원이 성실하다고 믿는 것이다. 하지만 사업을 추진하면서 사례대상자를 대하다 보면 남모를 고민과 힘든 일이 한두 가지는 있다. 다만 얘기하지 않을 뿐이다. 관리자는 이러한 사례관리자의 고충을 해소시켜야 한다.

ⓛ 외부연수

• 외부연수 참여

외부 교육은 사례관리자의 부족한 기술, 문제 해결의 어려움, 사례대상자의 요구와 대처 등 부족함을 인식한 경우에 효과적이다. 직무적용 방법을 알게 하여 사기를 높이고 교육효과를 극대화할 수 있다는 장점이 있는데, 배움의 욕구를 학습적 자극으로 연계한다는 점에서 유용하다. 통합사례관리는 사례대상자가 직면한 실생활의 문제 해결에 기반하고 있어 지속적인 기술습득과 이론적 무장이 필요한 실천영역으로 외부연수는 이러한 요구를 충족시킨다.

• 위탁교육

실무교육이 강조되는 최근의 추세는 통합사례관리 체계를 교육 과정으로 개발하게 하였다. 그리고 적용가능성을 고민하게 하였다. 여기에 더해 위탁교육의 필요성은 통합사례관리 교육이 강화될 필요가 있거나 체계적으로 진행되어야 한다는 필요가 있을 때, 세련된 기술과 실천이 요청되고 수행에 필요한 자원 개발이 쉽지 않은 경우, 직무역량이 개발되지 않고 계획된 서비스와 연계되지 않는 상황 등에 직면하였을 때 효과적이다.

• 통합사례관리 시연 간담회

통합사례관리 시연회의는 사례관리자가 직무수행 과정에서 경험한 어려움을 해결하고 자원 활용방법과 실천에 필요한 대처기술을 체득하기 위해 중요하다.

전문가의 문제 해결 능력, 기술의 전문성, 개입시기와 기법, 해결을 위한 지식과 기술을 직접 확인할 수 있다는 점에서 유용하다. 특히 사례의 상황에 따라 대처할 수 있는 역량을 강화한다는 점에서 효과적이다.

T/i/p

최근 생애주기 전반에 걸쳐 문제에 노출된 사례대상자가 증가하고 있다. 이들의 문제는 질환 등으로 인해 장기적으로 돌봄을 받아야 하고, 치료비용으로 인해 빈곤에 노출되었거나 자녀양육을 포기하고, 가족해체 또는 가족이 갈등에 처해 있는 등 전문가의 개입이 시급한 실정이다. 경기침체와 맞물려 경제적 어려움이 가중되고, 경제적 문제가 심각한 경우 증가하는 경향을 보인다. 사회구조적인 문제일 수 있으나 그 만큼 개인의 어려움이 가족의 문제로 확산되고 있다는 의미다.

사례관리자는 이러한 사례대상자를 만나기 위해 대비해야 한다. 문제로 인해 어려움을 겪고 있는 대상자로 자력으로 해결하기 어렵고 자원연계의 한계를 경험하였다면 사례대응 능력을 갖추기 위해 교육은 중요하다.

2. 통합사례관리 부서의 준비

통합사례관리 직무가 제기능을 발휘하기 위해서는 임상 경험과 전문성을 갖춘 슈퍼바이저를 배치하고, 사례관리자의 역할을 지원할 수 있는 시스템마련이 중요하다. 하지만 기관의 지원이 충분해야 한다. 재정지원은 물론 기자재와 인력지원, 부서운영체계 등 사례를 대응할 수 있는 정도여야 하고 부서 간의 역할 분담이 명확해야 한다.

〈표 5〉 부서의 준비

구분	준비내용	비고
사업부서	· 부서 간 협의체계 구성 · 부서에서 담당할 사례수준 결정 · 긴급, 위기, 일반, 보류 사례의 지원 예시 마련 · 기본 및 일반사례 담당 외	
사례관리전담 부서	· 기관의 통합사례관리 업무 총괄 · 긴급한 위기에 처해 있는 사례 담당 · 타 기관과 공조해야 할 사례 지원 · 타 기관 의뢰 사례의 지원체계 마련 · 전문성과 임상경험이 풍부한 직원 배치 · 외부 전문가 연계 및 개발 외	
기타 부서	· 행정적 · 물리적 · 인적 지원 · 시설물 및 필요물품 공급 · 사업부서 및 사례관리 전담부서 지원 외	

1) 사업부서

통합사례관리는 팀 협력적 의사소통이 강조되는 직무이다. 따라서 부서 간의 정보공유를 통해 조정 기능이 가동되어야만 추진성과를 기대할 수 있다. 전담사례관리 부서를 운영하지 않는 기관이라 할지라도 이러한 기능이 가동되면 실행기대가 높아져 사례대응이 가능해진다. 이를 적용해 보면, 부서 내 직원 가운데 사례관리 담당자를 지정하고 담당할 사례의 수준을 정한다. 협의는 회의일자를 정해 정기적으로 시행하고, 직원들이 추진한 결과를 토대로 지원과정과 질적 수준을 확인하는 점검차원에서 진행한다. 사례담당 직원은 사례관리 행정업무를 주관하고, 부서의 사례관리 업무를 주도한다. 부서의 직원은 사례담당 직원의 업무협조와 지원 등의 역할을 수행한다.

하지만 고려할 사항이 있다. 사업부서는 기관의 사업을 추진하는 핵심부서로서, 정기적으로 시행할 사업과 특화사업을 추진하는 등 직무가 다양하다. 사례관리자를 배치한다 하여도 부서사업을 추진해야 하기에 부서여건을 고려하여 단순형 및 기본형 사례를 담당하게 하는 것이 직무효율성을 높인다. 슈퍼바이저는 주무 팀장 또는 사례관리 전담 부서장 또는 중간관리자가 수행한다.[6] 사례의 상황이 심각하여 긴급한 개입이 필요한 경우 사례관리 전담부서에 의뢰한다. 의뢰 후에는 전담 부서장과의 미팅을 통해 욕구 및 문제 해결에 필요한 안건을 협의하고, 관리자 또는 기관장에게 보고하여 점검을 받는다. 월별로 실적을 정리하고 연말에는 사례관리 전담부서로 이관하여 관리한다.

2) 통합사례관리 전담부서

전문적인 개입이 필요한 종합형과 전문관리형 사례는 통합사례관리 전담부서에서 주관한다(황성철, 1995). 문제의 심각성에 따라 전문적인 개입이 필요하고, 기관 및 외부 자원 간의 연계와 협조를 통해 진행할 사례로 경험이 풍부하고 임상능력을 갖춘 사례관리자를 배치한다. 사례의 발견은 부서에서 사업을 추진하는 중에 또는 외부기관으로부터 의뢰받은 경우,[7] 사업 부서에서 의뢰된 사례가 해당하고, 지원회의는 시행 일자를 정해 추진하되 전문가의 참여가 필수적이다. 전문자원의 역할은 사례를 지원하는 데 있어 정보를 제공하는 것이다. 전담부서는 솔루션 회의를 주관하고 사례관리 지원단을 운영하는 것 외에 부서의 통합사례관리 진행 상황을 확인하고, 슈퍼비전 내용과 실행 정도를 파악하여 직무수행의 저해요소가 발견되면 부서 간의 협의 또는 정책건의를 통해 개선한다. 이러한 노력은 표준화 체계를 구축시키고 기관의 전문성을 유지하게 한다. 기관의 운영방향에 따라 또는 지향목표에 따라 다양한 형태로 변화할 수 있으므로

6) 단순욕구를 가진 사례대상자에게 서비스를 제공하기 때문에 5 케이스에서 30 케이스 정도가 적정하다(황성철, 1995, 285-286).

7) 외부기관에서 의뢰하는 사례는 기관 자체지원만으로는 지원이 불가능한 문제 또는 욕구를 가지고 있어 전문기관의 개입이 필요한 경우이다. 따라서 사례지원은 의뢰 사유가 분명해야 한다. 파악을 하였다면 지원 가능 정도와 수준을 정하기 위해 필요한 지원이 무엇인지를 확정한다. 이후 주무부서와 직원을 선정하여 종결 시까지 지원한다. 만약 전문가의 개입이 필요하다면 해당 분야의 전문가를 섭외하여 통합사례관리 서비스를 지원한다.

현재의 통합사례관리 체계는 완성된 것이 아니라 계속적으로 변화할 수 있다는 관점이 적절하다(권진숙 외, 2009b).

3) 기타 행정부서

행정부서는 통합사례관리 수행에 따른 환경조성과 지원역할을 담당한다. 사업수행에 필요한 재정적·물리적·인적지원을 통해 사례관리자의 활동을 촉진하고 각종의 시설물 이용 및 필요물품을 공급하며 자원동원 등의 역할을 수행한다. 따라서 행정지원수준과 범위, 지원시기 등 역할분장이 명확해야 한다.

3. 사례관리 담당자의 준비

통합사례관리를 수행하기 위한 사례관리자의 준비는 다음과 같다.

〈표 6〉 사례관리 담당자의 준비

구분	준비 내용	비고
통합사례관리 실천 역량	· 표준화 양식 이해 · 인테이크 기술 · 사정 기술 · 보고서 작성 기술 · 사례대상자 대응기술: 친구삼기, 이웃되기, 대화상대, 신뢰감 있는 존재 되기 · 서비스 제공 기술 외	
사례관리자의 준비	· 자원 개발 및 연계 · 가족 부담 최소화 · 행정 처리 절차 이해 · 통합사례관리 절차 및 서비스 제공 능력 강화 · 관련 법규 이해 외	
선임사례관리자의 준비	· 통합사례관리 담당 직원 및 부서 간 업무 조정과 중재 · 직원들의 동기부여 · 직무 조언, 기술 습득 지도 · 기관장 보좌 외	
외부 전문가의 준비	· 이론적 무장 · 임상실천 지식과 기술 지도 · 자문 및 컨설팅 행정 자문 · 사례 시연을 통한 모델링 외	
지역사회자원의 준비	· 사례대상자와 관계 맺기 · 사례대상자 문제 대응을 위한 기술 습득 · 준직원으로서의 역할 가치 인식 · 기관의 핵심 사업 이해 외	

1) 통합사례관리 실천과 기술능력

(1) 표준화된 양식 이해

사회복지기관은 표준양식에 따라 통합사례관리 추진에 필요한 행정사무에 기반하여 서비스를 지원한다. 양식 활용의 효과는 기관의 사업을 알기 쉽게 분류하게 하여 관리의 편리성을 높이고 정보를 얻기 위한 노력을 줄이게 할 뿐 아니라, 사례관리자와 사례대상자 간의 직·간접적인 개입과 활동을 한눈에 확인하고 알 수 있게 한다. 또한 필요에 의해 양식을 가감하거나 수정이 용이하여 목적에 따라 언제든 활용할 수 있다는 장점이 있다(권진숙, 2008).

하지만 표준화된 양식은 다음의 장·단점이 있어 신중한 고려가 필요하다. 표준화된 양식의 장점은 양식체계에 따라 기술되므로 사례관리자의 주관적 견해를 최소화시킨다. 따라서 기관의 상황에 적합하게 구성한다면 기록의 통일성으로 인해 정보선택과 활용이 용이해져 직무수행 역량이 강화된다. 기록보존 또한 문서특성에 따라 분류할 수 있어 관리가 용이할 뿐만 아니라 정보누락을 최소화시킨다. 다만 표준화된 양식에 따라 기록하게 되므로 정보와 내용이 부실할 소지가 있다. 기관의 문서화 조건에 맞도록 조정한다는 면에서 양식이 미흡하거나 부족한 경우, 정보는 누락되고 추가적인 정보를 확보하기 위해 새로운 양식을 보완하여 개발해야 한다는 번거로움도 있다. 따라서 어떤 양식을 반영할 것인지에 따라 정보가 결정되고 포함할 양식내용이 무엇인지에 따라 내용의 질이 달라진다. 기록물을 너무 많이 담거나 축소될 수 있다는 점도 고려해야 한다(Kagle, 1991, 홍순혜 외 역, 1999).

(2) 인테이크 기술

인테이크는 첫 대면의 상황에서 사례대상자의 호소 욕구와 문제를 이해하는 데 초점을 두고, 그의 내면세계를 탐구하는 과정이다. 사례관리자는 사례대상자의 요구와 기대를 아는 정도에 따라 서비스 방향과 수준을 결정하게 된다. 인테이크 과정에서 사례관리자의 기술은 다음과 같다.

- 사례대상자가 용기를 내어 말하도록 이끌어야 한다. 사례대상자는 생애 처음으로 사례관리자를 만날 수 있고, 자신의 문제를 해결하지 못해 어쩔 수 없이 찾아온 경우일 것이다. 이러한 점에서 인테이크 과정은 사례대상자의 얘기를 듣기까지, 그리고 속마음을 이해하기까지가 중요하다.
- 비언어적 표현을 파악해야 한다. 사례대상자는 자신의 문제를 고민하며 용기를 갖고 찾아왔지만 첫 말문을 열기까지 시간이 필요하고, 어눌한 말투와 솜씨 없는 언어표현은 말하고자 하는 것을 생각처럼 전달하지 못할 수 있다. 이런 경우 사례대상자의 얘기에만 관심을 두고 기다려서는 안 된다. 무엇인가 전하려는 표정 속에 말 못할 사정이 있고, 전달되지 않은 말투로 인해 무언의 침묵으로 대신하는 등 감정의 표현을 파악해야 한다.
- 언어적 의미를 발견해야 한다. 즉 입장을 이해하고 원하는 바를 더 많이 알고자 집중하는 것을 의미한다. 사례대상자의 얘기가 중단되지 않고 지속되도록 이끄는 역량은 감정이 풀어지기까지 인내를 갖고 경청에 몰입하는 사례관리자의 노련함이 필요하다. 언어는 다양한 해석이 가능하다. 동일한 단어도 다양한 의미를 담고 있으므로 비언어적 표현들을 주목하고 감정의 정도를 고려하여 얘기하고 싶은 줄거리가 무엇인지를 확인한다.

T/i/p

명심하라! 사례대상자는 자신이 인정받고 위로받고 있다는 것을 알게 된 후부터 마음을 연다. 편안함을 느끼는 순간부터 내면의 얘기를 이야기로 꺼낸다. 사례관리자가 마음으로 다가간다면 소중한 인생의 이야기를 듣게 될 것이다.

(3) 사정기술

통합사례관리 사정은 다음의 사항을 고려해야 한다(Ballew & Mink, 1996, 권진숙 외 역, 1999). 첫째, 사례대상자가 호소하고 해결을 바라는 문제와 욕구, 둘째, 문제 해결을 위해 개발되고 연계되어야 할 자원, 셋째, 문제 해결에 방해가 되는 사례대상자와 가족, 보호자가 인식하는 장애물, 즉 자원 활용의 방해요소이다. 장애물은 사례대상자의 안정된 생활을 저해하고, 문제 해결을 가로막는 내부 및 외부의 어려움이다. 내부 장애물은 과거에 경험하였던 부정적 사건과 관련되고, 현재까지 인식하는 불안, 공포, 거부, 불만, 갈등 등 부정적 사고를 말한다. 외부장애물은 사례대상자의 현재 상황, 즉 주거환경, 직업, 소득, 재산 등이다.

사정은 생활과 관련된 욕구와 드러난 문제가 주된 초점이지만, 의지를 갖고 생활해 온 사례대상자 스스로 문제를 인지하기란 쉽지 않다. 사례관리자는 외부환경과 주변 체계와의 상호작용 정도를 사정한 후 그가 처한 상황이 어느 정도 심각한지를 밝혀내어 가장 심각한 문제, 그리고 문제로 인해 영향을 받고 있는 관계된 사람들의 인식 정도, 개선여부 등을 사정한다. 이러한 사항은 문제 해결 시기를 앞당긴다.

(4) 보고서 작성기술

사례관리자는 업무를 수행하기 위해 다양한 문서를 다룬다. '수행한 업무진행과 결과를 보고하기 위해', '사업의 성과를 증명하고 활동을 정리하기 위해', '타 기관 전문가와 회의를 개최하고 주요 의제를 다루기 위해서' 등 여러 가지 목적으로 보고서를 작성한다.

사례관리자의 보고는 지금까지 논의한 내용이 보고서에 기록되었을 때 인정을 받고 기록되지 않는다면 활동의 근거가 없으므로 의미가 없다. 따라서 개인의 직무수행 결과물이기 보다는 만인을 위한 내용이어야 한다. 다수의 관계자들[8]에게 직무수행 성과를 드러내거나 타 부서의 장과 동료에게 협조를 요청하고 기관장과 관리자에게 보고하기 위해서이다. 기록은 문서로 보존되는 순간 기록물이 되어 당시의 상황을 파악하는 자료원이 되므로 소홀히 해서는 안 된다.

8) 여기에서 말하는 다수의 관계자는 기관의 직원과 자원봉사자, 후원자, 지역주민, 사례대상자, 행정기관과 지역의 기관을 의미한다.

하지만 어떤 서류부터 검토하는 것이 좋을까? Reamer(2005)는 기록지침, 즉 통합사례관리 기록은 문서내용, 용어사용, 진실성, 기록 및 문서의 접근성 등 문서화의 중요성을 강조하며, 다음과 같이 네 가지 범주를 제시하였다(최해경, 2009, 171-174에서 재인용)

첫째, 사례관리자는 문서화 작업 과정에서 관계된 사람들에게 도움이 되고 이들을 보호하기 위해 기록 내용을 고려해야 한다. 기록이 너무 많거나 축소되어서는 안 되고 균형을 유지하며 작성해야 한다.

둘째, 문서표현은 내용 자체만큼이나 중요하기에 명료한 용어를 사용하고, 비난조의 표현을 삼가하되 도출된 결론의 근거가 제시되어야 한다.

셋째, 문서의 신뢰성이 입증되어야 한다.

넷째, 문서의 공개 및 보안에 있어 비밀보장 원칙을 준수하고 윤리적 문제가 일어나지 않도록 주의해야 한다.

따라서 보고서 작성은 다음의 사항이 검토되어야 한다.

첫째, 행정부서 및 사업부서의 기록방식과 보고사항에 관한 표준샘플을 제시한다.

둘째, 각각의 보고서는 작성시기와 보고시기, 보고내용, 보고이유와 필요성이 확인되어야 한다.

셋째, 보고서 형식과 작성절차가 교육되어야 한다. 그래야만 기관의 보고절차가 통일된다. 교육내용은 보고시기, 보고내용, 보고방식과 양식작성 및 기록활용방법 등이다. 보고서 유형에 따라 작성원칙을 마련한다.

T/i/p

의외로 많은 기관이 보고서 작성 형식을 갖추고 있지만 작성 방법과 기술내용, 기록방법을 교육하지 않고 있다. 분장된 직무가 다르고, 업무가 상이하다는 이유가 있지만 기록내용이 사업수행 성과에 영향을 미친다는 점에서 보고서 작성방법은 통일되어야 한다. 작성 원칙이 수립되어야만 사례관리자를 비롯하여 직원들의 주관적 해석에 따른 이해차이를 줄이게 된다. 지금 소속된 기관을 고려해 보자. 어느 정도 수준인가?

(5) 사례대상자 대응기술

① 친구삼기

처음 방문한 기관과 사례관리자는 사례대상자에게 낯선 대상일 수밖에 없다. 도움을 받을 수 있는지를 기대하지만 부담과 염려 속에 방문을 주저하는 등 고민하였을 것이다. 기관의 문을 두드리며 자존심도 버렸을 것이다. 누군가에게 손을 내민다는 것은 용기가 필요한 일이기 때문이다.

사례관리자는 이러한 사례대상자를 매일 만난다. 요청하고 있는 바를 경청하고 부드럽게 대해주는 것, 친근한 표현과 표정으로 맞이하는 사례관리자의 태도는 좋은 친구를 새롭게 사귀게 한다.

② 이웃되기

우리 사회의 정은 이웃이 이사를 오면 떡을 나누고, 교제를 나누기 위해 식사에 초대하여 음식을 나눈다. 결혼 또는 회갑과 같은 집안 행사에도 음식을 담아 이웃에게 인사하고, 어려움이 있을 때 위로하며 돈을 빌리고 빌려주는 등 나누는 문화가 있다. 어려움을 이해하고 얘기를 들어주며 도움이 될 만한 일을 찾아 알고 있는 자원을 소개하는 등 이웃은 어려움을 나눈다.

친한 이웃이 내편에 서서 얘기해 주고 지지하는 것처럼 이웃의 입장에서 교제할 때 비로소 친구가 된다. 이웃은 교제하는 가운데 친구가 된다는 정스러움이 우리의 문화이다. 하지만 수혜를 목적으로 관계한다면 좋은 이웃이 될 수는 없다.

③ 대화상대

대화는 하고 싶은 말, 하기 싫은 말, 남에게 말하기 곤란한 얘기와 너무 좋아서 하는 말, 하고 싶지 않아서 등 다양하게 나눌 거리다. 하지만 상대가 있어야 한다. 좋은 일과 어려움이 생길 때, 편안한 옷차림으로 격식과 형식을 따지지 않고 자신의 얘기를 받아 주는 친구가 편하듯이, 이런 친구와의 대화는 이어지고 끓이지 않는다. 하고 싶은 말을 들어주고 힘들어하는 속 앓이가 풀어질 때까지 얘기를 나누는 대화 상대! 그가 사례관리자이다.

T/i/p

누군가에게 말할 수 없다는 것만큼 힘든 일은 없다. 좋은 일이든, 나쁜 일이든 그 상황을 벗어나려 한다면 누군가를 의지하고 나누는 것이 힘이 되어 심적 부담을 덜 수 있다는 것을 알고 있을 것이다. 특별한 날에 찾아갈 만한 이웃이 없고, 친구 또는 가족이 없다면 쓸쓸한 것은 매한가지이다. 힘들 때 얘기를 들어준 그가 고맙듯이, 어려움에 처했을 때 한 마디 말로 위로해 준 그가 더 많이 생각나듯이 삶은 그런 것 같다. 인간적인 사람에게 친근한 정을 느끼듯 사례대상자 또한 사례관리자에게 인간미를 느낀다면 더 다가온다. 사례대상자에게 사례관리자가 대화 상대인 것이다.

④ 신뢰감 있는 존재되기

인생은 다양한 고민거리와 문제가 생긴다. 문제는 안고 있을 때, 해결되지 않을 때, 풀지 못할 때 걱정거리가 되어 힘든 것처럼, 불안한 마음을 행동으로 표출하는 성향은 누구나 있다. 물론 기쁨과 슬픔이 공존하는 세상에서 힘든 일을 겪는 것은 당연한 것이라 여길 수도 있지만 그것을 오랫동안 품어 두는 것은 어려운 일이다.

T/i/p

편안한 상대, 더 잘해 준 그에게 기대고 싶은 것은 누구나 같다. 사례관리자도 문제가 생길 때 누군가를 의지하고 싶은 것처럼 사례대상자 또한 같은 마음이다. 사례대상자에게 사례관리자는 '자신의 고민을 들어 줄 대상이기를 기대하고, 이 말을 하고 싶었다!'라는 말을 하고 싶은 상대이다. 왜냐하면 '그 만큼 아는 사람도 없이, 도움 없는 세상에서 기댈만한 대상이 없기' 때문이다. 이들의 이웃이 사례관리자여야 한다. 편한 상대가 좋은 친구가 되는 것처럼 스스럼없이 찾아오고, 고민을 얘기하는 친구 같은 사례관리자가 사회복지사라는 것을 기억해야 한다.

(6) 서비스 제공기술

사례관리자는 사례대상자에게 참여 신청서를 받은 후 성공사례를 전달하며 동기를 촉진하기 위해 용기를 심어 주고, 의지를 가질 수 있도록 격려해야 한다. 하지만 "우리 기관은 귀하에게 서비스 제공이 불가능 합니다!"라는 기대를 저버리는 말을 어떻게 해야 하는가? 사례관리자는 이러한 상황을 자주 직면하게 된다.

다음의 방법을 고려해 보는 것은 어떨까? 기관의 사업과 주력 서비스 외에 부서역할 모두를 파악해 두는 것이다. 타 부서의 직원들이 수행하는 직무를 포함하여 서비스 제공유형 또한 확인해 둔다. 사례 상황과 연계될 수 있도록 지원 가능한 서비스를 분석하고 사례대상자가 수용 가능한 수준에서 이해시키는 것이다. 입에서 소문으로, 찾아오는 사람들의 인정어린 얘기가 퍼지게 되어, 사례관리자가 알지 못하는 상황에도 받았던 서비스를 말하며 기대를 갖게 할 것이다. 주민들 간에는 '친절이 있는 곳, 편안한 휴식처'라는 소문이 퍼질 것이다. 주인공인 사례대상자는 '그 기관에 가면 누구를 만나고, 어떤 얘기라도 들어준다'는 기대를 갖게 하는 멋진 논의가 있고 기억할 사람으로 알려질 것이다.

Tip

결국 사회복지기관이 사회적 기대를 충족하는 것은 사업기획서를 작성하고, 프로포절을 기획하여 사업을 진행하는 등 성공 사례를 많이 만드는 것보다 고민을 나누었던 시간의 노력, 많은 얘기를 들어주었던 기억, 사례대상자에게 친절하고 동행한 걸음의 길이에 따라 좌우된다. 사례관리자의 친근한 미소와 대화가, 사소하다고 여겼던 일상의 얘기들이 사례대상자에게는 기대를 갖게 하는 희망이다. 그들의 입장에서, 곤란한 상황을 극복하기 위해 함께 노력한 사례관리자를 오랫동안 기억한다는 것을 명심하라!

2) 사례관리자의 준비

사례관리자는 사례의 전반적인 과정을 주도해 가며 사례대상자의 문제 해결을 위해 자원을 연계하고 원조하는 사회복지사이다. 문제 이전의 생활을 유지하고 회복하는 데 목적을 두고 가족의 부담을 최소화하기 위해 개입하는 실천가이다. 정보수집과 사정, 개입계획을 세우고 서비스 조정과 점검 및 평가 외에 종결 이후의 사후관리 과정을 주도하는 활동가이다(권진숙, 2009b).

따라서 서비스 지원에 따른 행정업무와 필요한 양식 등의 작성방법을 알고 있어야 한다. 알고 있다는 것은 추진할 수 있다는 의미이다. 업무수행에 필요한 절차와 기술, 서비스 제공 능력과 관련 법규, 정책적, 제도적 시책 이해 등 언제든 지원할 수 있는 준비를 말한다.

3) 선임사례관리자의 준비

슈퍼바이저는 실무자와 최고관리자 사이에서 최고 관리자의 경영 방침과 계획에 따라 부서와 직원들의 업무를 관리한다. 또한 최고관리자와 실무자의 의사소통을 연결하는 역할을 수행하는 직위에 있는 슈퍼바이저로서 실무자의 업무를 조정하는 권한이 있다. 대개 부서의 장으로 과장급 이상의 직원이 해당한다. 최근 팀제가 정착되면서 팀장도 이에 속한다고 하겠다. 주된 역할은 실무자에게 직무수행에 필요한 정보를 제공하고, 이론과 실천이 미숙한 부분을 보완하도록 돕고, 기술을 향상시켜 주는 역할을 수행한다. 또한 실무자에게 모델링이 되어 그의 직무 능력을 향상시키는 선임자로서 사회복지 조직에서는 일반 행정업무와 사업을 책임지는 역할을 수행한다(유영덕, 2002).

슈퍼바이저의 역할과 기능을 살펴보면 다음과 같다(이평원 외, 2012).

첫째, 통합사례관리 계획의 단계부터 기관의 방침과 목적이 부서 목표와 일치되도록 기관장의 방침에 따라 업무를 관리한다.

둘째, 중간관리자인 슈퍼바이저는 결정기능과 실시기능을 수행하게 되는데, 결정기능은 통합사례관리 직무수행을 위한 계획 수립과 정책을 결정하는 조정 역할을 수행하고, 기관장의 방침을 받아 사례관리자의 직무를 점검하여 개선한다. 효율성을 높이기 위해 사례관리자에게 정보와 아이디어를 제공하는 실시기능을 수행한다.

셋째, 사례관리자의 사기를 높이기 위해 다양한 방법을 동원하고 동기를 부여한다. 사업의 목표에 따라 진행되는지를 감독하는 조정 및 지도, 통제 역할을 수행한다.

넷째, 사례관리자를 조언하고, 인간관계, 리더십, 의사전달 및 조정, 감독과 통제 등의 역할을 수행한다.

다섯째, 슈퍼바이저는 기관장을 보좌하여 그의 방침과 정책결정을 조언하여 사례관리자의 성장을 돕는다.

4) 외부 전문가의 역할과 준비

외부 전문가는 통합사례관리 진행에 참여하는 전문 슈퍼바이저로 통합사례관리 수행에 따른 이론학습과 행정 및 임상실천에 필요한 전문성을 보유한 대학교수나 현장 전문가이다. 전문 슈퍼바이저는 사례관리자의 질적 수준을 높이기 위해 임상 자문과 컨설팅, 행정지도 외에 통합사례관리 실천 교육과 훈련, 직원들의 소진예방을 위해 조언한다. 직원들이 경험이 부족하다면 사례를 개입하기 위한 모델링 시연을 통해 기술 등을 체득하도록 자문한다. 관장의 위촉을 통해 활동하고, 자문방법과 횟수는 협약을 통해 결정된다(권진숙 외, 2009b).

5) 지역사회 자원의 역할과 준비

사회복지분야에서 자원 활동은 단순 봉사에서 법인의 이사진으로 활동하는 등 영역이 확대되는 추세이다. 이러한 활동은 자원의 역할이 포괄적이고 다양해지고 있음을 의미하지만 통합사례관리 실천영역에서는 단순 활동에 참여하는 정도이다. 자원의 참여 및 전문성을 확대하기 위해서는 다음의 사항을 고려해야 한다.

첫째, 참여방법이 다양해야 한다. 통합사례관리 과정은 사례관리자의 전문성에 기초하여 기관의 전략적인 목표 하에 추진된다. 따라서 사례 상황에 따라 대처할 수 있도록 각각의 과정에서 요구하는 사례지원 방법, 대처기술을 습득해야 한다. 그리고 사정이후의 서비스 개입과 사례대상자와의 관계 맺기, 서비스 개입하기, 역할 수행하기, 평가하기 등을 수행한다. 또한 교육 과정을 개설하여 자원의 이해 수준에 따라 교육 강도를 조절하며 진행할 수 있다.

둘째, 준직원 수준의 역할가치가 인식되어야 한다. 자원의 역량이 강화되면 서비스 개입의 한 부분을 담당하게 되므로 기관은 인력부족을 해소할 수 있다.

셋째, 자원 활동은 단순 활동이라고 하여도 사례대상자의 문제 해결 및 욕구와 관련되어 있으므로 활동 초점이 명확해야 한다. 오랫동안 활동한 자원이라면 기관에 애착이 있는 것이므로 외부 방문자와 관련된 사람들에게 소개가 가능한 수준, 즉 사업과 프로그램 운영 시 자발적 소개와 활동이 가능해야 한다.

4. 통합사례관리 협의 및 진행

1) 통합사례관리 협의체 구성

통합사례관리의 협의와 진행은 네트워크를 통해 정기적으로 시행해야 하는데 담당자가 소속된 기관에 공문을 발송하여 공식화한다. 해당기관의 기관장을 비롯하여 슈퍼바이저, 담당자 간의 합의를 통해 모임의 명칭을 만들어 소속감을 높이고, 정기적인 모임일자와 모임성격, 사업방향을 정한다. 이러한 과정을 통해 기관의 사업계획서에 반영하면 모임의 성격과 활동이 명확해져 사례관리자의 활동이 보장되고 통합사례관리 수행이 수월해진다.

2) 통합사례관리 회의 유형

사회복지기관 및 전문가 회의는 다음과 같다. 기관의 담당자 또는 관리자가 모여 지역의 연합사업 또는 행사 등을 추진하기 위해, 사업 추진방향을 모색하기 위해, 목적달성을 위한 수단과 전략을 수립하기 위해 각각의 역할을 분장하는 협의회의가 있다. 이 경우 주무기관이 주최가 된다. 또한 사례대상자의 문제를 해결하기 위해 기관이 참여하고 전문가가 협의하는 통합회의(통합사례관리회의)가 있다. 통합회의는 지역의 전문가 및 기관 간의 연계를 통해 시행되므로 협조를 받아야 하고, 협조는 기관 간의 공문으로 시행된다.

3) 통합사례관리 회의진행

(1) 지역 내에서 공동사업을 진행하기 위한 협의회의 방식이다.

협의는 기관의 주요 사업과 프로그램을 이용하는 데 있어 협조를 요청한 후 직원의 참여를 통해 추진된다. 사례를 대응하고 문제를 완화하기 위해 또는 해결방법을 모색하기 위해 기관의 시설물과 직원 및 서비스 등을 협의한다. 사전 협조는 담당자와 합의되어야 하고 기관장의 승인이 있는 경우 시행된다. 관리자와 기관장이 참석하는 회의 또한 이러한 방식에 의한다. 회의 의도를 설명한 후 참석여부를 확인하고 자료를 송부하여 회의를 준비한다.

(2) 통합회의(통합사례관리회의) 방식이다.

기관 간 또는 전문가 간의 통합회의는 공식적인 절차에 의해 시행된다. 내부 기안으로 승인을 받고 담당자에게 협조를 구한 후 우편 또는 메일을 통해 공문을 발송한다. 주요내용은 협의안건과 협조사항 외에 기타 안건 등이다. 협조기관은 관련분야의 직원 또는 전문가 외의 자원으로 단순 활동에서부터 사업 참여가 가능하다. 대부분의 기관은 사업유형에 따라 협회에 가입하여 활동하기 때문에 일정이 중복될 경우 참여가 불가능하다. 따라서 정기적인 모임을 통해 진행하는 것이 효과적이다.

사례대상자와 지역사회를 연계하는

현장 중심의 통합사례관리

8장 /

통합사례관리 실행초기단계

1. 사례의 발견과 의뢰-접수

사례의 발견은 사례대상자로 연계될 수 있는 주민을 확인했다는 것으로 사례관리자에게 의뢰되기 전에 이루어지는 통합사례관리의 첫 번째 과정이다. 발견된 주민은 특정한 문제에 노출[1]되어 있어 서비스 개입이 필요한 경우 사회복지기관에 의뢰된다. 사례대상자의 자발적 방문을 통해, 자원의 발견 또는 행정기관과 사회복지기관에 의해 발견되고, 사례관리자의 직무수행 과정에서 발견되기도 한다. 사례의 발견은 서비스 제공이 가능한 기관에 문의하는 과정에서 해당 기관의 승인여부에 따라 접수로 이어진다.

〈표 7〉 통합사례준비단계 절차

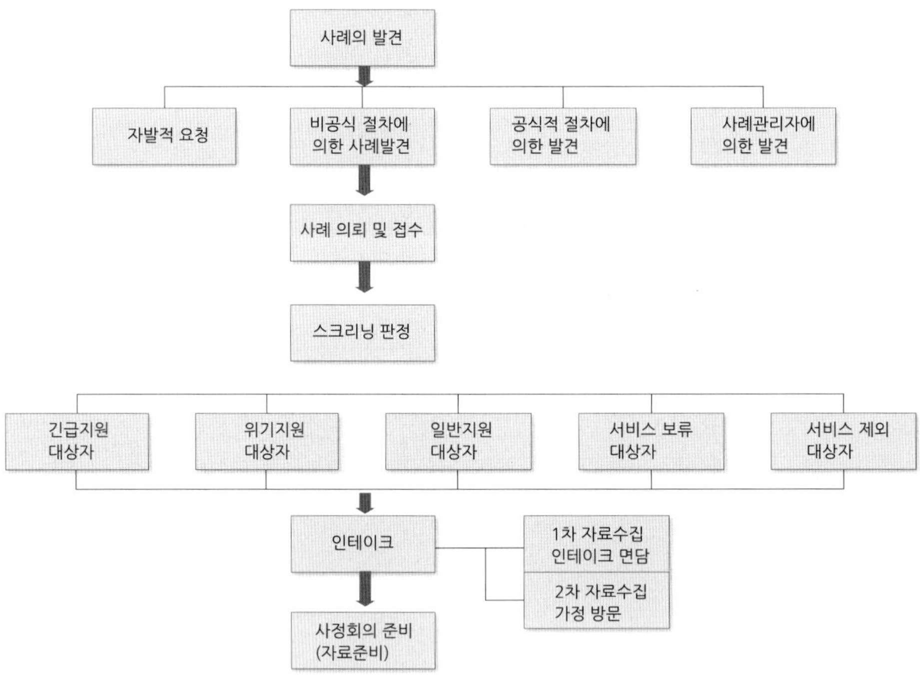

1) 지역에서 생활하는 주민이 경제적 궁핍으로 인해 생계에 어려움을 겪고, 가정생활을 유지하기 힘들 정도의 곤란함을 겪거나 빈곤 또는 질환, 장애 등 서비스가 필요한 대상자를 발견하는 경우에 의뢰된다.

〈표 8〉 통합사례관리 과정

단계	내용
사례의 발견과 의뢰	자발적 의뢰 또는 보호자, 관련기관 및 행정기관, 이웃주민, 사례관리자 또는 동료 등에 의해 발견되어 기관에 의뢰된다.
사회복지사의 접수 및 개별 면접 (스크리닝)	– 접수는 사례관리자 본인 또는 동료 사회복지사 누구나 가능하다. – 공문으로 접수 한 경우 문서접수대장에 등재한다. – 접수 시 확인할 사항은 면접일정을 정한 후 의뢰자가 준비해야 할 서류를 통보한다(수급자 증명서, 건강진단서(장애등록증), 등본, 가족관계증명서 외). – 면담을 시행하는 사례관리자는 스크리닝을 통해 대상적격성 심사를 진행한다. 부적합한 경우 지역의 기관을 확인한 후 소개한다. – 사례의 적합성이 확인된 경우에만 인테이크로 진행된다.
인테이크 (사례대상자 및 가족, 보호자)	– 참석자: 기관장, 국장(또는 부장), 부서장, 사례관리자, 간호사 등 – 성장배경, 기본정보, 주 호소문제와 욕구 파악 등 – 사례관리자는 인테이크 진행 후 가정 방문을 통해 주거환경 및 가족관계 등을 파악한다. – 사정회의 준비: 기안작성, 인테이크 결과 작성, 사정위원회 소집
통합사정회의	– 통합사정회의는 내부 참석 직원을 선발하고 외부 전문가가 참여해야 한다. 문제 해결에 적합한 지역의 전문가와 기관의 협조를 받아 공문발송을 통해 시행한다. 장소, 시간, 자료, 다과 등을 준비한다. – 사정보고서 작성, 기관장 결재 및 통합사례회의에 상정한다. – 재사정 사례의 경우 진행된 서비스를 재점검하고 욕구 등을 파악한다.
통합사례회의	– 참석위원은 지역의 전문기관에서 활동하고 있는 임상전문가이다. 기관의 직원은 사례를 지원하고 결정할 수 있는 담당직원 및 관리자가 참석한다. 사례관리자는 참석위원들이 사례 상황을 파악할 수 있도록 사정보고서를 중심으로 보고한다. 회의결과는 회의록 작성 후 위원들의 날인을 받는다. – 문제 해결을 위해 서비스 제공이 가능한 지원 기관을 선정한다.
서비스 기획	– 사정회의 결정사항 점검, 회의에서 결정된 사항을 토대로 사례관리자가 계획을 수립한다. 계획 수립 시 참여 자원을 확인한다(기획서 작성 후 팀, 부서장, 기관장 승인). – 2차 서비스 지원 기관 2차 점검 및 승인 확정
자원의 개발과 의뢰	– 내부 자원을 확정한다. – 지역기관 협조 요청 공문을 발송하고 확정한다.
서비스 동의 및 계약	– 사례관리자와 사례대상자의 서면계약을 체결(서비스 내용, 자원참여 및 개발, 연계방향 및 사례대상자의 개입목표 소개 외)한다.
서비스 진행	– 계획된 서비스 진행(전문가, 사례대상자, 자원참여, 환경 및 외부활동 등)
모니터링 및 평가	– 서비스 지원내용, 자원참여 및 활동내용 점검 후 사례대상자 변화 정도를 모니터링하고 평가(평가 시 사례대상자 만족도, 서비스, 자원, 재원, 환경 등의 효과성과 효율성 평가)한다.
종결	– 계약에 의한 서비스 지원완료, 사례대상자 욕구 및 문제 해결 또는 더 이상의 서비스가 지원되지 않게 된 경우 종료된다. 단, 종결 시 종결회의를 시행(내부 직원 및 사례대상자, 가족 및 보호자 참여)한다. 종결동의서 작성은 필수이다.
사후관리	– 사례대상자 스스로 문제 해결 이전의 생활을 유지하기 위해 계획을 수립하여 지원한다.
자조적 생활	– 사례대상자의 자조적인 생활. 사례관리자는 조언자와 지지자로서의 역할을 수행한다(멘토-멘티 관계 정립).

1) 사례의 발견

사례관리자는 사례발견 즉시 보고를 통해 인테이크 시행여부를 승인받은 후 사례대상자[2)]에게 연락하여 기관을 소개하고 방문일자를 확정한다. 기관 주소, 연락처, 방문 방법 및 위치, 담당자 성명 등을 소개한다. 급작스런 전화에 걱정할 수 있으므로 대화 가능여부를 판단하여 안심할 수 있도록 최대한 공손하게 설명한다.

〈표 9〉 사례의 발견 경로

경로	의뢰 내용	사례관리자의 역할
사례발견	· 사례발견 후 결재 절차에 의한 보고 및 승인	· 사례대상자 연락(기관소개, 방문일자 확정) · 기관주소, 연락처, 방문방법, 기관위치, 담당자 성명 등 소개 · 파악사항: 대상자의 대화가능 여부, 보호자 동행여부, 사회복지기관 이용 경험 외
자발적 요청	· 대상자 또는 보호자에 의해 문의 · 방문, 유선을 통해 문의 · 도움가능 여부 외	· 심리적 안정감 조성 · 서비스 내용, 이용 시간, 이용 자격, 이용 가능 프로그램, 이용시설, 직원의 전문성 등 소개
비공식 절차에 의한 사례의 발견	· 이웃에 의한 발견 – 지역주민 또는 관계된 사람에 의한 발견 – 유선 또는 방문을 통한 문의 · 가족 또는 보호자에 의한 발견 – 보호자 또는 가족의 의뢰 – 자녀의 미래준비에 따른 문의 외	· 기관의 사업 소개 · 이용가능한 서비스 소개 · 돌봄 부담을 줄이기 위한 서비스 안내 외
공식적 절차에 의한 발견	· 행정기관에 의한 발견 – 주민이 행정기관에 의뢰 – 읍면사무소, 시청, 희망복지지원단, 드림스타트 외 · 사회복지기관에 의한 발견 – 사업수행 과정에서 발견 – 이용자에 의한 발견 후 의뢰 – 해당 기관 지원 대상에 부합해야 함	· 의뢰 시 공문접수 후 기관장 승인 준비 · 대상자 연락 후 접수 진행 · 기관 서비스 등 소개
사례관리자에 의한 발견	· 이용하는 주민 혹은 자원봉사자가 발견하여 의뢰 · 프로그램 수행 과정에서 발견 · 실습지도 과정에서 발견 · 가정 방문 과정에서 발견	· 기안 후 발견된 사례 보고 · 대상자 면접일정 확인 · 대상자에 대한 실태조사 외

2) 사례대상자는 통합사례관리 대상자로 등록되기 전까지 예비사례대상자이다. 사례대상자 판정은 통합사정회의 결정에 따라 긴급, 위기, 일반, 보류, 제외 대상자로 분류되어 통합사례관리 서비스를 받게 된다. 용어상의 통일을 위해 사례대상자로 호칭하겠다.

(1) 사례대상자의 자발적 요청

사례대상자는 도움을 받기 위해 사회복지기관을 방문하고, 때로는 대리인과 보호자와 동행하여 서비스를 제공받을 수 있는지 여부를 조심스럽게 물으며, 도움을 받을 수 있다는 기대와 희망이 교차하는 가운데 감추었던 힘든 생활의 얘기를 꺼내며 용기를 낸다.

사례관리자의 역할은 대면 과정에서 안정감을 갖도록 하는 것이다. 심리적인 안정을 유지하고 있다고 판단될 때, 서비스 내용, 이용시간 및 이용 자격과 이용 가능한 프로그램 및 시설물, 직원의 전문성 등을 소개한다. 이용의 부담을 줄이고 서비스 이해를 높이기 위해서이다. 친절하게 응대하는 사례관리자의 미소는 사례대상자에게 심리적인 안정을 갖게 한다.

(2) 비공식적 절차에 의한 사례 발견

비공식적 절차에 의한 사례의 발견은 사례대상자와 생활하는 가족 또는 이웃 등에 의해 발견되고, 전혀 상관없는 사람이 우연한 기회가 되어 또는 주변 사람들에 의해 필요한 도움을 요청하는 과정에서 발견된다.

사례관리자는 의뢰자와의 관계를 확인한 후 의뢰경위와 이유 등을 파악한다. 사유가 파악되면 사례대상자에게 연락하여 기관방문을 요청하고 또는 가정 방문을 통해 의뢰되었음을 설명하여 동의를 받는다.

① 이웃에 의한 발견

어떤 사례는 지역에 거주하는 주민 또는 관계된 사람에 의해 발견되어 사회복지기관에 의뢰되기 전까지 도움을 받는다. 이웃은 다양한 관심사를 통해 친밀감을 드러내며 교류한다. 대개 다음의 유형으로 반응을 보인다. 첫째, 이웃의 친절을 수용한다. 이런 경우 본인은 물론 가족들도 다양한 도움을 받는다. 둘째, 어려운 생활과 처지를 노출하지 않으려고 이웃의 친절을 불편해하며 거부한다. 즉 도움이 필요한 주민은 생활이 노출되었다는 것을 인지하는 순간 외출 및 주거지를 벗어나지 않으려 하거나, 이웃과 등을 지지 않기 위해 수용한다. 이웃 또한 마찬가지다. 사례대상자와 가족의 반응에 의아해하고 불쾌감을 나타내며 거리를 두기도 하는데, 위의 반응을 의식하기도 하고 그렇지 않기도 한다. 마지막으로 일부의 이웃은 다가서기 어려운 사례대상자와 가족이 있다는 염려로 인해 걱정과 불안을 갖기도 한다.

이웃에 의한 발견과 의뢰는 도움을 줄 수 있는 사회복지기관을 알고 있거나 우연한 기회가 되어 유선 또는 방문을 통해서이다.

② 가족 또는 보호자에 의한 발견

사례대상자가 타인으로부터 보호를 받아야 한다는 결정을 내리는 데 있어 영향을 미치는 존재가 보호자와 가족들이다. 대개 중대한 질병을 앓고 있거나 일상생활이 불가능한 상황, 중증장애 또는 정신질환으로 인해 가족으로부터 전적인 돌봄을 받아야 하는 상황, 일상생활 유지가 불가능하여 누군가의 도움이 필요한 상황, 중도장애의 발생 또는 교통사고 등으로 인해 보호와 돌봄을 오랫동안 지속해야 할 상황이라면 부담을 갖고 생활해 왔을 것이다. 보호자는 부담을 감수하며 다양한 어려움을 겪었을 것이고, 대부분의 시간을 사례대상자와 보내며 사회활동과 여가생활 등에서 제약을 받았을 것이다. 때로 돌봄에 전념하기 위해 직장을 포기하는 경우도 있다. 돌봄은 기간이나 돌봄의 정도에 따라 차이가 있지만 부담인 것은 분명하다.

부양자는 자신이 살아있는 동안 돌보아야 한다는 책임을 갖고 인생의 몫으로 받아들인다. 또 다른 경우는 도움을 받을 수 있는 기관이 없는 경우이다. 이런 경우 사례대상자가 나이가 들어 돌보지 못할 것이라는 부담이 가중되어 시설입소를 선택하기도 한다. 이용시설 의뢰 또한 비슷하다. 어린 시절부터 양육하며 돌보아 왔지만 자녀의 나이가 많아짐에 따라 사회생활과 자립, 직장생활의 불안함 등 불투명한 미래를 걱정하며 도움을 받을 수 있는 기관을 찾는다. 직업훈련이 가능한 보호작업장 등에 의뢰하는 것이다.

(3) 공식적 절차에 의한 사례의 발견

공식적으로 의뢰되는 사례는 행정기관에서 의뢰하는 경우와 사회복지기관이 서비스를 제공하는 과정에서 발견된다. 행정기관은 사례를 발견하면 해당복지기관을 검토한 후 공문(서비스 지원 유무를 확인)을 발송하여 의뢰한다. 사회복지기관에 의한 의뢰는 지역이 다른 경우, 요청하는 서비스를 지원하지 못하는 경우, 서비스 목적이 기관과 부합하지 않는 경우 등이다.

① 행정기관에 의한 발견

주민에 의해 발견되어 행정기관에 접수 후 또는 행정기관이 발견하여 사회복지기관에 의뢰되는 사례이다. 행정기관은 주민들이 상시적으로 이용하는 지자체, 즉 시청, 읍·면·동사무소, 희망복지지원단, 드림스타트 등이다. 의뢰는 사례의 상황에 따라 시설규모, 서비스 내용, 인력규모, 주요사업내용과 서비스 대상, 주 목적사업 등을 고려하여 해당기관의 문의(공문)를 통해 이루어진다.

② 지역사회 관련기관에 의한 발견

지역사회기관은 유형과 종류가 다양하다. 이용시설과 거주시설 및 단체, 협회는 설립 시 목적사업에 따라 사업 분야와 내용, 서비스대상이 명시되어 있어 지원 대상과 부합하지 않는 경우 지원이 불가능하다.

이와 같이 사례의 발견은 해당 기관이 사업을 수행하는 과정에서 또는 이용하는 주민이 발견하여 문의하는 과정에서, 기관이 사업을 수행하는 과정에서 발견된 사례를 지원하기 위한 검토 과정에서, 그리고 서비스를 제공하기 위해 또는 기관자체적으로 서비스 제공이 불가능한 경우에 의뢰된다.

(4) 사례관리자에 의한 발견

사례관리자는 직무수행 과정에서 다양한 주민을 만나고, 이용하는 주민들의 얘기를 통해 또는 상담을 통해, 지역사회 활동 프로그램을 수행하는 과정에서 사례를 발견한다. 어떤 경우 외근 또는 출장 중에 발견하고, 자원봉사자와 후원자와의 면담 과정에서, 가정실태 및 지역사회 조사 과정에서도 발견한다.

2) 사례의 의뢰

사회복지기관에 의뢰되는 사례는 이웃 또는 기관이, 기관의 홈페이지를 통해 정보를 습득한 후 서비스를 이용할 목적으로 문의하는 과정에서 의뢰된다. 사회복지기관을 이용하는 이용자가 도움을 요청하기 위해 의뢰하는 경우도 있다. 평소 사회복지기관을 이용하며 도움이 필요한 대상자를 발견하면 사례관리자에게 의뢰하는 것이다. 의뢰 방법은 전화 및 방문, 이웃의 사례 제보, 기관의 공문 접수를 통해 이루어지고, 일반적으로 사례대상자 본인이 의뢰한 경우를 제외하고는 유선 또는 방문을 통해 의뢰사실을 당사자에게 확인한 후 접수하게 된다.

〈표 10〉 사례의 의뢰

경로	직무역할	사례관리자 역할
사례의 의뢰	· 본인 또는 이웃, 지역의 사회복지기관, 행정기관에 의한 사례발견 후 사회복지기관에 의뢰 · 전화, 방문, 사례제보, 기관의 공문접수를 통한 의뢰	· 내부기안 후 발견된 사례 보고 · 기관주소, 연락처, 방문방법, 기관위치, 담당자 성명 등 소개 · 방문일자 확정 등

3) 사례의 접수

접수는 인테이크를 위한 준비 과정으로 사례대상자와 대면하는 초기단계이다. 사례접수는 유선, 메일, 공문서 등을 통해 진행된다. 접수는 접수 대장에 의뢰사유를 기록하고 접수사항을 부서장 및 기관장에게 보고한다. 의뢰된 사례대상자의 기본정보를 파악하는 수준에서 진행되기에 기관장으로부터 면접 진행을 승인받은 경우, 부서의 직무 및 기관의 행사 일정과 겹치지 않는 날짜를 정해 동료 직원 및 부서장의 협조를 받아 면접일자를 확정한다. 최종 면접 일자가 확정되면 유선 또는 문서로 사례대상자에게 통보한다. 사례대상자와의 공식적인 면접은 예약이 필수인데 다른 대기자 때문이다. 방문이 편한 시간으로 면담일자를 정해 면담장소를 설명한다.

〈표 11〉 사례의 접수

경로	직무역할	사례관리자 역할
사례의 접수	· 유선, 메일 또는 우편으로 이루어지고 공문으로 접수 됨 · 접수대장 기재 및 기관장 보고 · 기관장 면접 승인 후 면접일자 확정	· 사례대상자 통보(유선 또는 문서: 방문 장소 및 시간 등) · 준비서류 전달: 건강진단서, 수급자 증명서, 주민등록등본, 초본, 가족관계증명서, 장애인인 경우 장애진단서, 장애등록증 외

또한 면담 시 필요한 서류를 준비하도록 안내한다. 기본 서류는 건강진단서, 수급자증명서, 주민등록등본 또는 초본, 가족관계증명서, 장애인인 경우 장애등록증 등이며, 위의 서류는 기관마다 차이가 있다. 이상의 서류는 수급자 여부를 확인하기 위한 목적과 건강상태[3]를 확인하고, 실제 주거지 및 가족관계 등 지원 적격성을 확인하기 위해서이다. 만약 건강진단서 등을 준비하기 어려운 경우 스크리닝 작업 후 사정회의 이전까지 준비하도록 안내한다.

3) 이 과정에서 중요하게 파악할 사항은 전염성 질환여부와 질병을 앓고 있거나 장애유무를 확인하는 것이다. 사례대상자가 전염성 질환에 노출되어 있다면 다른 이용자들에게 심각한 위험이 될 수 있어 이용이 불가능하다. 따라서 건강진단서는 반드시 확인해야 한다.

T/i/p

사례대상자는 타인의 도움보다 사례관리자의 얘기를 듣고 기관을 방문하였고 도움을 받기 위해 기다렸다. 늘 문제에 둘러싸여 어려운 상황에 놓여있던 사례대상자에게 퉁명스럽게 대하고, 안정을 찾게 하는 친절이 없다면 자리가 민망스러워 떠날 것이다. 사례대상자의 이름을 잊어버리거나 누구인지 기억하지 못한다면 실망도 주게 된다. 하지만 사례관리자의 친절은 사례대상자로부터 안정을 갖게 하여 도움을 받을 수 있다는 희망을 품게 한다.

사례관리자는 기관을 대표한다는 입장에서 사례대상자를 맞이해야 한다. "제가 실수하여 확인을 못했습니다!"라는 말이 반복될 때 관심이 없다는 것을 직감한다. 가급적 사례대상자의 요청 날짜에 맞추어 면담을 시행하는 것이 "역시 그럴 줄 알았어" 라는 실망을 주지 않는 방법이다. 이용하고 싶고, 이용하고자 하는 사람이 넘치지만 사례대상자는 문제를 안고 찾아왔다는 것을 잊어서는 안 된다.

2. 스크리닝

인테이크를 진행하기 전 대상 적격성 여부를 판정하는 스크리닝이 진행된다. 그래서 스크리닝을 사례관리자의 1차 사정이라고 한다.

1) 스크리닝 절차

사례대상자 또는 가족과 보호자가 내관하여 제출한 서류 등의 정보를 통해 대상적격성 여부가 판정된다. 적격성은 기관의 지원 대상에 적합한지를 판정하는 과정으로 사업대상의 적합성, 거주 지역, 호소 문제 등의 부합여부를 말한다. 기관의 지원기준에 부합하고 지원이 가능한지 여부는 사례대상자의 기본 서류 파악과 면담을 통해서이다. 적합한 경우 긴급개입, 위기개입, 일반개입과 잠재적 대상자(서비스 보류대상자), 서비스 제외대상자로 분류된다. 이러한 확인 과정을 통해 사례관리자는 사례대상자의 요청이 현실적인지, 그리고 해결이 가능한지, 보호자는 해결의지를 갖고 있는지 등을 파악하게 된다.

서비스 적격성이 확인되었다면 면접이 시행되고, 적합하지 않은 경우 이용할 수 있는 타 기관을 소개하는 등 도움을 제공한 후 종료된다. 타 기관을 소개할 때는 약도 및 전화번호, 기관의 담당자 등을 알려줌으로써 이용에 불편이 없도록 하고, 스크리닝지에 사유를 기록하여 기관장에게 보고 후 서비스 지원이 불가능함을 통보한다.

서비스 대상에 적합한지 등은 기관의 설립목적과 지원 대상에 따라 확인이 가능하다. 따라서 기관의 사업목적과 부서의 사업 및 서비스 등을 이해하고 있어야 한다. 서비스 대상자로 판정이 애매한 경우 판정보류로 분류하게 되는데 서비스를 지원받을 자격이 되었을 때 지원하기 위해서이다. 서비스 지원이 적합한 경우 인테이크로 진행된다.

스크리닝은 세 가지 질문을 통해 확인이 가능하다.

첫째, 기관의 통합사례관리 대상자로 적합한가?

둘째, 문제는 기관의 지원을 통해 해결될 수 있는가?

셋째, 사례대상자는 문제를 인지하고 있으며 해결의지를 갖고 있는가? 아니면 포기하고 있는가? 등이다.

〈표 12〉 스크리닝 절차

경로	사례관리자 역할
서류확인	건강진단서, 수급자 증명서, 주민등록등본, 초본, 가족관계증명서, 장애인인 경우 장애진단서, 장애등록증 외
스크리닝 면접	안정적인 분위기에서 면접이 진행될 수 있는 장소에서 진행
대상적격성 판정	서비스 적합성, 사업적격성, 거주지역, 호소욕구 등을 기초로 판정
욕구 및 요청사항 파악	문제의 현실성, 보호자와 대상자의 욕구 일치성, 기관의 수용가능성 및 해결가능성, 보호자 또는 대상자의 해결의지 등
문제유형에 따른 대상자 판정	긴급지원대상자, 위기지원대상자, 일반지원대상자, 서비스보류대상자, 서비스 제외대상자 판정

적합	부적합
인테이크로 진행	종결 또는 타기관 소개 : 약도, 전화번호, 담당자 등 소개

2) 스크리닝 판정 대상자

스크리닝 판정을 통해 사례대상자는 다음과 같이 분류된다.

(1) 긴급 지원 대상자

긴급 지원 대상자는 혼자서는 생활이 불가능한 상황으로 생활의 문제는 생존과 관련되고 즉시 개입해야 할 상황에 처해 있는 사례이다. 자력으로는 직면한 문제를 해결할 수 없으며, 문제의 심각성을 알고 있으나 해결하기 어렵기 때문에 긴박성을 띤다. 긴급한 지원은 생활을 유지하지 못할 정도로 심각한 상황을 의미한다. 재정적·물질적·인적지원이 없으면 생존에 위협을 받을 수 있어 개입을 서둘러야 한다. 신체장애, 중증질환, 경제적 문제로 인한 심각한 빈곤, 부양거부에 따른 가족해체의 위기, 생계유지의 곤란, 방치에 의한 돌봄 거부 아동 등 문제에 노출되어 있으며, 오랫동안 방치되었다는 특성을 보인다.

따라서 관련전문가와의 공조를 통해 지원여부를 결정해야 한다. 기관의 지원이 있는 경우 현재의 위기 문제와 상황 등이 어느 정도는 완화될 수 있어야 하는데 사례대상자 스스로 의지를 갖기까지 많은 노력이 필요하고, 장기적인 치료와 개입이 필요한 사례이다.

사례

어린 시절 부모의 이혼으로 중학교 2학년에 재학 중인 형과 초등학교 4학년인 남동생이 방한 칸에서 생활하고 있다. 친척들도 외면한 상태라, 라면 등으로 끼니를 해결하고 있다. 그나마 형이 아르바이트를 하며 생활비를 벌지만 등교하지 못하는 날이 많아 학교 중퇴를 갈등하고 있다. 동생은 지적장애 2급으로 재활훈련과 치료가 필요하지만 방치된 상황으로 하루종일 방안에서 컴퓨터 게임과 TV를 보는 것이 전부이다

위의 사례를 살펴보면 미성년자인 형은 생활비가 부족하여 아르바이트를 하며 생활비를 벌어야 하고 결석이 잦은 상황이다. 경제적 문제 외에 가정생활, 학업수행, 생계 등의 문제에 노출되어 있으며, 동생 또한 지적장애인으로 치료적 개입이 필요하지만 방치되어 있다. 이러한 상황이 장기화되면 학업중퇴 외에 생활고에 노출되는 것은 물론 일탈이 예견되고, 돌봄(동생) 포기 등 가족해체가 예측된다. 위의 사례가 긴급개입 사례에 해당한다.

(2) 위기 지원 대상자

위기 지원 대상자는 생활유지를 위한 직업 활동, 가족관계 저하로 인한 자녀양육소홀과 가족기능 저하, 대인관계 회피 등 다양한 문제를 지니고 있어 긴급한 개입이 필요하다. 경제적·물질적·건강 문제 등으로 인해 타인의 도움과 사례관리자의 개입이 없다면 개선될 여지가 없다.

생활의 문제는 긴급한 상황으로 진전될 소지가 많은 사례이다. 문제를 인지하지만 개선할 수 없는 여건에 놓여 있어 자력으로 생활하기 어렵고, 문제인식

을 하지 못하는 경우도 있어 방치한다면 일상생활을 유지하지 못할 정도의 심각한 상황에 처하게 된다. 하지만 생존과는 관련이 없는 사례이다.

사례

오랫 동안 알콜중독 치료를 받아 온 ○○씨는 10년 간의 입원 치료를 받은 후 완치되어 집으로 돌아왔다. 두 자녀가 성장하여 고등학생이 되었고, 부인도 직장생활을 하며 열심히 생활하고 있다. ○○씨는 금주를 하며 일을 찾아 보았지만 받아 주는 직장이 없어 고민이 되었다. 그는 학교를 등교하는 자녀들과 출근하는 부인에게 미안한 마음이 들었다. 하지만 취업이 쉽지 않아 고민이 많아졌고, 어느 날 집으로 귀가하던 중 친구와 술자리를 하게 되었다. 그날 이후 알콜중독이 재발되었다. ○○씨는 매일 술로 보내었고 부인과 자녀는 재입원시키기 위해 방법을 모색하였다. 이런 눈치를 알게 된 ○○씨는 폭언을 하며 폭력을 행사하는 등 가족을 힘들게 하는 일이 잦아졌다.

위의 사례는 ○○씨의 알콜중독 진단 이후 장기간의 입원치료를 통해 회복 과정을 보여 주는 사례이다. 하지만 사회적 지원이 없는 상태에서 취업의 어려움을 겪으며 알콜 중독이 재발되었다. 부인과 자녀들은 재입원을 고려하고 있으며, ○○씨는 직장도 없는 상태에서 술에 의지하여 자신을 정당화하며 폭언과 폭력을 행사하고 있다.

위 사례는 사례관리자의 개입이 없다면 가족관계 저하는 물론 해체의 위험이 예견된다. 부인의 직업 활동으로 인해 생존에는 문제가 없지만 ○○씨의 알콜중독 재발로 인한 폭력, 가족해체 등의 문제가 예견되는 사례이다. 이와 같은 사례가 위기에 해당하는 사례이다.

(3) 일반 지원 대상자[4)]

문제의 양상과 심각성은 긴급 및 위기 대상자와 같이 생활과 관련이 있으나 생존과는 직접적으로 관련 없는 사례이다. 사회복지기관 자체적으로 개입계획을 수립하여 지원이 가능한 사례대상자로 경제적·물질적·정서적 지원을 통해 문제를 해결할 수 있다.

하지만 통합사례관리에서 지원하는 사례대상자는 일반사례관리 대상자라고 하여도 단편적인 문제보다는 복합적인 문제를 내포하고 있다. 따라서 사회복지

4) 통합사정회의에서 선정된 사례는 지역의 사회복지기관들이 역할을 분담하여 필요한 지원을 수행해야만 해결이 가능한 사례이다. 따라서 일반적인 사례라고 하여도 지역기관들의 협조를 받아야 한다.

기관 간의 역할을 분담하여 지원해야 한다. 아래의 예시를 살펴보면 통합사례관리에서 일반사례대상자를 지원하기 위한 실행방법을 이해하게 될 것이다.

사례

85세 된 ○○씨는 ○○회사를 정년 퇴직을 하였다. 자신 소유의 집이 있으며, 자녀들도 성장하여 출가시킨 상황이다. ○○씨는 10년 전 부인과 사별한 후 혼자 지내고 있다. 자녀들과는 연락이 두절된 상태로 이웃과도 교류가 많지 않은 편이다. ○○씨는 30만 원의 연금으로 생활하고 있는데 자신 소유의 집과 연금을 받는다는 이유로 수급자로 선정되지 못했고, 공과금을 내고 나면 생활비가 부족하여 식사를 거를 때도 많다. ○○씨는 식사문제와 세금이 나오지 않았으면 하는 바람을 나타내었다.

위의 사례를 살펴보면, ○○씨는 지병이 없지만 식사문제와 생활비 부족을 호소하고 있다. 사례관리자는 후원자를 연계하여 결연후원금을 지원할 수 있으며, 자원봉사자를 연계하여 가사활동을 지원할 수 있다. 또는 무료급식을 지원하거나 도시락 배달 서비스를 통해 ○○씨를 도울 수 있다. 이렇듯 일반사례대상자는 경제적 지원과 말벗, 가사활동 등 단순지원을 통해 욕구를 해결할 수 있는 사례이다. 이러한 대상자가 일반사례대상자이다.

위의 사례를 통합사례관리의 일반사례대상자로 지원하면, 먼저 복합적인 욕구와 문제를 분류한다. 위 사례에서는 식사문제와 세금, 생활비 부족, 정서적 외로움, 자녀관계 소원과 연락두절, 소득 부재 등의 문제가 있다. 주 지원기관이 노인복지기관이라고 볼 때, 식사 및 가정봉사원 파견을 담당한다. 생활비 부족도 지원이 가능하다. 하지만 말벗과 생활상담 혹은 가정봉사원 파견은 매일 지속할 수 있을지 불투명하다. 종합사회복지관 또는 자원봉사센터와 연계하여 요일별로 식사 및 가정봉사원 파견, 나들이, 외출 동행 등을 분담하여 지원할 수 있다. 생활비 문제 또한 노인복지관에서 최소한의 후원을 연계하거나 후원연계를 지원하지 못한다면 종합사회복지관의 대상자로 등록하여 결연후원자 등을 연계할 수 있다.

(4) 서비스 보류대상자

서비스가 보류되는 경우는 다양하다. 사례대상자의 요구사항과 기관의 서비스가 부합하지 않는 경우, 문제의 양상과 유형이 애매하고 판정하기 곤란한 경우, 서비스욕구가 있지만 문제 해결 의지가 불분명하여 인테이크로 진행하기 애매한 사례 등이다. 서비스보류 대상자는 기관의 접수대장을 통해 관리된다. 추후 이용자로 등록될 수 있기 때문이다.

사례

어느 날 63세의 노인이 복지관을 방문하였다. 그는 자녀들이 자신을 돌보지 않고 생활비를 보내 주지 않는다고 호소하며 집을 옮겨야 한다고 했다. 현재의 집이 초라하다는 이유였고, 복지관에서 지원하는 도시락 배달 및 가정봉사원을 파견해 줄 것과 집안 청소를 해 달라고 하였다. 위 노인은 기초수급자가 아니었으며 자신 소유의 아파트를 갖고 있고 지병이 없는 부인과 생활하고 있다.

위 사례의 경우 수급자가 아니고 경제적으로도 부족하지 않았으며 자녀 또한 결혼하여 따로 생활하고 있다. 부인과 본인 또한 건강한 상태로 경제적 문제를 호소하고 있는 것도 아니다. 집에서 식사를 해결하기 위해 도시락 배달을 요구하지만 자력으로 해결이 가능하고, 가사 활동 또한 스스로 수행이 가능하다. 따라서 보류대상자로 판정할 수 있는 사례이다.

(5) 서비스 제외대상자

기관의 목적사업에 해당하지 않는 사례, 서비스가 지원된다 하여도 변화를 기대할 수 없는 사례, 지병을 앓고 있어 치료가 시급한 사례(사례관리자는 치료적 개입을 위한 지역의 기관을 소개하는 것이 좋다), 서비스를 거부하고 기관이용을 거절하는 사례 등이 해당한다. 서비스 대상자로 적합하지 않는 경우 상담록에 사유를 기재한 후 의뢰자에게 설명한다.

Tip

지역에 노인요양시설 한 곳이 설치되어 있는데 아동·청소년을 위한 사업을 구상하였다. 이런 경우 아동·청소년을 위한 서비스 지원(재정지출 포함)이 불가능하다. 노인복지관에 장애인이 이용을 요청하는 경우도 마찬가지다. 아동시설에 장애인의 입소가 불가능하며, 장애인 시설에 아동이 입소하는 것 또한 마찬가지다.

또는 서비스 대상에 부합하지만 문제를 해결하려는 의지를 보이지 않거나 질병을 앓고 있는 경우도 치료적 개입이 우선되어야 한다. 노숙인이 겨울을 보내기 위해 장애인시설에 입소하고자 하는 경우도 마찬가지다. 이런 경우 지역의 기관을 소개해야 한다. 서비스가 제외되는 경우는 다양하기 때문에 사례관리자의 노련함이 요구된다.

스크리닝 과정은 사례대상자와 대면하는 첫 번째 과정이므로 표출하는 문제에만 집중하는 것은 바람직하지 않다. 요청한 바를 얘기하게 하는 사례관리자의 의도적인 대화 기술과 숙련성이 요구되는 사례관리자의 1차 사정이기 때문이다.

〈표 13〉 스크리닝 기준표

스크리닝 기준표

본 복지관에서는 다음과 같이 스크리닝 대상자 판정을 시행한다.

1. 긴급 지원 대상자

- 생존에 직접적인 어려움을 겪고 있는 대상자
- 자력으로는 생활의 문제를 해결하기 어려운 대상자
- 문제의 심각성으로 인해 생명에 위협을 받고 있는 대상자
- 문제가 심각하여 긴급한 개입이 필요한 대상자
- 중증 질환으로 인해 생존에 위기가 초래될 수 있는 대상자
- 대상자 및 가족 구성원이 생존의 위협에 노출되어 있는 대상자
- 자력으로는 생존에 필요한 물질적 충족이 불가능한 대상자
- 기타 긴급한 개입이 필요한 대상자

2. 위기 지원 대상자

- 생존에는 문제가 없으나 개입하지 않으면 생존에 위협을 줄 수 있는 문제에 노출된 대상자
- 경제적·물질적·건강 문제에 노출되어 있으며, 사회활동 제약 등 타인의 도움과 사례관리자의 개입이 없다면 개선될 여지가 없는 대상자
- 자력으로 생활하는 것이 불가능한 대상자
- 폭력 등에 노출되어 있는 대상자
- 기타 위기개입이 필요한 대상자

3. 일반 지원 대상자

- 문제는 생활과 관련되어 있으며 긴급 또는 위기사례가 아닌 대상자
- 인적·물적 지원이 있어야만 욕구 및 문제가 해결될 수 있는 대상자
- 연계와 도움이 필요한 대상자

- 단순욕구와 문제를 호소하고 있지만 문제 등이 복합적이고 다른 문제와 연계되어 있는 대상자
- 기타 일반 지원 대상자로 적합하다고 판정된 대상자

4. 서비스 보류 대상자
- 기관의 서비스와 부합하지 않는 대상자
- 문제의 해결의지가 없는 대상자, 하지만 문제에 대한 개입을 받아야 할 대상자
- 서비스를 거절하지만 서비스에 부합하는 대상자
- 당장 개입하지 않아도 문제가 없는 대상자
- 기타 서비스 보류 대상자로 판정된 대상자

5. 서비스 제외 대상자
- 사례관리 서비스 개입을 거절하는 대상자
- 사례관리 서비스를 지원한다고 하여도 개선될 소지가 없는 사례
- 사례관리 개입보다는 정신질환 등으로 인해 치료가 시급한 사례 등

▶ 판정결과

구분	긴급 지원 대상자	위기 지원 대상자	일반 지원 대상자	서비스 보류 대상자	서비스 제외 대상자
판정					
판정사유					

20 년 월 일

담 당 자 : (인)

슈퍼바이저 : (인)

○○ 종합사회복지관장 귀하

3. 인테이크와 자료수집

인테이크는 통합사례관리를 진행하기 위해 사례대상자에 관한 다양한 정보를 확인하는 과정이다. 현재의 어려움은 물론 문제의 심각성과 문제와 관련된 사람들의 이해 정도 외에 주거지 상황이 문제를 악화시키는지 등에 관한 정보를 수집하는 시기로 사례대상자와의 대화를 통해 요구가 무엇인지를 확인하는 통합사례관리의 핵심 과정[5)]이다. 따라서 문제를 규명하기 위한 목적에서 사례대상자와 보호자가 겪은 다양한 생활 사건을 파악하는 데 초점을 두어야 한다. 또한 사례대상자의 참여 의지 확인이 중요하다.

하지만 사례대상자의 요구와 참여만을 강조해서는 안 된다. 보호자의 강요에 의해 방문하거나, 이웃들과 행정기관 및 관련기관의 요구에 의한 강요된 방문일 수 있기 때문이다. 자발적으로 방문하였다 해도 사례대상자에게는 용기가 필요하고, 행동으로 옮기기까지 고민했을 수 있으므로 사례관리자의 지혜로운 대처가 필요한 시기이다.

5) 사례관리자는 인테이크를 시행하며 사례대상자가 표현하는 비언어적 표현을 주목해야 한다.

〈표 14〉 인테이크 절차

경로	파악내용	인테이크 기술
인사 및 기관 소개	○ 참석자 확인 · 사례대상자, 가족, 보호자, 사례관리자, 슈퍼바이저 외	· 반가운 인사 · 사례관리자 소개 및 기관의 주요 현황 소개 · 관심사항에 대한 대화 나누기 외
⬇		
대상자 서류 확인	· 대상자가 준비한 서류	· 스크리닝 과정에서 확인하였다면 다음단계로 진행
⬇		
대상자와 보호자 요청사항, 욕구 청취	○ 객관적, 주관적 정보파악 · 문제의 심각성, 관련된 사람들의 이해 정도 · 주거지 상황, 문제요인과 노출된 기간, 사례대상자와 보호자의 해결 의지 확인 · 인식하고, 경험하는 문제 중심으로 청취 · 위의 사항을 토대로 문제의 영향 요인 분석, 주변체계와의 관계성, 상호작용 정도 파악 등	○ 방문목적과 이유 찾기 · 지지와 격려를 통한 방문사유와 목적 질문하기 · 문제인식 정도 확인 외 ○ 감정다루기 · 부정적 감정 다루기 · 문제의 과거 회상하기 · 사례대상자의 이해한다는 관점에서 대화하기 외 ○ 긍정적 관계 형성하기 · 라포 형성 · 관심 표명 · 돕는 인상 · 공감 외 ○ 관계회복을 위한 조언 · 사회활동 제약을 극복하기 위한 기대욕구의 구체화 · 유대감 형성을 위한 진솔한 대화나누기 등
⬇		
자료 수집	○ 표준화된 양식 활용 · 사례대상자 직접 기술, 사례관리자의 질문, 보호자 또는 관계된 사람의 정보 외 ○ 사례대상자의 진술 · 사례대상자와 가족의 의도 파악 · 인식하고 있는 문제 확인 · 문제로 인식한 상황으로 인해 겪는 어려움 · 과장된 표현과 축소한 문제 파악 · 주변체계와의 연관성 · 적극적인 지지를 통한 관심 표명 ○ 주의 깊은 관찰 · 비언어적 행동 확인(표정, 태도, 손짓 등) · 비언어적 행동의 의미 분석 등	○ 수집방법 · 기본 서류 확인 · 사례대상자 또는 가족의 진술 · 사례관리자 관찰 · 가정 방문 등
⬇		
가정 방문	· 가족의 사회적 관계 파악 · 생활수준 파악 · 가족의 생활주기 파악 · 주거상황 파악 등	· 가족상황 이해
⬇		
문제 규명	· 문제분류와 관련된 사람 파악 · 문제 규명을 위한 사정보고서 반영 내용 확인 · 기관장 보고 후 승인	· 사례대상자의 참여 의지 확인 · 원하는 기대 질문하기 등
⬇		
사정보고서 준비	· 사례의 긴급성, 위기성, 단순지원, 보류, 제외 사례 규명(사례관리자의 1차 판정)	· 사정보고서 작성 · 표준서식 활용 · 객관적 사실 기재 · 현재의 어려움, 문제, 호소내용, 욕구 등

1) 인테이크의 의미

인테이크는 사례대상자를 비롯하여 보호자와 가족의 호소 욕구, 문제 등을 이해하는 데 필요한 자료를 수집하는 과정이다. 인테이크에 참여하는 인력은 사례대상자와 가족, 보호자이며, 기관에서는 사례관리자와 슈퍼바이저 등 관련 직원[6]이다.

사례관리자는 반가운 인사와 함께 기관의 연혁과 주요 사업, 서비스 등을 사례대상자가 이해할 수 있는 언어를 선택하여 소개한다. 인사를 나눈 후 기본 서류를 확인한다. 기본 서류가 확인되었다면 본격적으로 사례대상자와 보호자의 요청사항과 호소를 청취한다. 청취는 사례대상자의 현재 생활과 관련된 어려움으로 겪고 있는 문제 등이다.

인테이크는 사례대상자와 사례관리자가 대면하는 첫 번째 과정으로 문제를 발견하고 문제의 원인과 심각성, 주변체계와의 상호작용 등 생활상을 토대로 필요한 지원과 범위를 정하기 위해 가급적 많은 정보를 수집해야 한다. 정보획득이 많을수록 문제를 이해하는 데 도움이 되고 계획 수립이 용이해진다.

T/i/p

인테이크 시 사례관리자의 기술은 사례대상자와 보호자의 호소내용을 파악하기 위해 질문하는 것이며, 스스로 얘기하게 하여 의지를 갖도록 지지하는 격려가 효과적이다. 장애유무와 정신질환, 허약한 노인이나 돌봄이 필요한 아동의 경우 보호자의 참여가 필수적이다.

2) 자료수집

사례대상자는 사례관리자를 처음 대면할 때 낯선 환경으로 인해 말문을 열기가 쉽지 않을 것이다. 생애 처음 사회복지기관을 방문하였는데 첫 대면의 자리

6) 만약 의뢰된 사례가 기관에서 대응하기 어렵거나, 장기간 방치 등에 노출된 사례라면 외부 전문가 및 전문치료기관에 의뢰하여 조치해야 한다.

가 어색하다면 하고 싶은 말과 얘기를 주저하게 된다. 이런 경우 사례대상자는 질문에 대답하는 수동적인 모습을 보인다. 결국 자료 수집이 불충분해지는 것은 물론 정보 또한 부실하여 사정의 오류를 유발하게 된다.

(1) 자료수집 방법

기본 서류 파악, 사례대상자 진술, 사례관리자의 관찰 등을 통해 자료를 수집[7] 한다. 필요한 경우 가정 방문 조사를 시행한다. 인테이크는 사례대상자의 상황 파악을 통해 고민을 확인하는 시간이다.

① 표준화된 서식 활용

표준화된 양식은 양식에서 요구하는 단답 또는 체크마크를 통해 기록된다. 이용자의 신상파악에 기초한 프로그램의 필요성과 이유, 진행 과정과 결과 등 자료수집이 용이하기 때문에 많은 기관에서 활용되고 있다(Kagle, 1991, 홍순혜 외 역, 1999). 자료수집에 유용한 양식은 활용도가 높다. 하지만 인테이크 양식 목록이 충분하지 않을 경우 자료 수집은 실패하게 된다. 불확실한 자료는 물론 사례관리자의 주관적 견해가 반영될 소지 또한 많다. 이러한 자료는 서비스 계획 과정에서 기관의 일방적인 서비스만을 제공하게 한다.

따라서 양질의 자료는 양식개발에 기반한다고 해도 과언이 아니다. 타기관의 인테이크지를 수집하여 분석하고 전문가의 조언과 자문을 받은 후 양식을 개발한다.

자료는 사례대상자의 자기진술에 기초하고, 사례관리자의 질문을 통해, 그리고 보호자와 관계된 사람들이 제공하는 정보에 의한다.

---

7) 질환을 앓고 있는 노인이나 장애인 등은 자료 수집을 위해 기본 서류 파악이 우선되어야 한다. 확인서류는 장애진단서, 병원 치료 및 진료확인서 등이다.

② 사례대상자의 진술

최초의 면접은 도움을 받아 해결하려는 의도를 갖고 있기 때문에 다양한 정보를 습득할 수 있는 최적의 시기이다. '첫 대면의 진술은 도움을 받기 위한 의도, 문제인식 이후 해결을 받고자 하는 의도, 더 이상 방치하지 않으려는 의지 등이 내포'되어 있다. 살아온 인생의 여러 일들 가운데 경험된 어려움, 그리고 문제라고 인식된 상황과 문제와 연관된 장애물 파악을 용이하게 할 뿐 아니라 주변 사람들과의 관계 정도 등을 알게 한다.

하지만 직면한 문제가 사례대상자가 이해하였던 문제보다 심각할 수 있으며 아닐 수도 있기 때문에 과장하여 표현하거나 축소시키는 사건과 얘기를 주의하며 경청하는 기술이 필요한데, 초점을 벗어나지 않기 위해서는 일관성 있는 태도를 견지하고 도움의 호소내용과 문제인식, 상황해결을 위한 의지 외에 주변의 관계된 사람과 어떠한 연관성이 있는지를 밝혀내야 한다. 따라서 과장된 표현과 사실, 추론, 회피 등 왜곡이 발견된다 하여도 충분히 이해하고 있다는 반응을 통해 안정된 심리상태를 유지하도록 격려하고 지지와 관심을 표현하며 대화를 이끌어야 한다.

③ 주의 깊은 관찰

사례대상자는 자신의 고민을 언어로만 전달하지 않는다. 말하는 중에 표현하는 특별한 행동과 제스처는 하고 싶은 말을 대신하려는 그의 내면의 얘기이다. 강조하는 말과 뒤따르는 손짓, 표정, 분노를 표현할 때의 행동 등은 자신의 감정이 어떠하고, 왜 이렇게 말하는지, 해야만 했던 이유를 설명하려는 것으로서 사례관리자는 이러한 표현을 주의 깊게 관찰하며 의미를 찾아야 한다.

표현하는 말과 감정 상태를 드러내고자 할 때 보이는 태도와 표정이 달라지는 이유를 파악하기 위해 주의한다. 대신하는 손짓으로, 눈동자로, 먼 산을 바라보는 무표정, 침묵, 주변을 두리번거리는 기웃거림, 얼굴 표정과 태도에서, 눈빛과 머뭇거림 등 이러한 비언어적인 표현은 그의 감정 상태이다.

사례대상자는 힘든 경험을 겪으며 오랜 시간 억눌린 상태로 지내 왔기 때문에 지금이 두렵고 낯설 수 있다. 표출하면서도 미안해하고, 감추려는 태도에서, 그리고 표정에서 감추지 못하는 것은 현재가 버겁기 때문에 사례관리자가 도와주었으면 한다는 무언의 호소이다.

이렇듯 다양한 비언어적인 표정과 모습은 그가 말하고자 하는 의미를 담고 있다. 그래서 사례대상자 스스로 솔직하게 얘기한다면 해결해 보려는 의지가 담겨 있는 것으로 이해해도 무방하다. 지금 이 시간 사례관리자를 만나 해결하겠다는 의지, 찾아온 결심 등이 동기로 이어질 때 용기를 갖게 된다는 것을 기억하자.

④ 기본 서류 파악

인테이크 과정에서 기본 서류를 파악하는 것은 객관적인 정보를 얻기 위해서이다. 건강상태, 가족관계, 수급권자 여부, 거주유형과 주거상황 등의 서류는 초기면접 시행 1주 전에 전달한다. 추가로 확인할 사항이 있는 경우 기관장의 방침을 받아 시행한다.

⑤ 기타 자료수집

가정환경과 가족관계 외의 생활을 확인하기 위해서는 가정 방문이 효과적이다. 가정 방문은 주거지 현실을 파악하고 추가적인 도움이 있는지를 알게 한다. 가족의 밀착 정도, 주거상황, 이웃과의 상호작용, 사회적 활동과 생활력 등을 이해하게 한다. 지원에 필요한 도움 정도 및 개입여부와 수준을 결정하는 데에도 필요한 정보를 얻게 한다.

또 다른 방법은 전문 사회복지기관 및 치료센터, 병원 등에서 시행하는 검사의 방법이 있다. 하지만 사전에 사례대상자로부터 동의를 받아야 하기에 인테이크 과정에서는 활용될 수 없다. 면접이후 사례대상자로 등록되면 검사가 필요한 이유를 설명한 후 사례대상자와 보호자의 동의하에 시행한다.

T/i/p

사람은 살아가는 동안 상처를 받고 아픈 일들을 경험한다. 좋아하는 사람과 헤어져야 하고, 알리고 싶지 않은 일이 타인에 의해 공개되기도 한다. 문제가 생기고, 문제를 경험하며 문제를 안고 살아가는 것이다. 이러한 문제를 극복하려 애써 보지만 힘겨운 기억으로 남아있는 것들이 다시 생각나서 더욱 괴롭게 된다. 더욱 불안한 것은 해결해 보려고 노력할수록 혼자 해내야 하는 현실에 좌절할 것이라는 절망감이며 이야기를 들어줄 누군가의 따뜻한 격려가 없다는 것이다. 내가 이러한 상황에 처한 것은 지지해 주는 조력자가 없었기 때문에 생긴 일이라고 여긴다. 누구나 이러한 고민은 살면서 겪는다.

이미 지나간 일을 다시 거론하는 것은 좋을 수도, 그렇지 않을 수도 있다. 좋은 추억은 긍정적인 기억이지만, 아픈 기억을 회상하는 것은 분노와 억압, 갈등을 되뇌이게 하여 심적으로 억눌리게 한다. 사례대상자는 이런 자신이 답답할 수 있고, 한심하다며 처지를 비관하고, 왜 그랬는지를 회상하며 후회할 수도 있다. 따라서 감정의 반응에 주목하고 반응하는 사례관리자의 태도는 역량과 결부된 인테이크 기술이다.

(2) 자료수집 내용[8)]

자료 수집은 사례대상자와 가족이 호소하는 욕구를 파악하고 필요한 지원을 모색하기 위해 세심한 주의가 필요하다. 사례대상자의 성별, 연령, 소득, 학력, 직업, 결혼여부 및 가족현황, 장애 및 질환명과 발생 시기, 심리상태, 편식여부, 건강상태, 주거상황, 종교, 직업, 표출된 욕구, 문제 상황, 가족 및 구성원에 대한 정보, 가족의 경제력, 사회적 관계 정도, 경제 및 주거상황, 건강 및 의료기관 이용, 사회적 관계 및 상호작용 정도, 강점과 약점 외에 사회복지기관을 이용한 경험, 이용배경, 보호자와 관련한 정보 등이다.

① 자료수집 대상

누구나 살아가면서 만나고 싶고, 보기 싫은 사람, 좋은 사람, 친구 같은 존재 등 다양한 사람들과 관계하며 살아간다. 사례대상자 또한 무수히 많은 사람들과

8) 박태정 외(2008, 21-36)의 자료를 참고하여 재정리하였음.

관계해 왔을 것이다. 이러한 정보는 많으면 많을수록 그를 이해하게 하여 어떠한 도움이 필요한지를 알게 한다.

관계된 인물에 대한 정보파악은 사례대상자의 문제를 개선하고 완화하는 데 실마리를 제공하기 때문에 가급적 다양한 정보를 많이 확보하는 것이 중요하다. 하지만 인테이크 과정에서 이러한 인물 모두를 조사하고 면담할 수는 없다. 그렇다고 사례대상자 개인에게만 정보의 출처를 두는 것도 적절하지 않다. 충분한 자료 수집은 사례대상자와 관련된 중요인물을 분류하여 접촉방법을 모색한 후 진행하는 것이 효과적이다.

② 사례대상자 기본정보

일반적으로 사회복지기관에서 최초의 면접 시 활용하는 양식이 인테이크지이다. 우선 접수 및 상담 일자와 상담자, 상담 참여자를 기재한다. 사례대상자에 관한 정보와 생활하고 있는 가족 외에 성명, 성별, 연령, 생년월일과 장애유형, 중복장애, 주소, 전화번호 및 비상연락망, 학력, 사회복지기관 이용경력 등이다. 가족사항은 가족관계증명서에 기재된 가족 모두를 기술한다. 경제상황은 주 소득자와 월 소득 등이며 현재의 생활수준을 의미한다. 또한 문제를 인식한 시기, 신체적 건강상태 및 식습관과 취미, 특기, 성격, 하루 일과 및 사회적 관계망과 지지자원, 의뢰사유를 기재한다. 기타사항으로 보호자의 요구와 추가상담 내용을 기재하고 상담자의 의견으로 마무리한다(한국장애인복지학회, 2006).

③ 건강상태와 신체정보

사례대상자의 정신적·심리적·신체적 건강상태에 관한 정보이다. 현재 앓고 있는 질병과 치료병원, 치료기간, 중복질환 유무, 장애여부 등이다. 장애 또는 질환이 있는 경우 일상생활의 어려움 정도와 치료비용 조달, 치료계획 등 사례대상자와 가족의 조치사항을 확인한다. 추가적인 자료가 필요한 경우 관계된 인물과의 면담을 통해 정보를 수집한다.

④ 가족과 보호자

원 가족과 분가하여 생활한다 하여도 가족의 정보는 중요하다. 사례대상자와 동거를 시작한 시기와 돌봄 기간, 주된 돌봄자와 돌봄 과정에서 유발된 문제로 인해 보호자와 가족들이 겪은 어려움, 즉 직업의 상실, 소득유무, 생활비 조달, 비용부담과 추가적인 비용발생 등이다. 특히 사례대상자에게 지원한 사항과 미래계획, 가족관계, 가족 내 갈등, 갈등의 표출방식, 가족구성원의 사회활동과 상호작용의 방해요인과 극복여부 등은 반드시 확인되어야 한다. 가계도와 생태도는 가족 상황에 대한 객관적인 사실을 파악하는 데 유용하다.

⑦ 주거와 경제 상황, 활동

주거형태가 전세, 월세, 자가소유인지 여부와 단독주택, 아파트, 영구임대아파트, 원룸, 빌라 등을 구분하여 기재한다. 주거 지역이 아파트 단지인지, 상점가인지, 유흥가인지 또는 인근주민들과 떨어져 있는지 외에, 난방유형이 기름보일러인지, 연탄보일러인지, 가스보일러인지 또한 확인되어야 하는데, 주거환경은 생활수준을 의미하고 생활 정도를 이해하게 한다. 기타 사항으로는 경제활동 정도를 파악하는 것이다. 이는 주 부양자의 부양능력과 소득수준, 생활능력 등을 이해하게 하고, 소득 정도는 직업과 관련되며 사회활동 정도를 가늠하게 한다.

이렇듯 주거환경 파악은 물질적 지원의 도움 정도를 확인하게 하여 사례관리자의 개입 정도와 지원할 서비스를 결정하는 데 유용하다.

T/i/p

저자가 복지관에 근무할 때 독거 어르신 가정을 방문하였다. 제법 추운 겨울이었지만 연탄을 살수 있는 돈이 없어 깨진 유리 창문에 달력을 오려 붙이는 것으로 겨울을 나셨다.

우리가 알지 못하는 것이 아니라 그들의 삶이 어떠한지 경험할 기회가 적어 지원을 서두르지 않을 수 있다.

⑧ 사회적 관계와 활동

사례대상자 및 가족의 사회적 관계 정도와 상호작용 수준을 확인하기 위해서는 사회관계망을 파악해야 한다. 사회관계망은 다음과 같이 분류할 수 있다. 혈연집단은 가족과 친척을 의미하고, 근린집단은 비공식적으로 관계를 맺고 있는 이웃과 친구, 직장동료와 친분 있는 지역사회 주민 등이다. 기능집단은 지역의 공식·비공식 기관들로, 학교, 병원, 교회, 사회복지관련기관, 직장 등이다. 행정집단은 행정기관과 읍·면주민자치센터 등이다.

사회적 관계에 대한 정보는 사례대상자뿐만 아니라 가족과 보호자의 활동 외에 자원의 개입 정도와 개입내용, 사회적지지 정도를 사정하기 위해 필요하다. 사회 내·외의 관계된 인물과의 친분 정도, 교제하는 인물과의 교제시기와 장소, 교류와 갈등, 분쟁대상에 대한 에너지의 흐름과 패턴, 자원의 제약 정도 및 상호작용 정도를 이해하게 한다. 사정도구는 생태도와 사회적 관계망 그리드가 있다.

⑨ 주된 문제와 호소욕구

사례대상자와 가족이 인식하는 문제는 관계하는 사람들과 연관된 경우가 많다. 먼저 가족과 보호자가 인식하는 문제의 관련 정도를 탐색한다. 이해의 차이 또한 확인할 사항이다. 호소하는 얘기를 주목하고, 그가 강조하여 전하고자 하는 의미를 분석한다.

사례대상자가 경험하였고 인식하는 문제는 해결대안을 스스로 알고 있는 경우가 있다. 조치하지 못하였다면 이유와 상황, 이후 발생한 또 다른 문제와 연관된 영향 등을 확인하고, 주변 인물들의 반응에 초점을 두고 정보를 수집한다.

〈표 15〉 통합사례관리 인테이크 면담기록지

통합사례관리 인테이크 면담기록지	결재	담당	팀장		원장

면담자 성명		면담 동행자	외 명(관계:)
면담 일자		면담 장소	
면담 참석자		면담 시간	
면담 경로	□ 기관방문( ) □ 가정방문( ) □ 기타( )	연락처	집 : 핸드폰:

면담자 기본 정보	현 거주지					
	동거자 여부		나이		세(만 세)	
	종교		성별			
	직업	있음( ) 없음( )	직장명		출근 방법	대중교통( ) 자가용( )

수입과 지출	월 소득	소득 근거	월 지출	지출 방법
				□ 카드 □ 현금
장애 또는 질환 여부	없음( ) / 있음( ) 질환명: 유병 기간: 부터 치료 내용: 치료 병원 :			
장애 또는 질환 원인				

가족 사항

성명	나이	관계	성별	직업	동거 여부	면담자와의 관계 정도
	세		남 / 여		○ / ×	밀착( ) 소원( ) 갈등적( )
	세		남 / 여		○ / ×	밀착( ) 소원( ) 갈등적( )
	세		남 / 여		○ / ×	밀착( ) 소원( ) 갈등적( )
	세		남 / 여		○ / ×	밀착( ) 소원( ) 갈등적( )

결혼 여부	□ 결혼(결혼 시기:) □ 미혼 □ 이혼 또는 별거(사유:) □ 기타( )		
학력	중학교		□ 졸업(졸업 일자 :) □ 기타( )
	고등학교		□ 졸업(졸업 일자 :) □ 기타( )
	대학교 이상	대학	□ 졸업(졸업 일자 :) □ 기타( )
	검정고시		
	기타		

타 기관 이용 경험	이용기관명	이용 내용	이용 기간	기타
			–	

가계도		상태도	
설명		설명	

<table>
<tr><td>주거상황</td><td colspan="2">□ 자가: 평
(단독주택( )/아파트( )/빌라( )/기타( )
□ 전세: 평 원
(단독주택( )/아파트( )/빌라( )/기타( )
□ 월세: 평 원
(단독주택( )/아파트( )/빌라( )/기타( )
□ 기타정보 :</td><td>주거상황기타</td><td>▶ 보일러 : 월 원
□ 기름( ) □ 도시가스( ) □ 연탄( ) □ 기타( )
▶ 주거구조
□ 방 칸 □ 화장실( ) □ 거실( )
□ 목욕실( ) □ 기타( )</td></tr>
<tr><td>주거지역</td><td>□ 주택가
□ 아파트
□ 유흥가</td><td>□ 공장지대
□ 상가밀집지역
□ 기타( )</td><td>수급자 여부</td><td>□ 수급권자(수급금액 : 원)
□ 조건부수급권자(수급금액 : 원)
□ 해당사항없음( )
□ 기타( )</td></tr>
<tr><td colspan="2">면담 신청 사유
(본인)</td><td colspan="3"></td></tr>
<tr><td colspan="2">면담 신청 사유
(보호자)</td><td colspan="3"></td></tr>
<tr><td colspan="2">기타 요청사항</td><td colspan="3"></td></tr>
<tr><td colspan="2">면담자
기본정보</td><td colspan="3">① 성장 과정 특성
② 아동청소년기
③ 성인기 이후
④ 직업생활
⑤ 대인관계(이웃 등)
⑥ 생활하면서 어려운 점
⑦ 기타</td></tr>
<tr><td colspan="2">통합사례관리와
관련된
상황 여부</td><td colspan="3">▶ 긴급 지원 문제:
▶ 위기 개입 문제:
▶ 일반 지원 문제:
▶ 보류 지원 문제:
▶ 기타:</td></tr>
<tr><td colspan="2">면담자
특이사항</td><td colspan="3">▶ 의사소통
▶ 신체적 특성
▶ 대인관계
▶ 기타</td></tr>
<tr><td colspan="2">사례관리자 소견</td><td colspan="3"></td></tr>
<tr><td colspan="2">비고</td><td colspan="3"></td></tr>
</table>

(3) 수집된 자료의 처리

수집된 자료는 발견한 문제와 호소내용을 토대로 긴급, 위기, 일반, 보류, 제외욕구와 문제로 분류한다. 가족이 호소하는 내용 또한 같은 수준에서 분류한다. 인테이크 과정에서 사례관리자가 관찰하고 확인한 사항을 포함한다. 수집된 자료는 사정회의 보고서로 작성해야 하는데 이를 사정보고서라 한다.

3) 사례관리자의 인테이크 면담 기술

〈표 16〉 사례관리자의 인테이크 면담기술

<table>
<tr><th>기술</th><th>핵심활동</th><th>기대결과</th><th></th><th>성취결과</th></tr>
<tr><td>안정을 위한 첫 대면</td><td>· 부드러운 인사를 통한 반가움 표시
· 가벼운 대화주제 선정
· 기관 및 주요사업소개</td><td>· 편안한 분위기 조성
· 사례대상자의 안정감 유지
· 방문사유에 대한 기대감</td><td rowspan="6">⇨</td><td rowspan="6">욕구와 문제에 대한 충분한 정보 획득과 기대감 부여</td></tr>
<tr><td>방문 목적과 이유 찾기</td><td>· 사례관리자의 격려와 지지
· 방문 사유와 이유, 목적 설명 요청
· 사례대상자의 얘기에 대한 반응보이기</td><td>· 방문사유와 목적 이해
· 자신의 의사표현 기회의 확보
· 기관에 대한 이해 증진</td></tr>
<tr><td>부정적이고 긍정적 감정 다루기</td><td>· 사례대상자의 부정적 감정 파악
· 사례대상자의 긍정적 감정 파악
· 생활과 관련한 문제 파악
· 자연스러운 감정표현을 하도록 유도</td><td>· 해결의지 부여
· 부정적 감정의 해소
· 긍정적 사고</td></tr>
<tr><td>긍정적 관계형성하기</td><td>· 라포 형성
· 관심 표명
· 돕는 인상
· 공감</td><td>· 사례대상자의 감정이해
· 호소문제 파악
· 불안감 해소</td></tr>
<tr><td>관계 회복을 위한 조언</td><td>· 대인관계수준 확인
· 대인관계의 어려움 파악
· 심리 · 정서상태 확인
· 회복을 위한 대안 제시</td><td>· 자신감 회복
· 대인관계의 문제점 인식
· 사례관리자와의 허심탄회한 대화</td></tr>
<tr><td>기대욕구 이해</td><td>· 예기치 못한 문제의 파악
· 문제의 요인 분석
· 문제 해결을 위한 개입시기 확인
· 문제 규명
· 사례대상자의 인식 확인</td><td>· 문제 해결을 위한 시각 확대
· 문제 해결을 위한 노력
· 문제와 관계된 사람들의 해결을 위한 실마리</td></tr>
</table>

(1) 안정을 찾게 하는 첫 대면

첫 대면 시 따뜻한 차와 함께 부드러운 미소로 인사를 건네는 것은 만남을 어색하지 않게 하고, 부담을 덜 갖게 하여 생각을 표현하게 한다. 편안한 감정을 갖도록 부서 및 기관의 사업, 사례대상자에 대한 지원 내용과 서비스 등을 소개한 후 언제든지 문의할 수 있다는 것을 전달한다. 이제 사례대상자에게 소개를 부탁하고, 마칠 때까지 긍정적인 반응을 보이며 기다린다.

이러한 소개방법은 사례대상자에게 자신의 얘기를 말할 상대인지, 신뢰할 사람인지를 인식하게 하여 경계심 등 불안을 감소시킨다. 편안한 분위기를 조성하기 위해서는 관심 있는 사항을 파악하고, 무겁지 않은 대화주제를 찾는 것이 중요하다.

(2) 방문목적과 이유 찾기

사례대상자는 초기 대면 과정에서 방문사유를 말하는 데 있어 주저할 수 있다. 왜냐하면 낯선 환경에서 처음 대면한 사례관리자에게 도움을 부탁한다고 말하는 것은 용기가 필요하기 때문이다. 그래서 사례관리자의 더 많은 격려와 지지가 필요하다.

사례관리자는 방문사유와 이유, 방문목적을 구체적으로 설명해 주기를 격려한다. 방문 이유와 필요한 도움을 질문함으로써 문제 인지와 이해 정도를 확인할 수 있다. 사례관리자의 반응된 질문은 사례대상자의 자기 이해를 돕고 문제로 인한 상황파악을 용이하게 한다.

(3) 부정적이고 긍정적 감정 다루기

사례대상자는 자신의 문제를 해결 받을 수 있다는 기대 속에 사회복지기관을 방문한다. 하지만 치부와 같은 과거의 경험을 얘기하기란 쉽지 않은 일이다. 경험을 얘기하는 것은 부정적 감정을 생각하게 하고, 불쾌한 감정, 갈등, 회피 등의 기억일 수 있다. 드러내고 싶지 않은 자존심으로 가족사의 부정적인 문제가 노출되는 것을 숨기고 싶어 할 수도 있다. 관련 인물의 잘못이라고 해도 생활의 문제와 연관될 수 있으므로 사례관리자는 이러한 사례대상자의 행동과 감정을 이해해야 한다.

T/i/p

분노는 관계에서 풀어가지 못했던 억압된 감정과 관련이 있다. 한 번 어긋난 감정은 사소한 일에도 분노를 표현하고 과격한 행동으로 표출될 소지가 많아 주변 사람들을 힘들게 한다. 반면 좋았던 감정과 긍정적 관계유지 시기와 요인도 파악해야 한다. 행복했던 시기는 어떤 인물들과 관계하였고, 그와의 좋은 추억은 왜 느끼었는지, 무엇을 통해 즐거웠고, 만족하였는지 등이다.

감정의 표현은 사례대상자 스스로 어느 정도는 문제를 이해하고 있다는 것을 의미한다. 따라서 문제인식과 해결의지가 있는지, 부정적 감정 속에 생활하는지, 어떻게 반응하였는지, 그리고 이해를 가지고 있는지 등은 우선적으로 파악할 사항이다.

(4) 긍정적 관계 형성하기

① 라포 형성

충분할 정도의 자료 수집을 위해 사례관리자가 주의를 기울여야 할 사항은 사례대상자와의 라포 형성이다. 라포 형성은 사례대상자의 내면세계를 탐구하는 기술로 그의 경험과 생각, 이해, 인식을 알아보고, 현재 호소하는 문제 해결에 필요한 정보습득을 촉진시킨다. 사례대상자의 언어적·비언어적 표현에 반응을 보이며 신뢰를 얻고 있다는 느낌을 갖도록 분위기를 만드는 것이 중요하다.

② 관심표명

우리는 살아가는 동안 의외의 친구를 첫 만남에서 사귀고, 별로라는 느낌을 받는다. 생활의 일을 타인의 시선에서 얘기하고, 적당한 선에서 자신을 소개하며 느낌에 따라 호감을 갖는다. 어쩌면 사례관리자에게 사례대상자의 상황은 경험하지 못한 문제이기에, 당황하며 '이런 생활을 얼마나 지속한 거야?'라는 의문을 품을 수 있다.

하지만 사례대상자는 문제를 개선하기 원한다. 그래서 문제의 해결방법과 문제들을 해결하는 데 필요한 도움을 기대한다. 사례대상자는 그의 얘기에 관심을 표현하고, 안타까운 반응을 보내며 공감의 반응을 보낸다. 이러한 대화는 사례대상자에게 용기를 준다.

③ 돕는 인상

사례관리자는 사례대상자에게 문제는 해결될 수 있으며, 문제의 해결방법을 함께 고민하고 나누기를 희망한다고 말함으로써 해결을 위해 최선을 다할 것이라는 희망을 주어야 한다.

④ 공감

사례대상자의 내면세계를 이해하자. 현재의 문제를 문제로 받아들이기보다는 누구나 경험하는 어려움이라는 것을, 그리고 많은 사람들이 생활하면서 겪는 일이라는 것을 설득하여 상황을 받아들이도록 이해시켜야 한다.

사례관리자는 안타까워하는 표현을 사용하고, 불안정한 감정을 이해한다는 말과 표정으로 반응을 보낸다. 이때 해결될 수 있다는 신뢰를 얻고 공감한다. '현실이 버겁고, 힘들었겠다!'는 위로의 말은 사례대상자에게 한 번 더 문제를 해결하겠다는 의지를 심어 주어, 결심을 결정으로 행동하게 만든다.

Tip

사례관리자의 지혜로운 언어선택은 문제의 시각을 바꾸게 하여 그의 동기를 의지로 이끈다. 사례대상자가 자주 사용하는 용어를 사례관리자의 말로 전달하는 것은 마음의 교감을 높여 의지를 갖게 한다.

(5) 관계회복을 위한 조언

사례대상자는 가족관계 속에서, 지역사회 일터에서, 이웃과 주민들, 친구들과 관계하는 사람들 속에서 문제를 경험한다. 문제는 관계에서 비롯되는 경우가 많고, 대처기술이 부족하여 발생할 수도 있다. 제한된 대인관계로 인해 소극적인 인간관계를 맺고, 문제의 발생 시 대처방법을 몰라 감내했을 수도 있다. 더욱이 경제적·물질적·정신적 고충이 있다면 스스로 관계하지 않거나 설사 관계를 맺는다 해도 오래 지속되지 못하는 등 단절을 선택하기도 한다. 관계를 맺는 중에도 불안, 초조, 거부감과 갈등을 표현할 수 있다. 이런 식의 관계형성이 오랫동안 경험된 것이라면 불신 또는 회피하며 갈등에 놓이게 된다.

하지만 이러한 사례대상자의 행동을 문제로 인식해서는 안 된다. 이미 사례대상자는 주변의 반응을 알고 있어 심리적으로 위축되었을 것이고, 대인관계의 어려움으로 인해 사회활동 제약 등을 경험해 왔다. 원만하지 않은 대인관계는 사례대상자 스스로 관계 맺기를 소극적으로 선택하게 하는데, 포기하거나, 관계를 맺지 않는 것이다. 극복하지 못했다면 고립을 선택하기도 한다. 사례관리자가 사례대상자의 기대 욕구와 문제를 오해하는 경우에도 혼란을 겪기는 마찬가지다.

사례관리자는 문제의 초점을 찾아 기대욕구를 구체화하여 사례대상자와 관계하고 있는 인물과의 갈등요인을 파악한다. 문제 발생과 양상이 어떠한지, 관련인물과의 관계성, 심각성 등을 다차원적으로 분석하여 해결 방안을 사례대상자와 모색한다. 이러한 상호작용은 사례관리자와 사례대상자 간에 유대를 형성하여 깊은 대화로 이어지게 한다.

(6) 기대욕구 이해

예기치 못한 상황에서 문제와 맞닥뜨리게 되면 피하거나, 도움을 청하기 위해 친구를 찾고, 지인에게 자문을 받거나 또는 몸으로 부딪히며 버텨보겠다는 등의 행동을 보인다. 하지만 문제는 겪는 일이고 겪어 온 것이다. 누구나 어느 정도의 문제를 가지고 생활한다. 인간은 소속을 통해 활동하는 사회적 존재이지만 집단에 소속된다고 해서 문제가 없어지는 것은 아니다. 따라서 문제를 바라보는 시각에 따라 문제가 될 수 있고, 아닐 수도 있다.

하지만 사소한 문제가 심각한 상황을 초래하는 경우가 있다. 사소한 일을 소홀히 여겨 장시간 방치한다면 문제는 커질 것이다. 이를 해결하기 위해서도 많은 노력과 지원이 필요하다는 것은 예측이 가능하다. 이전보다 더 많은 자원을 동원해야 하고 도움을 받아야 한다. 초기에 대처하지 못해 더 힘든 것을 경험하고, 심각한 상황에 놓여 있는 그 때에 개입하게 되므로 초기 대처는 중요하다. 어떤 경우 문제에만 몰입하여 사소한 문제를 과장하거나, 주변 인물의 문제로 오해하기도 한다. 해결에 필요한 조치를 취하지 않는 경우도 있다. 개입시기를 놓치거나 해결 시기를 놓쳐 갈등 상황으로 몰아가는 등 자력으로는 해결하지 못하는 것이다.

이제 문제규명에 몰입하여 보자. 문제는 위에서 언급한 것처럼 사례대상자에게 버거운 과제이다. 기억하기 싫은 과거일 수 있어 갈등과 오해를 일으킬 수 있지만 사례대상자의 참여가 없다면 규명할 수 없는 일이기에 반드시 필요한 과정이다.

사례관리자는 사례대상자가 문제 해결을 원하는지를 질문하여 의지를 확인하고 해결을 원한다면 동의를 받아 문제들을 분류한다. 문제의 발생원인과 시기, 문제로 인지하는 것들, 그리고 관련 인물의 대처와 반응을 확인한다. 문제를 말하는 것도 어렵지만 문제를 기억하고 생각해 내는 것은 부정적 감정을 수반하게 되므로 사례관리자의 노련함이 필요하다.

하지만 사례대상자와 보호자 및 가족, 관계된 사람은 해결방법을 알고 있는 경우가 있다. 따라서 갈등과 분쟁 또는 해결되지 않은 문제가 있다 해도 해결의 실마리를 찾기 위해 노력해야 한다.

이렇게 수집된 자료는 통합사정회의 자료로 활용된다. 충분할 정도의 정보가 확보되었다면 면담은 종료된다. 종료 후에는 면담결과 보고서를 작성하여 부서장과 중간관리자(국장 또는 사무국장)를 거쳐 기관장의 결재를 받는다. 정식 사례로 접수될 경우 부서장과 기관장으로부터 사정회의 일자 및 내용을 점검받고 사례보고서 작성과 함께 사정회의(사정위원회) 소집 공문을 발송한 후 보고서 작성을 준비한다.

T/i/p

통합사례관리는 사례대상자의 문제와 욕구를 해결하기 위해 사례관리자의 내면의 역량을 강조한다. 사례대상자가 경험한 과거를 회상시켜 얽혀 있는 복잡한 상황들의 실마리를 찾기 위해 내면의 감정 상태를 현재의 관점에서 다루기 때문에 전문적인 지식도 필요할 뿐 아니라, 지식에 기반한 전문적인 기술이 필요하다. 과거의 일, 즉 인생의 고충과 애환, 아픔을 현재로 끌어내어 문제가 드러난 이유를 분석하고 해결 방법과 대안을 모색한다.

기술적 대화를 위한 노련함도 필요하다. 경험했었던 당시의 상황을 재현할 때의 심리상태와 반응을 살피고, 관련된 사람과의 상호작용에서, 그리고 문제를 대처하기 위한 노력과 포기, 상황을 대처한 사례대상자의 반응을 찾아 이전보다 나은 현재를 살아가도록 대안을 제시한다. 사례대상자가 기억을 회상할 때 사례관리자의 감정적 반응과 민감성은 보다 진솔한 대화로 이어지게 한다. 이 모든 과정이 사례관리자의 역량에 달려 있다는 것을 기억하자!

4. 가정 방문 보고

가정 방문을 시행하는 이유는 다음과 같다.

(1) 사례대상자가 제기한 문제를 확인하고 가족의 상황을 이해하기 위해

사례관리자는 가정 방문을 통해 가족들의 사회활동 정도와 가족의 밀착 정도 등을 직접 확인함으로써 사례대상자가 제기한 문제가 세력화 되어 있는지, 가족관계를 저하시키고 있는지 또는 제기한 문제보다 더 심각한 상황인지를 이해할 수 있게 된다. 의외로 많은 사례대상자와 가족들은 단순한 문제들을 오랜 시간 방치하여 문제에 문제를 더한 상황임에도 포기와 지침, 힘든 것조차 말하지 않고 지내는 경우가 있다. 이를 발견하고 이해시키는 목적이 가정 방문이며, 사례관리자의 역할이다.

따라서 반드시 시행해야 한다. 가정 방문을 통해 사례관리자는 사례대상자의 생활을 이해하게 되고, 영향을 미치는 긍정적·부정적 사항에 대한 지원 전략을 모색할 수 있게 된다.

(2) 사례대상자와 가족의 사회적 관계를 확인하기 위해

가족성원은 각각의 과업과 역할을 수행하고 있는지, 가족 또는 이웃들과의 의사소통 정도와 사회적 관계 등을 확인한다. 사람은 태어나는 순간부터 본인 외의 관계를 맺고 있는 대상으로부터 도움을 받으며 살아간다. 그리고 그러한 도움을 통해 성장하고 또 다른 관계를 맺으며 생활하는 존재이다. 하지만 문제들에 휩싸여 아무것도 못할 정도의 상황에 처하게 되면 생각의 함정 속에 고립을 선택하고, 관계를 맺지 않아도 생활할 수 있다는 착각을 할 수 있다. 그러다 보면 더 어려운 상황에 처해지게 되지만 벗어나려는 시도를 하지 않은 채 생활하는 악순환을 반복한다. 더욱이 빈곤하고 궁핍한 생활이라 할지라도 수용하고, 이러한 생활이 자신을 비참하게 만든다는 것을 알면서도 비관과 낙담, 현실을 부정하는 자기포기에 지친 하소연을 하면서 생활한다. 때로 사소한 일에 화를 내며 난폭한 행동을 보이고 주변 사람들을 공격하기도 한다. 도움을 줄 수 있는 사람과 관계를 맺어야 할 사람을 구분하지 못해 고립되어 가지만, 의도적인 비난의 대상이 주변사람들이므로 관계를 악화시킬 뿐이다. 이러한 상황이라면 사례대상자에게 기대할 것이 없다. 하지만 많은 사례대상자와 가족들은 그럼에도 참고 생활해 간다.

사례관리자가 사회적 관계를 확인해야 할 이유는 이러한 선택을 할 수밖에 없는 사례대상자와 가족들의 힘들고 지친 생활을 벗어나게 해야 할 사명 때문이다. 적어도 사례관리자는 사회복지를 전공하고 자신을 통해 도움을 필요로 하는 이웃들의 아픔을 해결하겠다고 선언하지 않았는가? 그렇다면 이를 실행할 기회가 지금이다.

(3) 생활수준을 확인하기 위해

가정 방문은 사례대상자의 생활환경을 통해 드러나는 문제가 개인뿐만 아니라 가족의 어려움으로 작용하고 있는지를 이해하게 한다. 생활은 물질적 풍요에 의해 영향을 받게 되므로 경제적 상황이 나쁠수록 가족은 불화를 경험하고 갈등에 노출된다. 물질적 빈곤이 장기화될수록 벗어나려는 의지보다 빈곤선의 생활을 받아들이며 살아가는 경우도 있다.

사례관리자는 가정 방문을 통해 가정의 환경뿐만이 아니라 생활 수준을 확인할 수 있으며, 살아보려는 의지, 빈곤을 벗어나려 했던 시도들, 생활을 방해하는 장애물 등을 확인하고, 문제들의 얽혀 있는 요인을 가족관계 속에서 파악하게 된다.

따라서 가정 방문은 사례대상자의 생활을 이해하기 위해 매우 중요한 정보습득 과정이라 할 수 있다.

(4) 가족의 생활주기를 파악하기 위해

가족성원의 문제는 가족 전체에 영향을 미친다. 가족은 구성원이 어려움에 처한 경우 해결하기 위해 노력한다. 또는 문제가 있는 가족을 품에 안기도 하고 지쳐 포기하기도 한다. 가족 생활주기의 파악은 이러한 가족의 특별한 사건과 경험을 이해하게 한다.

(5) 주거상황을 이해하기 위해

오랜 시간 비위생적인 환경에서 생활해 왔다면 낮은 자존감과 부정적 태도에 고착될 소지가 있다. 사회활동 위축으로 인해 원만하지 않은 사회관계를 형성하기도 한다. 만약 어린 자녀나 노인을 부양하고 있다면 방치할 소지가 많아 가정 방문 조사는 필수적이다.

(6) 가족의 생활 정도를 파악하기 위해

가정 방문시 조사내용은 주거상황, 주거지 내 편의물품과 환경, 비위생적인 요소들, 생활용품과 방의 구조, 가족사항, 가족의 받아들임, 밀착 정도와 애착관계, 가족 내 서열, 의사소통 구조, 주로 영향을 미치는 가족, 이웃들과의 관계성, 교류하는 이웃, 주된 활동 장소, 주거 지역 유형(주택단지, 공장 지역, 유흥가 지역, 기타), 가옥구조(단독주택, 아파트, 빌라, 상가건물, 기타), 소유구분(자가, 전세, 월세, 임대, 기타) 등이다.

〈표 17〉 통합사례대상자 가정 방문기록지

통합사례대상자 가정 방문기록지	결재	담당	팀장		원장

방문가정 대상자 성명		대상자 가족 면담 참석자	
가정 방문 일자		면담 시간	
가정 방문 동행자		방문 시간	
면담 경로	ㅁ기관방문( ) ㅁ유선( ) ㅁ가정 방문( )	연락처	집 : 핸드폰:

면담자 기본 정보	현 거주지					
	동거자 여부		나이		세(만 세)	
	종교		성별		남 / 여	
	직업	있음( ) 없음( )	직장명		출근 방법	대중교통( ) 자가용( )

수입과 지출	월 소득	소득 근거	월 지출	지출방법
				카드(월 원) 현금(월 원)
수입과 지출	▶ 의뢰자에게 미칠 영향: ▶ 가족에게 미칠 영향:			

가족사항						
성명	나이	관계	성별	직업	동거 여부	면담자와의 관계 정도
	세		남 / 여		○ / ×	밀착( ) 소원( ) 갈등적( )
	세		남 / 여		○ / ×	밀착( ) 소원( ) 갈등적( )
	세		남 / 여		○ / ×	밀착( ) 소원( ) 갈등적( )
	세		남 / 여		○ / ×	밀착( ) 소원( ) 갈등적( )
가족관계 설명	▶ 의뢰자에게 미칠 영향: ▶ 가족에게 미칠 영향:					

주거지 평면도	주거지 특징 설명
	▶ 생활면 ▶ 부정적 상황 외

주거 상황	ㅁ 자가: 평 (단독주택( )/아파트( )/빌라( )/기타( ) ㅁ 전세: 평 원 (단독주택( )/아파트( )/빌라( )/기타( ) ㅁ 월세: 평 원 (단독주택( )/아파트( )/빌라( )/기타( ) ㅁ 기타정보 :	주거 상황 기타	▶ 보일러 : 월 원 ㅁ 기름( ) ㅁ 도시가스( ) ㅁ 연탄( ) ㅁ 기타( ) ▶ 주거구조 ㅁ 방 ( )칸 ㅁ 화장실( ) ㅁ 거실( ) ㅁ 목욕실( ) ㅁ 기타( )
설명	▶ 주거상황 : ▶ 의뢰자에게 미칠 영향: ▶ 가족에게 미칠 영향:		

주거 지역	□ 주택가 □ 아파트단지 □ 유흥가	□ 공장지대 □ 상가밀집지역 □ 기타(　　　)	수급자 여부	□ 수급권자(수급금액 :　　　원) □ 조건부수급권자(수급금액 :　　　원) □ 수급권자 아님(　) □ 기타
설명	▶ 주거 지역 상황 : ▶ 의뢰자에게 미칠 영향: ▶ 가족에게 미칠 영향:			
가족의 기대와 요청사항				
이웃관계 특징				
면담자 요청사항				
통합사례관리와 관련한 지원 상황	▶ 주거 긴급 지원 문제: ▶ 주거 위기 개입 문제: ▶ 주거 일반 지원 문제: ▶ 주거 보류 지원 문제: ▶ 기타 :			
사례관리자 소견				
비　고				

가정 방문이 완료된 후 사례관리자가 확인할 사항이 있다. 사례대상자와 가족에게 통합사정회의 시행 후 계획 수립을 통해 지원된다는 것과 요청한 사항보다 더 많은 서비스가 지원될 수 있으며, 축소될 수 있다는 것을 알리는 것이다. 이러한 지원은 동의가 필요하다. 만약 거절한다면 납득할 수 있도록 설명하고 그래도 거부한다면 서비스는 지원될 수 없으므로 종결된다. 동의한 경우 통합사정회의 보고를 위한 자료준비로 이어진다.

5. 사례 취합과 사정회의보고서 준비

1) 사정보고서의 중요성

사정보고서는 사례의 상황을 재정리하는 의미가 포함되어 있어 사례관리자의 2차 사정이라 할 수 있다. 사정보고서 작성은 면접에서 확인된 사항에 따라 작성하되, 욕구와 문제를 일목요연하게 요약하여 기술한다. 사례대상자와 가족의 호소 내용에 기초하여 욕구와 문제를 분류하고, 사례관리자의 확인사항 또한 반영한다. 기록은 사실에 근거하여 서식에 따라 작성하고 사례관리자의 의견제시를 통해 마무리 되며, 사례의 긴급성, 위성성, 일반적(단순)사례인지를 명시[9] 하되 드러난 문제를 중심으로 기술한다. 완성된 보고서는 부서 및 관리자, 기관장의 결재를 통해 슈퍼비전을 받고 방침을 확인한 후 기안으로 마무리한다.

2) 사정보고서 작성기술

사정보고서는 읽는 사람의 관점에서 간결하고, 알기 쉬운 용어로 가능한 한 짧은 문장으로 기술하되 어려운 단어를 사용하지 않는다. 이해할 수 없는 용어 사용을 가급적 삼가고 단어와 문장을 연결시킨다. 논리적 전개가 있고 일관성을 지키되, 읽기에 편하고 문장의 흐름이 이해되어야 한다(권구영 외, 2010).

보고서는 기안문을 통해 보고한 후 기관장의 결재를 받는다. 보고서 내용은 사례개요(사례대상자 상담일자 및 주요사항, 호소문제, 면담방법 등 사례의 의뢰 이유와 욕구, 인테이크 진행사항을 확인할 수 있어야 함), 상담결과(인테이크 및 스크리닝, 가정 방문결과를 일목요연하게 작성해야 함)를 작성하고, 추가적

9) 사례관리자는 사례대상자의 자료 수집을 마친 후 사정보고서를 작성해야 하는데, 대개 사정 보고서 마지막 칸에 사례관리자의 의견게시와 사례판정을 표시(또는 기술)하게 되어 있다. 이 란은 사례관리자의 의견기술이므로 기관에서 정한 사례 상황에 따른 판정 결과를 기술하면 된다. 그리고 사례판정 사유를 기재하면 된다.

으로 확인된 문제를 포함하여 기술한다. 사례관리자의 의견을 기재하는 것으로 마무리 한다. 인테이크지와 스크리닝, 가정 방문보고서를 사본으로 첨부하고 최소 1주일 전에는 보고되어야 한다.

3) 사정보고서 작성절차

남기철 외(2005)는 Sheafor & Horejsi(1997)가 제기한 사정보고서의 작성방법을 다음과 같이 소개하였다. 사정보고서는 사례관리자의 전문적 보고 양식으로 간결성, 명확성, 단순성, 유용성, 조직성, 비밀보장과 사례대상자 접근, 사례대상자의 강점에 초점을 두고 작성해야 한다.

하지만 통합사례관리에서 사정보고서는 사례의 상황이 심각하기 때문에 남기철 외(2005)의 작성방식보다 더 구체적이어야 하고, 양식에 국한해서는 안 된다. 사례의 심각성에 따라 기술방식이 달라야 하고, 그의 상황이 어떠한지가 명확하게 도출되어야 한다.

(1) 표준서식 활용

사정보고서는 사례대상자의 사정결과를 보고하기 위해 기관에서 사용하는 표준 서식에 따라 작성하는 공식문서이다. 사정보고서의 자료원천은 인테이크 과정에서 얻는 사례대상자의 진술이며, 사례관리자의 관찰과 보호자와 가족 등으로부터 확인된 정보에 근거한다.

사례관리자의 직무에 적용해 보면,

만약 표준서식이 미흡하여 기록을 담기에 부족하다면 어떠한 방법이 좋을 것인가?의 고민이 남는다. 이러한 경험은 한두 번씩은 해 보았을 것이다. 면담 시간이 두 시간이 넘었는데 한두 장의 양식지에 면담 내용 모두를 담는 것은 불가능하다. 따라서 질문내용을 사전에 준비해야 한다. 핵심 질문은 사례관리자가 사례대상자로부터 파악해야 할 내용에 초점이 맞춰져 있다. 그리고 양식지와는 별도로 자기만의 면담 서식을 준비한다. 이렇게 하면 인테이크지에는 핵심내용을 담고, 사례관리자는 사례대상자의 상황을 구체적으로 파악하게 되어 해야 할 역할을 알게 된다.

(2) 내용구성

보고내용은 다음의 조건을 갖추어야 한다. 간결하고 명확해야 하며 현재의 문제가 드러나야 한다. 따라서 각각의 단락에 맞추어 소제목을 활용하고 불필요한 정보를 담지 말아야 한다. 객관성은 사례관리자의 주관적 의견을 최소화하고, 이를 해석할 때 문제에 초점을 두고 전문가 관점에서 의견을 제시하는 것이다. 사례대상자의 요구사항을 토대로 개입이유가 명확하고, 잠재능력 개발에 초점을 둔다.

사례관리자 직무에 적용 T/i/p

사정보고서의 내용 구성이 질적으로 높아지기 위해서는 사례대상자의 상황을 이해하기 위한 자기만의 기록방식을 정해야 한다. 지원할 사항을 자신의 방식으로 이해할 수 있도록 별도의 소제목을 만든다. 그리고 지원영역에 대한 범위를 정한다. 이렇게 하면 자신이 수행할 직무범위를 정할 수 있게 된다. 사실 우리가 혼란을 겪거나 직무가 과중된다고 인식하는 이유가 관리자의 지시에 의한 업무부담 때문이 아닌가? 자기만의 직무수행 방식을 찾으라는 것을 권하고 싶다!

(3) 핵심자료

자료의 초점은 사례대상자에게 있다. 사례대상자는 어떠한 어려움을 겪었으며, 사회적 관계는 원만한지, 문제 대처방식 외에 현재 남아 있는 문제와 욕구는 무엇인지 등이다. 또한 사례대상자는 해결의지가 있는가? 현재의 문제는 무엇인가? 사례관리자를 통해 무엇을 얻고자 하는가? 변화를 원하는가? 등이다. 따라서 진단과 평가를 통해 획득한 객관적 사실과 기본 서류 등은 상황을 이해하게 한다.

사례관리자 직무에 적용 T/i/p

무엇을 드러내고 싶은가? 본인이 꼭 지원하고 싶은 내용이 확인되었는가? 그러면 주저하지 말아야 한다. 이를 드러내기 위해 관리자에게 제시하고 싶은 내용을 굵은 글씨로 표시하고, 아니면 컬러로 다른 색깔의 글씨로 표시하는 것은 어떤가? 관리자가 처음부터 보고서 내용을 모두 읽어 내는 스타일이라면, 붉은 글씨로 표시한 사례관리자의 핵심내용을 읽어보게 되어 있다. 그러면 그 이유를 물을 것이다. 그러면 성공한 것이다. 이런 식으로 자신의 의지를 표명해 보는 것은 어떤가? 결국 자신의 직무는 개인의 직무이기 이전에 기관과 부서장의 의지를 끌어내기 위한 노력이 아닌가? 우리의 작은 아이디어가 사례대상자의 지원을 확대시키는 계기임을 기억하자(이재용, 2015).

(4) 기술초점

보고서는 두 가지 차원에서 의미가 있다. 첫째, 사례대상자의 진술을 토대로 작성한다. 사실에 기초한 보고서는 생활을 이해하게 한다. 둘째, 문제를 접근하고 해결하기 위한 방법에 관한 정보를 얻게 한다.

사례관리자 직무에 적용 T/i/p

사정보고서는 기록기술이 필요한 문서로서 분석하고 해석된 내용에 따라 통합사례관리 방향이 결정되기 때문에 문제의 발생 시기와 원인, 관계된 사람들의 반응을 중심으로 기록해야 한다. 문제를 대하는 태도, 문제양상, 현재의 실질적인 어려움, 문제로 인한 갈등, 문제 해결을 위해 시도한 것들, 문제의 관점, 문제를 해결하려는 의지, 보호자와 가족은 해결하기 원하는지 등을 포함한다. 이러한 정보를 통해 문제의 상황과 관련 인물 등을 이해하게 되고, 해결에 필요한 전략을 선택할 수 있게 된다.

사례대상자와 지역사회를 연계하는

현장 중심의 통합사례관리

9장 /

통합사례관리 협의단계

1. 통합사례관리 사정

통합사정의 방향은 사례관리자 차원, 부서 차원, 기관 차원, 그리고 지역사회 차원, 전문가 차원에서 현재의 문제와 문제의 진전 상황을 파악하고 최적의 해결방향을 제시하는 데 있다. 통합사례관리에서 사정을 강조하는 이유는 지역차원에서 해결할 사례이기 때문이다.

〈표 18〉 통합사례관리 협의단계 진행

경로	파악내용	사례관리자의 역할
사례문제 규명	· 문제원인과 심각성 · 주변체계와의 연관성 · 문제 지속기간 · 문제의 영향력과 개선가능성 등	· 사정보고서 준비 · 대상자에 대한 보고
⇩		
문제 우선순위 선정	· 긴급, 위기, 일반적인 문제	· 객관적 사실에 의한 문제유형 1차 분석(의견으로 제시)
⇩		
사정	· 사정영역 - 결핍된 욕구 확인 - 결핍된 욕구와 연관된 문제 - 욕구를 지원한다는 설명 - 욕구규명 기준 제시 - 욕구달성 과정과 목표 수립 · 사정방향 설정 - 사례관리자, 부서, 기관, 지역사회, 전문가 차원에서의 사례 판정 - 내적능력을 강화하기 위한 대안 모색	· 사례대상자 상황(개인, 가족, 주변체계 분석 외) · 사례대상자 능력 파악(내적·외적 역량)
⇩		
자원분석	· 내부자원 - 사례대상자의 잠재력과 가능성 - 가족 · 외부자원 - 공식자원 - 비공식 자원	· 내·외부 장애물 극복을 위한 약화된 능력 강화 · 인적·물적 자원 연계 · 사회적 관계 정도 분석 · 사정도구를 활용: 가계도, 생태도, 사회적 관계망 그리드 외
⇩		

단계	내용	업무
통합사정회의	· 사정자료 보고 · 참석위원확인(내부/외부) · 심의 및 확정 · 대상자 판정(긴급, 위기, 일반, 보류, 제외 대상자)	· 동의 및 거부의사 확인 · 회의결과를 회의록에 작성하여 위원 날인
⇩		
통합사정회의 결과 및 지원계획 1차 수립	· 통합사정회의 결과 취합 · 타 부서 협조 사항 파악 · 지원사항 분석 등	· 기관장 보고 후 통합사례회의 상정
⇩		
통합사례회의	· 회의 참석자 – 지역의 전문가 초빙 – 전문가 연락사무 외 · 회의시기 – 전문가 간 일정을 조율 후 확정 · 회의진행 – 통합사례관리 회의 절차 준수 · 운영체계 – 통합사정회의 결과의 적정성 확인 – 지원계획 수립 등	· 회의개최 기안 작성을 통한 통합사례회의 보고 · 회의진행에 따른 사전 자료 준비 · 위원들의 보충자료 요청 및 추가 답변 요구 시 설명 · 회의록 작성 · 정기회의, 수시 또는 긴급회의 개최에 따른 연락 사무 등

1) 통합사정의 개념과 절차

통합사정의 출발은 문제를 규명하고, 문제는 지원이 가능한지를 판단해야 한다. 해결가능성 여부를 결정하는 것으로 지원이 가능하다면 문제규명과 호소욕구에 따라 원인과 심각성, 문제의 지속 기간, 가족 상황과 사례대상자의 상태 등을 종합적으로 고려하여 그의 상황이 왜 심각한 것인지, 문제 해결을 기대하고 있는지 등을 집중적으로 사정한다. 또한 주변체계와의 관계성을 사정한다. 여기에서 중요한 점은 누구와 관계를 맺고 있으며, 관계 정도와 사례대상자에게 직접적으로 영향을 미치고 있는지 여부이다. 그 다음 문제 상황을 분류하고 분석한다. 그리고 분석내용에 따라 문제의 우선순위를 정한다. 긴급한 문제, 위기상황문제, 일반문제, 보류할 문제, 제외할 문제 순으로 분류한다. 각각의 문제 규명 후 개선 가능 여부, 즉 해결 가능성을 협의한다. 해결가능성은 기관의 지원과 지역차원의 통합사례관리 상정에 관한 것이다. 긴급한 문제는 통합사례회의에 상정하여 판정여부를 고려한다. 이러한 과정을 모두 진행하였다면 회의록을 작성하여 마무리한다.

따라서 통합사례 사정은 인테이크에서 파악된 내용에 근거하고 사례대상자의 주 호소 욕구와 어려움을 토대로 문제의 범위와 수준, 지원방향을 지역사회 차원에서 규명하는 과정이다. 또한 사례의 개입시기와 전략, 지원역할을 분담하여 원만하게 해결될 수 있도록 개입할 것을 확정하는 기관과 전문가 간의 협의도 포함된다. 즉 사례대상자가 처한 상황을 분석하는 과정으로, 문제로 판정되면 어느 정도 심각한지, 그리고 문제에 노출된 기간과 환경의 분석, 가족들의 이해 정도와 관계 정도 등을 분석하여 지역의 전문가들이 각자의 역할을 정한 후 사회복지실천기법을 적용하여 개입에 필요한 방법을 모색하는 협의라고 정의할 수 있다.

2) 통합사정 영역

통합사례관리에서 사정영역은 사례대상자, 보호자, 그리고 환경체계이다.

(1) 개인의 요구와 욕구

① 결핍된 욕구수준 확인

사례대상자는 자신의 삶을 책임질 의무가 있다. 스스로의 선택과 결정에 의해 살아왔고 앞으로도 생활해 갈 것이다. 이전의 방식을 회복하지 못한다면 현재의 삶은 일탈로 이어질 수 있어 회복은 중요하다.

일탈을 경험한 사람은 생활주기를 거슬러 지역사회 주민들과 다른 방식으로 생활한다. 차이를 느끼고 차별을 받는다고 하며, 해소되지 못한 욕구로 인해 갈등을 가지고 생활한다. 장기간 노출되어 있다면 문제를 알고 있으면서 해결 의지를 갖지 않거나 포기하는 등 주변사람을 고통스럽게 한다. 유사한 문제는 계속 경험되기 때문에 또 다른 생활의 문제를 유발한다. 어떻게 살아갈 것인지에 대한 긍정적 의지여부에 따라 삶의 질에 영향을 미치기 때문에 문제인식은 중요하다.

문제를 경험한 사례대상자는 과거의 방식대로 생활하거나 아니면 포기한 채 생활할 수 있다. 가족의 문제로 치부하고, 관계된 사람의 문제로 회피하며 갈등을 표출하는 등 주변을 힘들게 하는 방식으로 대처한다. 시간이 지날수록 삶의 질을 저해하는 선택을 하는 것이다. 결핍은 물질적인 것일 수 있으며, 정서적인 불만족, 충족되지 않은 욕구이며, 욕구불만이 장기화되고 만연되면 주변체계와 단절하고 폭력을 행사하는 방식으로 충족하려 한다.

개인의 욕구를 사정하기 위해서는 심리·정서적인 상태, 가족관계와 가족들의 결핍 정도, 주거환경에서 오는 불만족과 직장생활 유무, 그리고 소득, 여가유형과 문화생활 등 활동상이 확인되어야 한다. 이러한 사정은 사례대상자의 문제 해결능력과 적응성, 심리적 대처, 문제를 대하는 태도와 관점 등을 이해하게 한다.

② 결핍된 욕구와 연관된 문제

사례대상자의 생활 욕구는 사회적 욕구와 결부되어 있다. 사회적 욕구가 제약을 받는 경우 직업획득에 뒤처지고, 관계의 소외를 경험하는 등 위축된 생활을 한다. 위축된 삶은 억압적이고 갈등적이며, 심리적으로 불안을 조장하여 사회적 관계를 단절시킨다. 사회적 관계 단절이 오래될수록 욕구불만이 쌓여 분노를 품고 생활하는 등 부정적 행동을 보일 소지가 많다.

욕구가 결핍될 때 사회활동 위축을 경험하고, 결핍된 욕구를 충족하기 위해 비이성적인 행동 또는 반사회적인 행동을 보인다. 결핍이 오래되면 억압된 감정을 분노로 표출하게 되어 가족과 이웃들에게 낙인을 받는 등 분쟁을 초래한다. 문제가 장기화될수록 폭력으로 이어질 소지가 많고, 이러한 행동을 정당화하기 위해 또 다른 문제를 거론하며, 문제의 원인을 타인 또는 주변사람에 의한 것이라는 등 이유를 찾지만, 장기간 노출되어 있다는 것은 내면의 불만과 욕구충족이 안 된 상태에서 면역력이 생겼다는 의미다. 주변 사람을 힘들게 하지만 정작 자신은 대수롭지 않게 여기며 문제로 인식하지 않는 경향을 보이는 등 이해할 수 없는 행동을 서슴없이 한다. 정당성을 찾기 위해 주변의 탓으로 돌리며 회피하는 행동은 이러한 상황이 얼마나 심각한지를 보여주는 예이다. 오랜 시간 이렇게 생활해 왔다면 '이런 행동을 할 수 밖에 없는 가족 때문이라는 핑계' '시간이 지나면 괜찮을 것'이라는 이해되지 않는 변명을 말하지만, 회피는 비정상적인 생활과 행동을 정당화하기 위한 개인의 주장에 불과하다. 가족에게도 오랫동안 받아들여졌다면 수용되어 왔을 것이다. 여기에서 수용은 포기를 의미한다.

반면 욕구 결핍이 장기화될수록 부적절하게 표출하고 이러한 행동은 익숙해진다. 더욱 심각한 문제는 갈등 속에서 생활하는 방식이 가족들에게 받아들여진다는 것이다. 갈등이 익숙해지면 갈등이 없는 상황이 불안을 증폭시키고, 불안한 감정 상태는 또 다른 문제를 유발하는 악순환을 되풀이한다. 문제는 사례관리자를 만났을 때 최고조에 이른 현실일 수 있어 개입 시기가 너무 늦을 수 있다는 것이다. 개입시기를 놓친 문제는 더 많은 지원과 도움 등 서비스를 필요로 하기 때문에 발견즉시 개입한다 해도 문제 해결이 어렵거나 지체되는 결과를 초래한다.

따라서 욕구 결핍에 따른 부적절한 행동과 태도, 심리상태 등은 현재는 드러내지 않으나 언제든 가족과 보호자에게 영향을 미치기 때문에 반드시 파악해야 한다.

③ 욕구를 지원한다는 설명

사례관리자는 취합된 정보를 통해 해결이 가능한 욕구와 불가능한 욕구를 분류하고, 지역의 기관과 공조할 것인지 여부와 기관 또는 사례관리자 차원에서 지원할 것인지를 판단해야 한다. 이러한 분류는 실현가능한 것부터 고려되어야 하는데 서비스 지원유형과 진행 과정, 장소와 시기, 참여 자원과 시설물 등을 포함하여 판단해야 한다.

사례관리자는 사례대상자가 사용하는 언어 표현을 주목한다. '자주 사용하는 언어는 그의 생활이 어떠했다는 것을 알게 하고, 현재의 삶이 이렇다는 것을 대변'하기 때문이다. 궁금한 점을 질문하게 하여 동의한다면 그대로 시행할 것임을 설명한 후 마친다.

④ 욕구를 규명하는 기준

욕구는 문제와 관련되어 있어 다음의 사항을 고려해야 한다(Ballew & Mink, 1996, 권진숙 외 역, 1999).

첫째, 사례대상자가 문제로 인식하는 욕구를 선정한다.

둘째, 사례대상자가 해결할 수 있는 문제를 선정한다.

셋째, 생존과 직결되고 긴급한 개입이 필요한 문제를 선정한다.

넷째, 사례대상자가 책임을 느낄 수 있는 문제를 선정한다.

다섯째, 사례대상자와 함께 해결할 수 있는 욕구를 선정한다.

여섯째, 해결하기 쉬운 문제와 심각한 문제를 구별하여 선정한다.

⑤ 욕구달성 과정과 목표

선정된 욕구를 달성하기 위해서는 사례대상자가 이해할 수 있는 수준에서 성과목표와 성취 과정이 제시되어야 한다. 또한 사례대상자가 수행할 역할과 기관 및 사례관리자의 역할이 이해되어야 한다. 사례대상자가 수행동기를 얻지 못했다면 계획의도와 과정, 시행 후 얻게 되는 성과를 인지할 수 있도록 인내를 갖고 설득한다. 욕구, 계획, 해결 과정, 사례대상자의 참여, 문제들의 과업과 달성목표 등의 순으로 설명하고, 사례대상자의 의지와 노력에 의해 달성된다는 것을 이해시켜야 한다.

(2) 사례대상자의 능력

때때로 사람들은 살아온 과정에서 곤란을 극복하였거나 힘든 시기를 이겨냈던 것을 역경으로 표현하며 자신 있게 얘기하고는 한다. 이러한 자신감은 경험에서 터득한 그만의 기술로 문제를 대처하는 능력에 해당한다. 하지만 이미 해결한 문제가 앞으로도 일어나지 않으리라는 보장이 없다. 다양한 상황은 관계의 제약, 경제적 문제, 인지능력 부족 등 경험에서 얻은 노하우가 충분해야 이겨낼 수 있다. 하지만 해결역량이 부족하고, 도움을 줄 수 있는 자원이 없다면 문제는 다르다. 중도에 포기하거나, 회피 또는 관련 인물의 문제로 치부하고, 대처 방법을 알지 못해 문제를 심화시키기도 한다.

사례관리자는 사례대상자의 문제대처 방식과 태도를 확인하기 위해 스트레스에 따른 행동유형 등을 파악하여 잠재 능력을 확인한다. 내적 능력에 해당하는 잠재능력은 개발되지 않은 경우 무기력하고 무능력한 존재로 계속 인식하게 하는 속성이 있기 때문에 역량의 발견은 문제 대응력이라 할 수 있다.

사례대상자의 대처능력 개발은 부정적 측면을 감소시키고 긍정적 측면을 강화하는 데 있다. 따라서 능력사정은 문제를 발견하는 것도 중요하지만 정서적·심리적 측면에서 영향을 미치는 요인을 확인하는 것이 더 중요하다.

(3) 자원[1)]

자원은 물적 자원, 인적 자원, 전문가 및 기관 외에 사회 내에서 교류하는 외적 자원과 개인의 심성과 잠재력인 내적 자원으로 구분된다. 내부 자원은 개인의 성장 가능성, 배우고 학습할 수 있는 이해능력, 낙관적이고 긍정적 사고, 안정적인 심리상태를 유지하는 등 내적능력을 의미하고, 외부자원은 지역사회에서 관계하는 인적·물적 자원을 말한다.

① 내부자원

내부자원은 개인의 잠재력이며 개발되지 않은 능력, 그리고 선천적으로 보유하고 있는 기질, 태도, 인성 등 드러나지 않은 능력, 즉 가능성을 말한다. 특별한

1) Julius R. Ballew & George Mink(1996)는 자원사정의 중요성을 강조하였다. 그의 주장를 토대로 사례관리자의 자원 활용 역량을 높이기 위한 대안을 모색하기 위해 재구성하였다(권진숙·전석균 역, 1999, 사례관리, 하나의학사, 80-94).

사유로 인해 어려움에 처해 있다면 결핍된 상황으로 극복할 힘이 없다는 의미이고, 도움을 받을 만한 자원이 없다는 것이다.

관계의 단절은 도움을 받거나 받기 위한 방법을 알지 못해 자원과의 관계를 거부하거나, 도움을 얻을 수 있는 기회를 상실하여 문제 해결에 필요한 자원을 연계하지 못하는 등 다양한 요인에 의한다. 이런 상황이 오랫동안 지속되었다면 처한 상황이 옳은 것인지, 아니면 극복할 수 있는 것인지를 구분하지 못한 채 그대로 지내게 되어 문제를 갖고 생활하게 된다.

자원의 결핍은 사례대상자의 기질, 결함, 외모, 의견차이, 고집스런 성향 등에 영향을 받는다. 따라서 자원의 부재가 발견되면 사례대상자의 역량과 강점이 무엇인지를 확인한 후 개입해야 한다.

• 사례대상자의 잠재력과 가능성

문제 해결을 위한 대처능력은 의지와 결부될 때 강화된다. 설사 가족, 집단, 환경 등이 사례대상자에게 부정적인 영향을 미친다 해도 극복할 힘을 갖추게 한다. 내부자원은 개인의 경험과 잠재된 역량에 기초하여 문제를 대하는 태도와 자세, 극복하기 위한 의지 등이다. 사례관리자의 역할은 사례대상자가 문제 해결 능력을 가지고 있으며 스스로 자원이 되어 문제를 대처하고 극복할 수 있다는 신념을 가지도록 돕는 것이다.

• 가족이라는 울타리

가족구성원의 어려움이 가족의 문제로 확산되는 이유는 정서적·감정적 교류를 통해 가치를 공유하는 등 물질적·정신적·문화적·사회적 상황을 생산적인 관계 속에서 생활하는 공동체이기 때문이다. 따라서 가족이 지지원이 되는 이유는 구성원의 문제를 개인의 것으로 치부하지 않고 가족의 문제로 받아들이기 때문이다. 그래서 가족성원이 잘못을 저질렀다 해도 이를 피하지 않고 해결 방법을 모색하는 등 지지자 역할을 수행한다.

T/i/p

지지와 격려, 자신감을 회복하게 하는 가족의 역할은 의사소통을 통해 이루어진다. 이 시기의 대화는 가족의 결속력을 강화시킨다. 그의 얘기에 귀를 기울이며 행동과 말에 주목하는 가운데 대변자로서 응원하는 것이다. 가족의 입장에서 경제적·정신적·상황적 지지와 격려 등 옹호자 역할을 수행한다. "상대와 말할 땐 이렇게 하라는 조언자로, 분명하지 않은 문제는 정확하게 논하라는 충고로, 태도와 행동이 불분명할 때 태도를 명확히 하라는 격려자로, 문제에 대한 대처행동을 제시하는 것이나, 문제를 회피하는 구성원에게 자기 신념과 인식을 북돋아주는 상담가로, 신념과 용기를 주는 격려자로, 안정적인 생활을 기대하는 마음에 기꺼이 시간과 노력을 아끼지 않는다. 설사 문제가 해결되지 않더라도 가족을 돌보고 격려하는 지지원으로 역할"을 한다.

이런 점에서 볼 때, 가족은 어떤 지지원보다 결속을 강화하는 내부자원이라 할 수 있다. 가족지원을 위한 사례관리자의 역할은 가족구성원의 문제가 발견되는 순간 구성원의 입장에서 해결된 상황을 전제하여 행동계획을 수립하고 방안을 모색하는 것이다.

② 외부자원

• 공식자원

공적자원은 기관과 단체, 전문가로 규칙과 규정 등 법규에 기초하여 서비스를 제공한다. 서비스는 대상이 적격한 경우에만 제공되므로 사례대상자의 자격은 공적서비스 요건을 충족해야 한다. 재정지원 또한 마찬가지다. 지원받는 서비스에 대해 비용을 지불하지 않지만 자격기준을 갖추어야 하고, 심사 또는 실태조사[2)]에 응해야 한다. 한편 사례대상자에게 서비스를 제공하는 기관 및 단체도 정부보조금 외의 후원재원에 대해 법규와 지침을 준수해야 하는데, 이를 증명하기 위해 관련서류를 구비해야 한다. 이러한 재원은 법규에서 정한 바에 따라 연 1

2) 사회복지서비스 이용의 실태조사의 예는 다음과 같다. 거주시설을 입소하기 위해서는 수급자여부를 확인받기 위해 수급권자 자격 서류를 제출해야 한다. 노인, 아동 등의 시설 또한 마찬가지다. 이용시설을 이용하는 경우에도 마찬가지다. 관련 서류를 제출하고 승인된 경우 이용할 수 있다. 그 이유는 비용지불 때문이다. 특히 국민기초생활수급권자 자격을 취득하기 위해서는 정기적인 조사에 협조해야 하는데, 자산 및 소득, 저축 등의 조사 후 적격한 경우 확정된다. 또 다른 예로는 영구임대아파트 입주 등의 경우로, 국민기초생활수급권자가 우선 입주하게 되어 있다. 위의 사항은 행정기관에서 수급권자 자격여부를 판단하기 위해 시행된다.

회 이상 지도점검을 통해 확인된다. 소요 재원은 절차에 따라 모집되고, 모집된 재원은 현물 또는 현금으로 또는 서비스로 개발되어 제공된다.

하지만 법규와 원칙은 사례대상자에게 서비스를 제공하지 못하는 요인이기도 하다. 행정기관에 신청서류가 미비하여 누락되거나, 법규에서 정한 자격에 미달되는 등 공적 자원은 공적 영역 안에서 조건에 부합하는가를 기준으로 판정하기 때문이다.

공적자원의 사정 지원은 지원받는 기관과 시기, 지원규모, 지원 내용, 지원받는 이유 등을 파악하여 사례대상자가 자격기준에 미달되지 않도록 하는 행정적 도움제공이 중요하다. 지원 받지 못했다면 이유를 확인하여 필요한 조치를 취하고, 자격 변화에 영향을 미치는 수입구조, 가족부양 및 보호자의 유무, 재산증식, 소득구조의 변화, 현금은 없으나 주거지 소유(부동산 포함) 여부 등 사유를 확인하여 행정기관에 건의하는 대변자의 역할을 통해 도울 수 있다.

• 비공식 자원

비공식 자원의 도움은 물질적 제공, 정서적 지원, 신변처리, 가사생활 지원, 주거지 수리, 이웃 간의 교류 등을 제공한다. 공적 자원이 아닌 이웃, 친구, 친척, 비공식 단체와 봉사자 등 주로 공적영역에서 활동하지 않는 주민들이 비공식 자원으로 명명된다.

비공식 자원의 활동은 공적 자원보다 자유롭다는 특성이 있다. 활동의 규칙을 준수하거나 재원보조 등 물질의 제공 방식도 마찬가지다. 생활 속 얘기를 나누며 관계하고 친분관계를 통해 원조제공자 역할을 수행한다. 평소에는 관계하지 않으나 사례대상자 스스로 힘든 상황을 도와달라는 호소에 의해, 기관의 활동요청에 따라 또는 사례관리자의 요구에 의해 관계한다.

비공식 사회자원은 무보수성에 기초하고, 비용을 지불하지 않는 자발적 원조자로서 정기적 또는 비정기적으로 활동한다. 평소에는 각자의 생활을 이어가지만 활동을 요청받는 등 사례대상자와 관계하는 순간부터 교류한다는 특성때문이다. 도움에 대한 지지 역할을 통해 관계를 맺는 것이다. 가치에 기반한 활동을 어떠한 프로그램으로 연계하는 가에 따라 단순 활동으로 그치거나 전문적인 활동으로 또는 정기적으로 활동하게 된다.

사례관리자는 사례대상자를 발견한 후 지원체계를 수립하기 위해 연계할 자원을 개발하게 된다. 개발된 자원은 서비스에 따라 배치되고 사례관리자의 점검을 받으며 활동하게 되는데, 자원관계의 지속성은 자발성 여부에 따라 개인적인 관계로 확대되고 협력적 관계로 발전하여 관계를 지속하기 위한 기관의 노력 여하에 따라 유지되는 경향이 있다. 협력관계를 유지하기 위해서는 기관에 소속된 직원 모두가 자원의 중요성을 인식해야 한다. 그리고 이러한 관계가 지속될 때 자원의 참여는 협조적으로 변한다.

사례대상자를 지원하기 위한 원조망을 구축해야 하는데, 이 망은 자원의 협조, 협력, 자발성 등에 기초한다. 지지망은 자원의 활동에 따라 또는 활동 내용에 따라 연계수준이 달라진다.

비공식 자원의 활동은 재능을 발견할 수 있는 기회로 가치와 결부될 때 질적으로 높아진다. 사례대상자의 반응된 대답, 사례관리자가 만족한다는 답변 또는 감사의 인사 등 자원의 재능을 인정하는 것은 자원 스스로 활동수준을 높이기 위해 노력하게 만들고 더 나은 활동을 찾게 한다. 따라서 비공식 자원의 참여를 독려하기 위해서는 동기부여와 의뢰[3)]가 지속적으로 이루어져야 한다.

자원의 활동은 포괄적이고 무한하다. 대상자에게 심리·정서적인 지원에서, 말벗, 상담, 친구 맺기, 지지, 조언, 신체활동 조력, 가족에 대한 물질적 지원, 가사지원, 가족을 대신한 돌봄 외에 직업소개, 직업기술습득, 사회체험 등 사회자원의 도움은 사례관리자의 직무활동에 있어 보충적 역할을 담당한다.

비공식 자원은 사회적으로 관계하는 비공식 기관 및 인물들로 협의적 활동을 통해 사례대상자와 소속된 기관에 기여해 왔다. 사례관리자는 자원과의 교류방

3) 여기에서 의뢰는 자원의 참여 지속성을 위한 사례관리자의 정보 제공을 의미한다.

안을 사례대상자와 기관차원에서, 그리고 자원 간에 마련해야 한다.

마지막으로 자원의 활동은 공적 관계에서 사례대상자와 기관과의 약속을 통해 시행되므로 지원 시기를 놓치거나, 도움이 어긋나는 경우를 대비해야 한다. 동정을 수반한 결정 또는 확인되지 않은 약속 등은 사례대상자에게 실망을 준다. 이러한 실수를 줄이기 위해서는 사전 교육이 중요하다.

③ 내·외부 장애물 극복[4)]

Ballew & Mink(1996)는 사례대상자의 내적 강화를 위해서는 내부장애물과 외부장애물을 분류하는 등 적극적인 개입이 필요하다고 강조하였다.

장애물은 사례대상자가 문제를 대처하지 못하는 약화된 능력과 관련되고 외부 환경에 대응하지 못하는 개인의 성향, 즉 물리적 환경에 의해 심리적 안락함을 갖지 못하는 심리상태이다. 문제는 장애물과 관련되어 있으며 장애물로 인해 문제는 확산된다.

장애물은 누구나 경험하는 것이지만 대부분은 재화와 물질적인 것에서 겪는다. 주변 사람들과의 관계의 어려움, 직장생활 또는 가족 관계에서도 경험된다. 사정은 각각의 장애물을 확인하고 필요한 개입방법을 모색하는 것으로 사례관리자는 장애물 식별을 통해 문제를 분별할 수 있다.

장애물은 내·외부 장애물로 구분된다. 내부 장애물은 사례대상자 개인의 성향, 즉 성격특성으로 인해 문제 대처를 못하거나, 대응 능력이 없는 상태로 도움을 받아들이지 못하는 신념, 태도, 성격, 생활을 저해하는 불안, 불안을 해소하기 위한 과도한 집착, 집착으로 인해 나타나는 표출행동 등을 포함한다. 특히 비관주의, 비판주의, 운명주의, 냉소주의는 타인과의 관계를 저하시키고, 문제를 일으키게 되어, 선천적 무능력을 심화시키는 원인으로 작용한다. 선천적 무능력은 지적결손, 약물남용과 중독, 정신질환에 의한 판단의 무능력, 신체적 질

4) Julius R. Ballew & George Mink(1996)는 내외부장애물을 극복하기 위한 방법으로 장애물 식별을 강조하였으며, 이를 사례관리자의 입장에서 재정리하였다(권진숙 외 역, 1999, 120-137).

병에 의한 손상 등이다. 외부장애물은 주변체계와 관련된 것으로 사례대상자를 둘러싸고 있는 부적절한 환경, 즉 도움을 받을 만한 자원이 없거나 적합하지 않는 것으로 자원을 사용할 수 없는 상황, 그리고 자원의 이용방법을 모르는 것 외에 활동을 꺼리는 이웃 또는 관계할만한 친구가 없는 것 등으로 도움을 주고받을 대상이 없는 결핍을 말한다.

이렇듯 장애물은 문제를 대처하는 능력을 상실하게 하고 해결에 필요한 도움을 받지 못하게 한다. 결국 문제를 심화시켜 문제로 남게 한다.

(4) 사회적 관계

사회적 관계 부족은 개인과 가족이 외부 환경과의 상호작용이 원만하지 않아 관계하지 못하는 상태를 말한다. 능동적이지 않은 교류에는 원인이 있다. 원인은 이유가 되며, 이유는 정당화되고, 교류 단절의 또 다른 요인이므로 사회적 관계 파악은 중요하다. 한편 긍정적인 교류도 사정해야 한다. 긍정적 교류는 생활 속에서 누구와 교류하고, 교류시기와 이유는 무엇이며, 어떤 목적으로 관계하는지 등이다.

교류 정도에 따라 도움 정도와 지원규모가 결정된다. 사례관리자는 생태학적인 관점에서 개인과 가족의 교류 정도를 분석하여 에너지는 누구로부터 얻고 있는지, 어떤 자원으로부터 주로 영향을 받는지 등을 사정한다.

〈표 19〉 통합사정기록지

<table>
<tr><td colspan="3" rowspan="2">통합사정기록지</td><td rowspan="2">결재</td><td>담당</td><td>팀장</td><td></td><td>관장</td><td>대상자</td><td>보호자</td></tr>
<tr><td></td><td></td><td></td><td></td><td></td><td></td></tr>
<tr><td colspan="2" rowspan="2">성명</td><td rowspan="2">(나이:)</td><td rowspan="2">연락처</td><td colspan="6">대상자:</td></tr>
<tr><td colspan="6">보호자:</td></tr>
<tr><td colspan="2" rowspan="2">사정 일자</td><td rowspan="2"></td><td rowspan="2">기록자</td><td colspan="6">직위:</td></tr>
<tr><td colspan="6">성명:</td></tr>
<tr><td colspan="2">평가 척도</td><td colspan="8">□ 긴급(5점) □ 위기(4점) □ 일반(3점) □ 보류(2점) □ 제외(1점)</td></tr>
<tr><td>구분</td><td>세분류</td><td>평가항목</td><td>내·외부장애물</td><td>욕구/문제</td><td>평가</td><td colspan="4">심각성 판단</td></tr>
<tr><td rowspan="33">1. 가정생활</td><td rowspan="5">가사생활</td><td>식사 준비</td><td rowspan="5"></td><td rowspan="5"></td><td rowspan="5">□5점 □4점 □3점 □2점 □1점</td><td colspan="4" rowspan="5">□긴급 □위기 □일반 □보류 □제외</td></tr>
<tr><td>재료 구입</td></tr>
<tr><td>다양한 요리법</td></tr>
<tr><td>설거지</td></tr>
<tr><td>기타</td></tr>
<tr><td rowspan="6">위생청결</td><td>집안 청소</td><td rowspan="6"></td><td rowspan="6"></td><td rowspan="6">□5점 □4점 □3점 □2점 □1점</td><td colspan="4" rowspan="6">□긴급 □위기 □일반 □보류 □제외</td></tr>
<tr><td>쓰레기 처리</td></tr>
<tr><td>생활용품 정리정돈</td></tr>
<tr><td>집기가구의 정돈</td></tr>
<tr><td>불쾌한 냄새 유무</td></tr>
<tr><td>비위생적 요소</td></tr>
<tr><td rowspan="4">의복</td><td>계절 의복 구비</td><td rowspan="4"></td><td rowspan="4"></td><td rowspan="4">□5점 □4점 □3점 □2점 □1점</td><td colspan="4" rowspan="4">□긴급 □위기 □일반 □보류 □제외</td></tr>
<tr><td>의복의 세탁</td></tr>
<tr><td>나이에 어울리는 의복 착용</td></tr>
<tr><td>의복 청결 및 관리</td></tr>
<tr><td rowspan="3">외모상태</td><td>두발청결</td><td rowspan="3"></td><td rowspan="3"></td><td rowspan="3">□5점 □4점 □3점 □2점 □1점</td><td colspan="4" rowspan="3">□긴급 □위기 □일반 □보류 □제외</td></tr>
<tr><td>깔끔한 이미지</td></tr>
<tr><td>신체에서의 냄새 유무</td></tr>
<tr><td rowspan="5">일상생활</td><td>방문 또는 외출의 자유로움</td><td rowspan="5"></td><td rowspan="5"></td><td rowspan="5">□5점 □4점 □3점 □2점 □1점</td><td colspan="4" rowspan="5">□긴급 □위기 □일반 □보류 □제외</td></tr>
<tr><td>원하는 물품의 구매</td></tr>
<tr><td>친구 방문</td></tr>
<tr><td>이웃 관계</td></tr>
<tr><td>공공 기관 방문</td></tr>
<tr><td>여가생활</td><td>활동/ 미활동</td><td></td><td></td><td>□5점 □4점 □3점 □2점 □1점</td><td colspan="4">□긴급 □위기 □일반 □보류 □제외</td></tr>
<tr><td rowspan="3">기타</td><td></td><td rowspan="3"></td><td rowspan="3"></td><td rowspan="3">□5점 □4점 □3점 □2점 □1점</td><td colspan="4" rowspan="3">□긴급 □위기 □일반 □보류 □제외</td></tr>
<tr><td></td></tr>
<tr><td></td></tr>
<tr><td>약점</td><td colspan="8"></td></tr>
<tr><td>강점</td><td colspan="8"></td></tr>
<tr><td>판정소견</td><td colspan="4"></td><td colspan="4">□긴급 □위기 □일반 □보류 □제외</td></tr>
</table>

<table>
<tr><td rowspan="14">2. 건강 상태</td><td rowspan="4">장애 유무</td><td>장애명:</td><td rowspan="4"></td><td rowspan="4"></td><td rowspan="4">□5점 □4점 □3점
□2점 □1점</td><td rowspan="4">□긴급 □위기 □일반
□보류 □제외</td></tr>
<tr><td>발생 시기:</td></tr>
<tr><td>중복 장애:</td></tr>
<tr><td>도움 유무</td></tr>
<tr><td rowspan="4">질병 유무</td><td>질환명:</td><td rowspan="4"></td><td rowspan="4"></td><td rowspan="4">□5점 □4점 □3점
□2점 □1점</td><td rowspan="4">□긴급 □위기 □일반
□보류 □제외</td></tr>
<tr><td>발생 시기:</td></tr>
<tr><td>치료 기간:</td></tr>
<tr><td>약복용 여부:</td></tr>
<tr><td rowspan="3">기타</td><td></td><td rowspan="3"></td><td rowspan="3"></td><td rowspan="3">□5점 □4점 □3점
□2점 □1점</td><td rowspan="3">□긴급 □위기 □일반
□보류 □제외</td></tr>
<tr><td></td></tr>
<tr><td></td></tr>
<tr><td>약점</td><td colspan="5"></td></tr>
<tr><td>강점</td><td colspan="5"></td></tr>
<tr><td>판정 소견</td><td colspan="4"></td><td>□긴급 □위기 □일반
□보류 □제외</td></tr>
<tr><td rowspan="22">3. 경제 수준</td><td rowspan="8">월소득</td><td>30만원이하</td><td rowspan="8"></td><td rowspan="8"></td><td rowspan="8">□5점 □4점 □3점
□2점 □1점</td><td rowspan="8">□긴급 □위기 □일반
□보류 □제외</td></tr>
<tr><td>60만원이하</td></tr>
<tr><td>100만원이하</td></tr>
<tr><td>120만원이하</td></tr>
<tr><td>150만원이하</td></tr>
<tr><td>복지기관 후원</td></tr>
<tr><td>자녀(친척)도움</td></tr>
<tr><td>없음</td></tr>
<tr><td rowspan="3">부채</td><td>100만원이하</td><td rowspan="3"></td><td rowspan="3"></td><td rowspan="3">□5점 □4점 □3점
□2점 □1점</td><td rowspan="3">□긴급 □위기 □일반
□보류 □제외</td></tr>
<tr><td>200만원이하</td></tr>
<tr><td>200만원이상</td></tr>
<tr><td>저축</td><td>있음/ 없음</td><td></td><td></td><td>□5점 □4점 □3점
□2점 □1점</td><td>□긴급 □위기 □일반
□보류 □제외</td></tr>
<tr><td rowspan="4">보호 수준</td><td>일반</td><td rowspan="4"></td><td rowspan="4"></td><td rowspan="4">□5점 □4점 □3점
□2점 □1점</td><td rowspan="4">□긴급 □위기 □일반
□보류 □제외</td></tr>
<tr><td>빈곤 가정</td></tr>
<tr><td>조건부 수급권자</td></tr>
<tr><td>수급권자</td></tr>
<tr><td rowspan="3">기타</td><td></td><td rowspan="3"></td><td rowspan="3"></td><td rowspan="3">□5점 □4점 □3점
□2점 □1점</td><td rowspan="3">□긴급 □위기 □일반
□보류 □제외</td></tr>
<tr><td></td></tr>
<tr><td></td></tr>
<tr><td>약점</td><td colspan="5"></td></tr>
<tr><td>강점</td><td colspan="5"></td></tr>
<tr><td>판정 소견</td><td colspan="4"></td><td>□긴급 □위기 □일반
□보류 □제외</td></tr>
</table>

4. 사회생활	의사소통	가능			□5점 □4점 □3점 □2점 □1점	□긴급 □위기 □일반 □보류 □제외
		알아듣기 어려움				
		불가능				
	교류정도	교류/단절			□5점 □4점 □3점 □2점 □1점	□긴급 □위기 □일반 □보류 □제외
	활동	정기적			□5점 □4점 □3점 □2점 □1점	□긴급 □위기 □일반 □보류 □제외
		간헐적				
		없음				
	기타				□5점 □4점 □3점 □2점 □1점	□긴급 □위기 □일반 □보류 □제외
	약점					
	강점					
	판정소견					□긴급 □위기 □일반 □보류 □제외
5. 사회적 관계	모임 참여				□5점 □4점 □3점 □2점 □1점	□긴급 □위기 □일반 □보류 □제외
	도움을 줄 수 있는 개인과 단체				□5점 □4점 □3점 □2점 □1점	□긴급 □위기 □일반 □보류 □제외
	대인관계				□5점 □4점 □3점 □2점 □1점	□긴급 □위기 □일반 □보류 □제외
	기타				□5점 □4점 □3점 □2점 □1점	□긴급 □위기 □일반 □보류 □제외
	약점					
	강점					
	판정소견					□긴급 □위기 □일반 □보류 □제외
6. 직업준비 및 직업활동	직장생활 수행	직장명:			□5점 □4점 □3점 □2점 □1점	□긴급 □위기 □일반 □보류 □제외
		입사 시기:				
		직무:				
		보수:				
		만족도: 만족/불만족				
	직장생활 미수행	무직:			□5점 □4점 □3점 □2점 □1점	□긴급 □위기 □일반 □보류 □제외
		무직 시기:				
		무직 기간:				
		사유:				
	직업훈련	받고 있음			□5점 □4점 □3점 □2점 □1점	□긴급 □위기 □일반 □보류 □제외
		없음				
	취업의지	높음			□5점 □4점 □3점 □2점 □1점	□긴급 □위기 □일반 □보류 □제외
	자격증	있음/없음			□5점 □4점 □3점 □2점 □1점	□긴급 □위기 □일반 □보류 □제외
	기타				□5점 □4점 □3점 □2점 □1점	□긴급 □위기 □일반 □보류 □제외
	약점					
	강점					
	판정소견					□긴급 □위기 □일반 □보류 □제외

7. 생계유지	부양(돌봄)자	1명			□5점 □4점 □3점 □2점 □1점	□긴급 □위기 □일반 □보류 □제외
		2명				
		3명이상				
	생계책임	부/모			□5점 □4점 □3점 □2점 □1점	□긴급 □위기 □일반 □보류 □제외
		형제				
		본인				
		국가				
		친척/복지기관				
	관계정도	원만/갈등			□5점 □4점 □3점 □2점 □1점	□긴급 □위기 □일반 □보류 □제외
	기타				□5점 □4점 □3점 □2점 □1점	□긴급 □위기 □일반 □보류 □제외
	약점					
	강점					
	판정소견					□긴급 □위기 □일반 □보류 □제외
8. 주거실태	주거상황	자가			□5점 □4점 □3점 □2점 □1점	□긴급 □위기 □일반 □보류 □제외
		전세				
		월세				
	주거지역	생활 적합			□5점 □4점 □3점 □2점 □1점	□긴급 □위기 □일반 □보류 □제외
		생활 미적합				
	주거형태	생활 적합			□5점 □4점 □3점 □2점 □1점	□긴급 □위기 □일반 □보류 □제외
		부분 보수요				
		전면 개보수요				
		이전요				
	자녀(가족생활)양육환경	적합			□5점 □4점 □3점 □2점 □1점	□긴급 □위기 □일반 □보류 □제외
		부적합				
	주거비납부	월10만원이하			□5점 □4점 □3점 □2점 □1점	□긴급 □위기 □일반 □보류 □제외
		월20만원이하				
		월30만원이상				
		없음				
	주거지특징	적합			□5점 □4점 □3점 □2점 □1점	□긴급 □위기 □일반 □보류 □제외
		부적합				
		열악				
	기타				□5점 □4점 □3점 □2점 □1점	□긴급 □위기 □일반 □보류 □제외
	약점					
	강점					
	판정소견					□긴급 □위기 □일반 □보류 □제외

9. 심리 및 정서 상태	특이 행동	폭력(언어) 행동			□5점 □4점 □3점 □2점 □1점	□긴급 □위기 □일반 □보류 □제외
		자해 행동				
		비관적 생각				
		자살 시도				
		우울 증세				
		알 수 없는 언어 표현				
		이상 행동				
		낮은 자존감				
		소극적 태도				
		외톨이 생활				
	기타				□5점 □4점 □3점 □2점 □1점	□긴급 □위기 □일반 □보류 □제외
	약점					
	강점					
	판정 소견					□긴급 □위기 □일반 □보류 □제외

대상자 및 의뢰자 욕구	
대상자 욕구	
보호자 욕구	
가정 방문 결과 요약	
사례관리자 관찰사항	
기타 사항	
사례관리자 의견	

종합 판정 소견	
판정 구분	□긴급개입사례대상자 □위기개입사례대상자 □일반사례대상자 □보류대상자 □제외대상자
판정 사유	
통합사정위원 의견	
통합사례회의 검토요청내용	

3) 통합사정 방법

(1) 통합사정의 시작

인테이크 과정에서 수집된 자료에 기초하여 사정이 진행된다. 사례대상자의 진술 외에 보호자의 의견과 가정 방문에서 확인된 사실에 근거하고 문제 해결 방향을 수립하기 위한 목적에서 수행된다.

(2) 사정도구

사정도구는 가계도, 생태도, 사회적 관계망 그리드가 있다. 가계도는 사례대상자의 가족력과 가족의 관계망 및 관계유형 등을 파악하게 하고, 생태도는 가족구성원 및 사례대상자의 사회적 상호작용 정도를 알게 한다. 사회적 관계망 그리드를 통해 사례대상자가 관계하고 있는 사회적 관계를 이해하게 된다. 따라서 사정도구 활용은 사정의 질을 높인다.

① 가계도

가계도는 사례대상자와 가족성원의 관계유형과 관계 정도를 설명하는 도구이다. 가족은 결혼 후 자녀를 출생하고, 시간이 흘러 또 다른 자녀를 낳는다. 이런 우선순위에 의해 언니와 오빠, 동생이라는 서열이 생기는데 가계도에서는 출생서열이라고 한다. 가계도를 통해 출생 시 우선순위와 가족이 죽음을 맞이한 시기, 이혼, 별거 등의 과정에서 겪은 갈등과 문제를 이해하게 된다. 또한 가족이 문제가 있다면 어떤 문제로 인해 고통을 받았는지 등도 확인이 가능하다. 삼대에 걸친 히스토리를 나타내고 있어 사례대상자의 가족사를 한눈에 알 수 있다.

가계도 활용의 장점은 가족관계 유형을 인지하게 되어 갈등이 일어난 원인과 갈등기간, 문제와 연관된 가족성원, 성원과의 관계 등 사례대상자 스스로 문제의 원인과 유형을 파악하고 해야 할 역할이 무엇인지를 알게 된다는 것이다. 사례대상자 본인은 물론 가족들과 함께 작성할 것을 권유하는 이유이다.

하지만 사례관리자가 작성방법을 모르고 가계도의 상징물을 이해하지 못하고 있다면 문제는 다르다. 구두로 물어보고, 청취한 얘기를 일방적으로 기록하게 되어 사례관리자의 생각에 따라 기록은 제한될 것이다. 관리자 또한 사실이 아닌 사항을 보고받고 서비스를 결정한다면 욕구와 다른 서비스에 장시간을 보낼 것이다. 더욱이 "이런 문제가 있었군요!"라는 식의 설명이라면, 삼 대에 걸쳐 문제 중심으로 설명한다면, 사례대상자는 거부감 또는 방어적인 태도를 보이게 된다.

따라서 가계도 작성은 사례관리자가 반드시 이해해야 한다. 하지만 작성에 필요한 상징물과 가족성원의 관계를 나타내는 도식, 즉 표식을 알아야만 작성이 가능하다. 각각의 상징물의 표식을 통해 가족관계는 한 장의 표로 해석되고 설명된다.

② 생태도

생태도는 사례대상자와 가족성원의 사회적 상호작용 정도를 분석하는 도구이다. 생태도를 통해 사례대상자와 가족의 사회적 관계유형을 확인할 수 있다. 자원의 교류 유형과 교류 정도, 갈등적 관계와 이유, 에너지의 주고받음을 통해 가족성원의 사회적 상호작용을 이해하게 된다(김혜영 외, 2012).

생태도를 이해하게 되면 고립된 가족성원의 문제를 확인할 수 있다. 구성원의 문제유형과 긍정적·부정적 관계도 파악하게 된다. 다만 생태도를 이해하기 위해서는 가계도 분석방법을 알아야 한다. 상징적 표식도 이해해야 한다. 에너지의 흐름을 나타내는 각각의 표식은 자원의 관계 정도와 힘(에너지)의 주고받음을 의미한다. 따라서 각각의 표식이 내포하는 의미를 알고 있어야만 작성이 가능하다.

③ 사회적 관계망 그리드

Tracy & Whittaker(1990)가 사례대상자의 사회적 관계 및 교류 정도, 지지 자원을 사정하기 위해 개발한 도구이다. 사회적 지지원은 이웃, 가족, 친척, 직장 및 학교, 조직, 친구, 이웃 등이다. 사회지지망 지도는 공식적 조직, 동거가족, 직장 및 학교, 확대가족, 사회단체·모임·종교단체, 친구들, 이웃들의 7개의 영역으로 구분된다(최은희 외, 2013, 156-157에서 재인용). 사례대상자의 사회적 관계 및 지지망, 자원교류 정도를 사정하는 데 유용하다.

(3) 통합사정회의 준비

통합사정회의 준비는 다음의 절차에 의한다. 사례관리자는 통합사정회의의 원활한 진행을 위해 회의시작 일주일 전에 위원들에게 연락(유선 또는 메일)하여 회의사항을 알린다. 당일 또는 전날 재연락을 통해 회의 시작 10분 전에는 참석하도록 독려하고 회의 준비를 마친다. 회의시간을 지키는 것은 회의준비 및 회의목적을 달성시킨다. 만약 참석하지 못하거나, 늦게 도착할 것을 참석위원들이 모른다면 시작 전부터 회의 분위기가 흐트러져 진행이 중단되는 등 분위기가 저해될 것이다. 따라서 회의 참석자가 기다리는 일이 없도록 참석여부를 파악하는 것은 중요하다. 필기도구 및 회의자료, 다과 등은 회의 시작 전에 비치하고, 사례보고 내용을 검토하여 위원들의 질문에 답변할 수 있도록 한다.

(4) 통합사정회의

T/i/p

통합사정회의의 진행절차는 사례보고서 준비 – 시행기안 작성 및 보고 – 사정회의 위원회 소집 – 공문 작성 및 발송 – 통합사정회의 – 사정회의 회의록 작성 – 결재 승인의 순서로 진행된다.

외부 전문가 참여, 대개 사정회의를 자체회의로 인식하는 경향이 있다. 하지만 통합사례관리에서는 지원방향을 수립하고 문제 해결 전략을 모색하는 통합사례회의의 사전 과정이 통합사정회의다. 다양한 전문가가 참여한다면 효과적이겠지만 외부 전문가를 한두 명 선정하여 진행하는 것이 사정의 질을 높인다.

단순욕구를 표명하여 기관의 지원만으로도 해결이 가능한 사례는 부서의 협조를 받아 지원한다. 하지만 통합사례관리에서 지원하는 사례는 기관의 지원수준을 넘어 지역의 전문가가 지원할 사례가 해당하므로 다양한 분야에서 활동하는 현직 전문가의 참여가 필수적이다. 통합사정회의를 통해 사례진행 방향이 결정되기 때문이다.

통합사정회의 자료준비는 다음과 같다. 인테이크 자료를 토대로 가정 방문결과를 포함하여 각각의 문제를 분류한 후 진단결과를 취합한다. 관찰된 사항과 확인된 내용을 사정보고서로 작성하여 기안 후 관리자의 결재를 받는다. 결재과정에서 사정의 오류 및 자료의 신뢰성을 확인받고 추가적으로 보완할 자료 등을 점검받는다. 이제 승인을 받았다면 참석위원들에게 공문과 함께 자료를 발송한다.

통합사정회의 참석위원은 기관장, 사무국장(또는 부장), 사례를 주무하는 부서장, 사례관리자 및 사례의 특성에 따라 참석 직원을 선정하고, 사례대상자 외에 가족의 참여가 필수적이다. 외부전문가는 유선 또는 방문을 통해 사전협조를 받은 후 참석자를 확정한다.

회의절차는 사례의 안건 심의를 확정한 후 위원들의 동의를 받는다. 사례의 욕구와 문제를 분석한다. 분석 과정에서 주된 문제와 문제의 상황이 명확해야 한다. 하지만 문제 해결이 불가능하거나 사례대상자가 거부한다면 사례로 적절하지 않다. 기관의 지원여건이 미흡한 경우도 마찬가지다. 자원 또는 전문가가 없는 경우, 중대한 질병에 노출되어 있고, 심각한 수준의 치료적 개입이 필요한 경우에도 지원이 불가능하다.

반면 사례개입의 필요성이 제기되고, 지원이 필요하다는 위원들의 의견이 모아진다면 지원이 가능하므로 문제 분석을 시행한다. 문제규명이 되었다면 주변인물의 문제인식을 분석한다. 사례대상자를 비롯하여 가족, 형제, 이웃, 친구 등은 무엇을 문제로 인식하고 있는지, 그리고 문제로 인해 겪고 있는 어려움은 무엇인지 등이다.

통합사정회의는 의뢰된 사례의 문제규명을 통해 해결에 필요한 대안을 모색하는 분석회의라 할 수 있다.

이러한 분석이 끝나면 주변 체계와의 관계성을 확인한다. 대개 문제는 주변에 영향을 미친다. 따라서 문제와 연관된 인물들의 이해 정도는 문제원인을 이해하게 한다.

이제 문제를 해결하기 위한 지원계획을 수립한다. 계획 수립은 문제에 초점을 두고 해결할 수 있는 최적의 자원 개발이 목적이다. 따라서 참여 가능한 자원을 분석하기 보다는 문제를 중심으로 해결에 필요한 자원을 파악하는 데 초점을 두어야 한다. 자원의 참여여부는 계획 수립 과정에서 확인이 가능하다.

이제 사례지원 기간이 남아 있다. 사례지원 기간은 사례의 상황에 따라 다르다. 문제의 심각성 정도 및 해결 가능여부에 따라 연장되거나 단축되기 때문이다. 사실 통합사정회의를 심각하게 논의한다 해도 사례 상황에 맞게 지원기간을 설정하는 것은 쉽지 않은 일이다. 그래서 해결가능성에 초점을 두고 변화 상황이 예측되어야 한다. 회의내용은 회의록에 기록하고, 회의를 마친 후 날인을 받는다.

4) 통합사정회의 결과 보고와 지원방향 모색

통합사정회의 결과 보고는 회의 결정사항을 가감 없이 기술하고, 사정도구 검사결과와 인테이크에서 수집된 자료, 가계도 등에서 확인된 정보를 토대로 작성한다. 제시한 바와 같이 확정된 결과서가 아니므로 사례관리자의 기술역량에 따라 보고서 수준이 달라진다. 기존에 논의된 사항 중에 어떤 사안이 떠오르는가? 계획에 반영할 사항을 먼저 정리한 후 지원 가능여부를 판단한다.

구체적으로 살펴보면 통합사정회의에서 긴급, 위기, 일반으로 분류된 사례의 해결대안을 모색하기 위해 기관의 자원과 외부자원을 검토한 후 타 부서의 협조사항과 참여 인력, 활용 가능한 프로그램 등을 결정한다. 이 단계는 분류된 문제들의 조치에 해당한다.

통합사례사정에서 반영하는 계획은 문제의 우선순위에 따라 필요한 조치를 어떤 방식으로 해결해 나갈 것인지에 대한 방향을 제시하는 데 목적이 있다. 따라서 통합사례회의 후 확정된 사안이 세부계획으로 반영된다.

통합사정회의에서 문제개선을 위한 계획 수립을 위한 협의사항은 다음과 같다. 문제개선을 위해 참여할 자원을 검토한 후 개발이 가능한 전문자원과 일반자원을 구분하여 참여 시기, 일정, 인원, 방법과 내용 등을 고려한다. 지역기관의 협조사항을 포함한다.

이러한 과정이 순조롭게 진행되었다면 최종적으로 계획방향의 점검이 남아 있다. 계획방향의 적합성은 사례대상자가 참여하게 될 프로그램, 참여 자원 및 활동 시기, 활동량, 장소, 소요비용 등에 의한다. 따라서 문제 해결 과정에서 최적의 효과를 드러낼 수 있는지, 목표는 달성될 수 있는지 등 서비스가 진행되었을 때를 가정하여 협의한다. 모든 과정을 마친 후에는 회의록을 작성하고, 사정보고서를 첨부한 후 기안하여 통합사례회의에 상정한다.

〈표 20〉 통합사정회의록

<table>
<tr><td colspan="2" rowspan="2">통합사정회의록</td><td rowspan="2">결재</td><td>담당</td><td>팀장</td><td></td><td>관장</td></tr>
<tr><td></td><td></td><td></td><td></td></tr>
<tr><td colspan="2">시행 일자</td><td colspan="2"></td><td>장소 및 시간</td><td colspan="2"></td></tr>
<tr><td colspan="2">참석자 현황</td><td colspan="5"></td></tr>
<tr><td colspan="2">안건</td><td colspan="5"></td></tr>
<tr><td rowspan="4">통합사정회의 내용</td><td>대상자 욕구 및 상황</td><td colspan="5"></td></tr>
<tr><td>보호자 욕구 및 상황</td><td colspan="5"></td></tr>
<tr><td>주요 문제</td><td colspan="5"></td></tr>
<tr><td>협의 내용</td><td colspan="5"></td></tr>
<tr><td colspan="2">확정 사항</td><td colspan="5"></td></tr>
<tr><td colspan="2">사례 판정</td><td colspan="5">□ 긴급개입사례대상자 □ 위기개입사례대상자 □ 일반사례대상자
□ 보류대상자 □ 제외대상자</td></tr>
<tr><td colspan="2">사례 판정 사유</td><td colspan="5"></td></tr>
<tr><td colspan="2">주 지원기관 및 담당자</td><td colspan="5"></td></tr>
<tr><td colspan="2">협조 기관 및 협조 사항</td><td colspan="5"></td></tr>
<tr><td colspan="2">지원 기간</td><td colspan="5"></td></tr>
<tr><td colspan="2">기타 협의</td><td colspan="5"></td></tr>
</table>

2. 사례회의와 통합사례회의

많은 사회복지기관이 사례회의 중심으로 사례관리를 추진하고 있어 일반적인 사례회의 방식과 통합사례관리 회의를 구분할 필요가 있다. 여기에서 주목할 점은 기관의 실정에 적합한 사례회의 수준과 통합사례회의에 상정할 사례를 구분하는 것이다. 통합사례회의는 기관의 자체지원을 통해 해결하는 사례가 아니라 지역의 기관 간 또는 전문가 간에 해결할 사례가 해당한다. 사정회의에서 규정된 문제가 적정한지를 재검토하여 문제의 해결 계획과 지원방향을 확정하는 회의다. 다음의 사항을 참고하면 기관의 사례회의와 통합사례회의를 이해하는 데 도움이 될 것이다.

1) 사례회의

이미 제기한 것처럼 사례회의와 사례관리를 혼동해서는 안 된다. 사례회의는 사례의 문제를 해결하기 위해 사례를 분석한 후 서비스 개입과 지원방향을 결정짓는 회의이다. 최적의 서비스를 개발하고, 개발된 서비스의 효과를 높이기 위해 자원을 개발하는 등 사례관리 방향에 따라 사례대상자의 문제와 욕구를 해결하는 데 목적이 있다. 따라서 기관 자체적으로 지원이 가능한 사례가 해당한다. 심각한 문제 또는 지원이 어렵다면 지역의 기관에 의뢰하게 되는데, 이 경우 통합사례관리 대상자로 보아야 한다.

사례회의 결정사항은 사정회의 결과가 사례대상자의 욕구를 반영하고 있는지와 문제에 따른 서비스 결정, 지원에 필요한 자원의 개발과 개입시기의 판단, 점검 및 재사정 내용과 시기, 목표를 달성하기 위한 조치들이 적정하고 실천이 가능한지, 지원기간 및 종결 시기, 그리고 종결의 결정 기준과 사후관리계획의 적합성 등이다.

사례회의를 할 때 사정회의 이후부터 사후관리까지의 전체 과정이 연계되고, 각각의 서비스는 사례대상자의 요구를 반영하고 있는지를 점검한다. 자원의 개발과 서비스 개입내용의 적정성 외에 사례관리자는 이를 실천할 능력이 있으며, 기관은 지원에 필요한 사전 준비와 실행능력이 있는지 확인해야 한다. 초기진행은 사례관리자의 보고에 기초하고 팀의 협의를 통해, 그리고 결재 승인에 의해 확정된다.

사례회의에서 다루는 사항을 구체적으로 살펴보면 다음과 같다.

- 인테이크에 초점을 두고 수집된 자료에 기초한다. 문제의 원인, 양상, 심각성, 관계된 사람들과의 연관성 외에 주변사람들에게 영향을 미치고 있는가? 등이다
- 사례대상자의 욕구는 실제 문제로 드러나고 있는지, 그렇다면 무엇을 욕구로 인식하고 해결을 원하는지, 그리고 호소하고 있는 욕구와 문제는 긴급성, 위기성, 일반적 대상자인지를 확인한다. 또한 보류대상자와 서비스 제외 대상자인지를 확인한다.
- 사정 과정에서 확인된 사항과 사례대상자가 인식하는 문제가 일치하는가? 차이가 있다면 무엇인가?
- 사례대상자는 해결의지를 가지고 있는가? 가족과 보호자는 해결의지가 있는가? 또는 지원이 가능한가? 아니면 자신이 감당해야 하는가?
- 사정은 적정한가? 부족한 사항은 무엇인가?
- 사례대상자를 도울 수 있는 자원이 있는가? 신규로 개발해야 하는가? 아니면 통합하여 지원해야 하는가?
- 욕구와 문제 해결을 위한 서비스는 충분한가? 충분하다고 판단할 수 있는 근거는 무엇인가?
- 수립된 계획은 문제를 정확하게 반영하고 있으며, 해결에 충분한가? 아니라면 무엇을 고려해야 하는가?

사례회의 참석자는 내부적으로 지원할 사례가 해당하므로 실무자를 비롯하여 타 부서 직원, 중간관리자, 기관장 등이 참석한다. 사례 상황에 따라 외부 전문가가 참여할 수 있는데, 이 경우 기관장의 승인이 있어야 한다.

2) 통합사례회의

통합사례회의에서 지원하는 사례는 지역차원에서 개입할 사례이다. 사례의 상황이 심각하여 지역차원에서 보호해야 할 사례, 방치 시 생존과 위기상황 발

생이 예측되는 사례, 전문가가 참여해야만 해결이 가능한 사례, 다양한 자원이 참여할 사례, 지역의 기관들과 연계하여 서비스가 제공되어야 할 사례 등이다.

통합사례회의는 전문가들이 모여 사례의 문제를 분석하고 진단하여 해결방향을 결정하는 계획 수립에 있다. 통합사정회의 결과에서 드러난 사례대상자의 욕구와 문제에 기초하고 지원할 서비스는 실제적인 문제 해결 대안으로서 충분해야 하는데, 바로 사례진행 방향을 설정하는 데 있어 전문가 간의 의견합의를 통해 지역차원에서 문제를 해결한다는 목적 때문이다. 대안은 통합사례회의에서 논의되고 회의 종료 후 실행을 전제하는 계획 수립으로 이어진다. 사례관리자는 서비스 계획을 수립한 후 자원 개발에 착수한다. 자원의 참여시기 결정과 개발 및 모니터링은 장시간이 소요되고, 많은 노력을 기울여야 하기 때문에 수행 과정마다 슈퍼비전이 제공되어야 한다.

사례관리자는 통합사정회의 결정사항이 통합사례회의 결정사항과 일치하는지를 비교하여 차이가 있는 경우 의견을 개진 한다. 여기에서 중요한 점은 통합사정회의 결정사항이 통합사례회의에 상정되고 최종결정은 통합사례회의에서 확정된다는 것이다.

따라서 담당 사례 수가 많은 경우 사례대상자의 변화 정도와 문제 해결 및 진전 상황, 변화양상 등을 일일이 확인하고 지원하는 것이 불가능하기 때문에, 담당할 수 있는 적정수준에서 배정되어야 한다. 또한 주관하는 기관이 전담부서가 없는 경우 계속적으로 늘어나는 사례를 다른 직무와 병행하여 처리하게 되면 부담을 가질 수 있으므로 슈퍼바이저는 업무분담과 사례 양을 조절해야 한다. 사례대상자의 문제 유형 및 사례 수, 선정 기준, 서비스 개입과 전달체계 외에 지침 등을 검토하여 사례관리자가 감당할 수 있는 정도에서 배정해야만 성과를 기대할 수 있다.

〈표 21〉 통합사례관리 회의록

<table>
<tr><td rowspan="2">통합사례회의록</td><td rowspan="2">결재</td><td>담당</td><td>팀장</td><td></td><td>관장</td></tr>
<tr><td></td><td></td><td></td><td></td></tr>
</table>

<table>
<tr><td colspan="2">시행 일자</td><td></td><td>시행 장소 및 시간</td><td></td></tr>
<tr><td colspan="2">참석자 현황</td><td colspan="3"></td></tr>
<tr><td colspan="2">안건</td><td colspan="3"></td></tr>
<tr><td rowspan="3">통합사정보고</td><td>대상자 욕구 및 상황</td><td colspan="3"></td></tr>
<tr><td>보호자 욕구 및 상황</td><td colspan="3"></td></tr>
<tr><td>통합사정회의 결과 요약</td><td colspan="3"></td></tr>
<tr><td colspan="2">통합사례회의 내용</td><td colspan="3"></td></tr>
<tr><td colspan="2">확정 사항</td><td colspan="3"></td></tr>
<tr><td colspan="2">사례 판정</td><td colspan="3">□ 긴급개입사례대상자 □ 위기개입사례대상자 □ 일반사례대상자
□ 보류대상자 □ 제외대상자</td></tr>
<tr><td colspan="2">주 지원기관 및 담당자</td><td colspan="3">주 지원기관 :
담당자 :
지원내용 :</td></tr>
<tr><td colspan="2">협조 기관 및 내용</td><td colspan="3">협조기관 :
협조내용 :</td></tr>
<tr><td colspan="2">지원 기간</td><td colspan="3">20 년 월 일부터 20 년 월 일까지</td></tr>
<tr><td colspan="2">재점검 회의 일자</td><td colspan="3"></td></tr>
</table>

3. 통합사례회의 운영체계

1) 회의 참석자

통합사례회의 위원의 구성 시 외부 전문가는 사회복지사 외에 치료전문가, 아동·장애인·노인 등의 분야에서 노하우를 가지고 있는 인물들로 구성하되, 명성이 높고 전문성을 인정받은 전문가를 섭외한다. 이러한 전문가는 기관의 직원과 사례관리자에게 통합사례관리 진행에 필요한 기술 등을 알게 하고 전문성을 신장시킨다. 또한 사례를 분석하고 해결대안을 제시하는 데 있어 직원이 개입하기 어려운 문제와 기술부족 등을 슈퍼비전 함으로써 개입방법과 대처방법을 모색하는 데 필요한 지식과 기술을 습득하게 한다.

다양한 사례를 접해보지 못한 초임사례관리자의 시각을 넓혀 사례유형에 따라 개입 과정을 알게 할 뿐 아니라 문제 해결 대안 마련에 필요한 조언과 슈퍼비전을 제공한다.

회의 참석자의 결정은 기관장의 승인이 있어야 한다. 따라서 기관 내부적으로는 의사결정권자인 기관장과 부서장, 관련 직원, 사례관리자이며, 외부 참석자는 사례대상자, 보호자, 해당분야의 전문가로 사례 상황에 따라 외부 전문가는 달라질 수 있다.

2) 회의 시기

기관내부적으로 시행하는 사례회의의 경우 매주 1회 또는 격주 1회가 적정하다. 그 이상 시행하게 될 경우 직무 과부화로 인해 통합사례관리의 질을 떨어뜨릴 소지가 많다.

통합사례회의 개최시기는 사례의 발생 건수와 사례 양에 따라 다르다. 따라서 두 달에 한 번이 적정하다. 기관자체적으로 지원할 사례도 있을 뿐만 아니라, 회의자료 준비가 철저해야만 성과로 연계되기 때문이다. 통합사례회의 진행에 필요한 지식과 기술 습득은 개인의 학습 정도에 따라 좌우되므로 가급적 직원들의 역량개발을 목적으로 진행하는 것이 효과적이다.

3) 회의 절차

T/i/p

개회선언(위원장) – 사례보고(사례관리자) – 문제 및 욕구 규명 – 사례판정(긴급, 위기, 일반) 및 대상자 선정 – 지원계획 협의(외부 및 내부자원 결정, 지원시기 결정, 모니터링 방법, 점검과 사정의 방법, 종결의 내용과 사후관리) – 결정사항의 요약과 보고(사례회의 내용의 정리와 취합) – 회의종료

사례관리자는 선정된 사례에 대해 위원들이 충분히 검토할 수 있게 공문과 함께 자료를 발송한 후 유선 또는 구두로 자료를 송부하였음을 전달하고 참석여부를 확인한다. 장소 또한 고려한다. 사례의 상황을 심도 있게 분석하고 의도한 변화를 촉진할 수 있는 계획 수립이 목적이므로 회의 장소는 집중할 수 있는 공간이어야 한다. 원활한 회의진행을 위해 회의자료, 다과, 필기도구, 메모지 등을 준비한다. 마지막으로 회의내용을 사례대상자에게 전달하고 진행방향과 참석하는 외부전문가와 내부직원 등을 설명한 후 참석여부를 확인한다.

① 통합사례회의 진행

통합사례회의 진행은 위원장이 회의개최를 선언하고, 회의 참석에 대한 인사를 통해 시작된다. 위원장은 위원들을 소개한 후 회의 진행 가부를 승인받는다. 지난 회의의 주요 의제와 진행사항을 보고한다. 위원장이 사례관리자의 사례보고를 발언하면, 사례관리자는 사례소개와 함께 통합사정회의 결과의 주요 내용을 보고한다.[5] 사례대상자 또는 보호자의 요구 및 현재 상황이 이해되도록 호소

5) 사례관리자의 보고는 인테이크, 관찰, 가정 방문 등에서 확보한 자료에 기초하고, 위원들이 내용을 이해할 수 있도록 통합사정회의 결과를 토대로 보고한다. 따라서 사정보고서를 비롯하여 통합사정회의 자료는 사전에 배포되어야 한다. 이를 기초로 사정내용이 정확한지, 문제에 따른 지원방향의 적정성 등이 결정된다.

욕구와 확인된 문제를 중심으로 보고한다.

위원들은 사례관리자의 보고내용을 토대로 욕구와 문제를 확인하고, 도출된 의제를 중심으로 사정결과를 심의하는 의견을 교환한다. 표출된 욕구와 문제 외에 사정의 적정성 여부와 문제 개입 방법, 지원방향의 일치성 등이다. 또한 통합사정회의에서 결정된 사례의 심각성과 사례유형이 적정한지를 검토한다. 사례대상자의 판정은 사례의 긴급성, 위기성, 일반적 사례로 위원들의 판정협의를 거친 후 지원 수준과 범위 등이 결정된다. 사례대상자의 해결 욕구와 문제를 선별하는 것은 통합사례관리회의에서 가장 중요한 과정이다.

② 지원 계획

지원계획 또한 협의할 사항이다. 외부 및 내부자원의 결정, 지원시기, 모니터링 방법, 점검과 사정시기, 종결 내용과 사후관리 절차와 방법 등 통합사례관리 진행과정에 관한 것이다. 기관에서 지원할 행정사항이 있다면 지원내용과 시기를 정한다. 서비스 제공 과정에서 자원의 개입 여부와 담당자 및 지원 부서를 결정한다. 확인할 사항은 사례대상자의 욕구와 부합하는지, 문제에 따라 서비스는 결정되었고 지원에 참여하는 자원은 적정한지 등이다.6)

이제 사례대상자의 동의가 남아 있다. 사례대상자는 회의 결과를 이해하고 있으며 만족하는가? 결정된 사항 외에 추가적인 요구가 있는지 등을 확인한다.

회의를 마치게 되면 회의 내용을 정리하여 보고함으로써 승인을 받는다. 위원장은 모든 사항이 결정되면 회의종료를 선언하고 마친다. 사례관리자는 회의록을 작성한 후 위원들에게 날인을 받아 문서로 보관한다.

6) 사례대상자로 판정되면 지역의 기관들이 공동으로 사례를 지원하게 된다. 따라서 위원가운데 슈퍼바이저를 선정하여 지원한다면 사례의 지속성을 유지하고, 지원 기관 간의 역할을 중재하게 되어 사례의 문제 해결 기간을 앞당긴다.

4) 회의 유형

사회복지기관의 통합사례회의는 정기회의와 수시회의로 구분된다. 정기적으로 시행하는 통합사례회의는 개최일자를 정해야 한다. 전체직원이 회의 개최시기를 알고 있으면 업무중복과 혼란 등을 피할 수 있고, 사례지원을 위한 사전준비가 가능해진다.

(1) 정기회의

통합사례회의에서 다루는 사례는 사례관리자의 업무수행 과정에서 다루기로 예정된 사례와 긴급사례, 외부기관에서 의뢰된 사례 등으로 회의를 주관하는 직원은 사례의 상황에 따라 기관장 또는 국장, 부장 또는 사례관리 전담부서의 장과 외부 전문가가 참여한다. 행정부서, 서비스 전담부서, 담당자, 의료부서, 자원관리 부서 등 역할을 분장한다. 사례대상자의 기본 서류를 검토한 후 필요한 지원을 모색한다.

정기회의는 외부 기관 및 전문가 간의 협의를 통해 정기적으로 시행하는 회의이다. 따라서 기관 간의 공문을 통해 일자를 협의하여 정해진 일자에 시행된다.

(2) 수신 또는 긴급회의

수시 또는 긴급회의에 상정된 사례는 문제가 심각하여 즉시 개입할 사례이다. 대개 외부기관에서 의뢰되고 기관 또는 사례관리자에 의해 발견된다. 개최사유와 시기 등은 의뢰내용에 기초하여 시행되는 만큼 부서의 협조와 연계 정도가 사례대상자의 해결기대를 높인다.

전담부서는 인테이크에서부터 종결까지의 서비스 과정을 총괄한다. 서비스 개입시기와 지원사항, 장소선정, 사례대상자 상담과 변화를 촉구하기 위한 조력과 격려, 자원 개입의 적정성, 개입시기, 개입방법, 사례대상자의 만족도 등을 모니터한 후 외부 및 내부자원을 점검한다.

이러한 활동은 정보로 보존되어야 한다. 전담부서 담당자는 사례대상자의 관찰, 상담기록지, 지원된 서비스와 활동, 자원의 참여 등이며, 회의내용은 회의록을 작성하여 종료 후 사례보고서와 함께 기안을 통해 결재를 받는다. 기안을 등재하여 통합사례회의 관계 철에 보존한다.

사례대상자와 지역사회를 연계하는

현장 중심의 통합사례관리

10장 /

통합사례관리 진행단계

1. 사례관리 등록 및 계약서 작성

사례대상자는 사례관리 대상자로 등록된 후 이용자 신분으로 전환된다. 이를 확인하는 서류가 계약서이다. 계약은 공적인 합의에 의해 시행되고 사례대상자와 기관장이 날인함으로써 성립된다. 하지만 사례관리자가 위임받은 경우 대리하여 날인할 수 있다. 계약은 기관과 사례대상자 간에 합법적으로 서비스를 제공하고 공식적으로 서비스를 제공받을 권리를 가졌다는 의미이다. 기관장과 사례대상자가 계약서에 서명하는 것은 명시된 서비스를 공적으로 책임을 진다는 문서화의 의미가 있다. 하지만 사례대상자의 동의에 의해 맺는 것이므로 법령에서 정한 사항이 아니라면 법적 구속력은 성립되지 않는다. 계약내용은 계약일자, 사례대상자 성명, 서비스내용, 서비스의 기간, 참여 자원과 목표 외에 종결사유, 서비스의 제공 결과 등이다(Sheafor & Horejsi, 1997, 남기철 외 역, 2005).

(1) 사례대상자와의 계약 절차

사례관리자는 계약내용을 정리하여 기안문을 작성하고 부서장 및 기관장의 결재를 받는다. 이후 사례대상자의 동의 및 계약으로 이어지게 되며, 사례대상자 또는 보호자와의 연락을 통해 대면 미팅 일자를 정한다. 또한 서비스 진행 과정을 전달하여 의견을 청취한다. 수정 및 보완사항 또는 추가적으로 반영할 사항을 확인하기 위해서이다.

만약 사례대상자 또는 보호자가 동의하지 않는다면 서비스 지원이 불가능하므로 종결된다. 동의를 표명한 경우 기관의 서면 계약서 양식을 확인한 후 서비스 내용과 서비스 기간, 참여 자원을 확인하고, 사례대상자가 이용하는 서비스와 혜택 등을 설명한다. 모든 내용을 확인하고 동의하였다면 서명으로 마친다.

(2) 계약서 양식

사회복지기관의 통합사례관리 계약서 양식은 표준화된 체계가 없어 제각각이다. 따라서 기관에서 정한 양식을 활용하면 된다. 계약 내용 및 절차는 다음과 같다.

첫째, 사례대상자가 받을 수 있는 혜택을 설명한다. 설명은 사례대상자가 문제를 이해하는 수준에서 상세해야 한다.

둘째, 문제를 해결하겠다는 의지를 확인한다. 사례대상자 스스로 문제의 원인과 양상을 이해하고 있는지 등이다.

셋째, 통합사례회의 결과를 설명하고 향후 지원될 서비스와 참여 자원, 기관 및 지역차원에서 제공될 서비스와 기관의 담당자 등을 소개하고, 사례대상자의 적극적인 참여가 필요하다는 것을 인지시킨다.

넷째, 기관의 등록절차와 서비스 지원지침, 사례대상자의 권리 등을 자세하게 설명한다.

다섯째, 등록에 대한 동의를 확인해야 하는데 거부 시에는 이용 가능한 기관을 소개한 후 종결기록서를 작성한다.

여섯째, 계약서의 기재내용, 즉 제공받을 서비스 내용과 서비스 제공기간, 기관이용 절차, 요구사항의 신청방법, 사례관리자와 기관의 역할, 사례대상자의 역할 등을 설명한다.

일곱째, 사례대상자의 서명이 완료되면 통합사례관리 대장에 등록한다.

〈표 22〉 통합사례서비스 이용계약서

통합사례서비스 이용계약서

본인은 ○○○ 종합사회복지관의 통합사례관리 서비스 대상자로 다음과 같이 계약을 체결한다.

– 다 음 –

▶ 기관의 역할과 책무

1. 사례대상자 ○○씨의 서비스 제공을 위해 최선을 다한다.
2. 사례대상자가 이용하는 서비스에 대한 최대한의 편의를 제공하고 참여하는 자원은 서비스 제공을 위해 최선을 다한다.
3. 본 계약서에 명시된 서비스 지원에 만전을 기하고 최적의 성과를 도출하기 위해 노력한다.

▶ 대상자의 역할과 책무

1. 서비스 이용 과정에서 지켜야 할 제반의 사항을 성실하게 이행한다.
2. 개인적인 요인에 의해 발생된 안전사고 등의 문제에 대해서는 참여하는 자원과 담당자에게 책임을 묻지 않는다.
3. 계약기간 중에 지원되는 서비스 및 프로그램에 성실하게 참여한다.
4. 다음과 같은 사유가 발생한 경우에는 계약기간 중이라도 종결한다.
   1) 대상자 또는 보호자가 서비스 지원을 거절 또는 중단을 요청하는 경우
   2) 개인적인 사정으로 더 이상 참여하지 못하는 경우
   3) 서비스 참여가 불성실하고 문제 해결의지가 없어 지원하기 어려운 경우
   4) 기타 사유로 인해 더 이상 참여가 곤란한 경우

▶ 이용 혜택

1. 기관에서 지원되는 모든 활동프로그램을 이용할 수 있다.
2. 개인이 원하는 요구사항에 대해서는 언제든 면담할 수 있다.
3. 원하는 활동 또는 프로그램에 대해 요구하고 지원한다.
4. 본인의 결정에 의해 자유롭게 지역사회 활동을 보장한다.
5. 서비스 제공기관에서 알게 된 개인에 관한 신상 등에 대한 비밀을 보장받는다.
6. 기타 생활에 필요한 모든 내용을 정보로 제공받는다.

▶ 지원서비스 내용

1. 월 2회 정기적인 개별상담
2. ○○기관의 물리치료실 및 보건팀 의료지원 서비스(주2회)
3. 계절별로 시행하는 하계캠프
4. 음악, 미술, 놀이 치료실 이용 및 프로그램 참여
5. 가정봉사원 파견을 통한 가사활동 서비스

▶ 이용기간 : 20 . . . – 20 . . .

이용자 :	㊞	사례관리자 :	㊞
보호자 :	㊞	슈퍼바이저 :	㊞

20 년 월 일

○○ 종합복지관 관장 귀하

〈표 23〉 통합사례관리 진행

경로	파악내용	사례관리자의 역할
사례대상자 등록 및 계약서 작성	· 사례대상자 등록 – 이용자 신분 전환에 따른 혜택 설명 – 관리대상 등재 외 · 계약서 작성 – 계약 내용 설명 – 서비스 제공기간, 이용절차, 요구사항 신청 방법, 서비스 제공 내용, 사례관리자의 역할 외	· 계약사항 부서장 및 기관장 보고 · 사례대상자 상담을 통한 추가욕구 파악
⇩		
실행계획 수립	· 서비스 목표 수립 · 문제 해결 방향 수립 · 문제 해결 논의 · 방해요인 분석 · 담당자 선정과 합의사항 시행 외	· 실행가능한 협의 · 문제 해결을 가정하여 수립 · 문제 해결이 안된 상황에 대한 대안 모색 · 타기관 연계 외
⇩		
서비스 제공	· 계획된 서비스 실행	· 서비스 제공 시 고려사항 – 심리적 안정 찾기 – 타기관 및 부서 간 업무중재 – 서비스 지원목표 점검 – 참여 자원 중재 외

2. 실행계획 수립

실행계획은 통합사례회의에서 결정된 사항을 실행하기 위한 방안을 모색하는 과정이다. 해결에 따른 최적의 서비스를 선택하고, 실행할 수 있는 인적·물적 자원의 개발과 개입방법을 정하는 것이다. 모든 활동은 사례대상자의 변화를 촉진하고 문제 해결에 충분해야 한다. 사례대상자의 동의하에 진행된다.

1) 계획 수립의 의미

계획의 방향은 통합사례회의에 기초하고 드러난 문제의 해결을 위해 서비스 적용 및 실천 방법을 모색하는 것이다. 계획 수립은 서비스 내용과 지원시기, 자원의 개발과 참여협조, 개입시기 및 내용 외에 서비스를 제공하기로 한 장소 등을 포함한다. 목적에 따라 서비스가 명확하고 구체적이어야 하며 결과를 기대할 수 있어야 한다(Ballew & Mink, 1996, 권진숙 외 역, 1999).

따라서 실행이 전제되고 결과를 기대할 수 있는 계획이어야 한다. 성과기대는 목표수립, 즉 명확한 방향제시에 있다. 목표는 장기목표와 단기목표로 구분된다. 장기목표는 진행 과정에서 성취할 목표이고 사례대상자의 변화상태, 즉 성과를 의미한다. 단기목표는 장기목표를 달성하기 위한 단계별 성취로 드러난 문제와 욕구를 충족하기 위한 실천을 의미한다(권진숙 외, 2012).

좋은 계획은 사례관리자의 노력과 창의적인 생각이 반영되어 사례대상자의 변화결과를 가정하여 수립된다. 이러한 계획은 사례대상자와 참여 자원의 이익을 반영하고 성과를 예측하게 한다. 계획에 포함하는 요소는 첫째, 각각의 문제를 해결하기 위한 목표, 둘째, 목표달성에 필요한 사례대상자의 과업과 행동변화가 구체적이고, 셋째, 목표를 달성하기 위한 전략이 적절하고 사례관리자와 참여 자원, 사례대상자의 역할이 명확하다. 넷째, 시간 순서적으로 계획되어 있다(Sheafor & Horejsi, 1997, 남기철 외 역, 2005).

2) 계획 수립 과정

서비스 계획 수립은 다음의 단계에 의한다.

(1) 서비스 목표 수립

목표는 사례대상자의 욕구에 기초하고 이 욕구를 달성하기 위한 대안이 반영된 결과물로서 사례관리자가 분석한 문제들이 한 줄의 문장으로 축약된 요약문이다. 즉 사례대상자의 노력과 사례관리자의 지원을 일치시켜 시행할 역할과 활동을 하나의 문장으로 축약하여 정리한 것이다. 사례관리자와 참여 자원, 사례대상자가 실행할 과업에 해당한다. 목표를 달성하기 위해 서비스가 수립되고 시간의 흐름에 따라 각각의 서비스 내용이 실행 과정으로 배치되며, 서비스 연계성 여부에 따라 목표달성의 부합 정도가 확인된다. 따라서 사례대상자의 기대가 의지와 결부되고 역할과 행동, 그리고 변화가 필요한 이유 등이 설명되어야 한다.

통합사례관리의 성공여부는 사례관리자의 능력과 사례대상자의 의지가 결부될 때 기대한 결과를 얻게 되므로 절실함이 있어야 한다. 절실함은 문제 해결의 바람직한 결과를 위해 적극적으로 참여하겠다는 의지를 갖는 것이다. 문제를 해결한다는 목적도 있지만, 사례대상자 스스로 문제 해결에 따른 목표를 세우고, 책임 있게 참여하겠다는 마음가짐이 문제 해결의 핵심기저가 된다는 점에서 그의 의지를 독려하는 것은 목표달성을 앞당긴다.

(2) 문제 해결 방향의 수립

사례대상자의 문제는 현재의 생활에 집중되고 현실적이어서 어떤 문제를 먼저 선택하느냐에 따라 해결되지 않은 상태로 남게 되어 장애물로 작용한다. 사례대상자는 적은 노력을 통해 해결된 문제를 확인하는 순간 적극적이 되므로 성취를 얻을 수 있는 문제부터 계획한다. 하지만 해결이 쉬운 문제라 해도 한 순간에 해결하기는 불가능하다. 또한 특정한 대상자에게만 서비스를 제공할 수 없는 여건이므로 시간적 순서로 계획해야 한다. 문제의 심각성에 따라 우선순위를 정해 해결의 실마리를 찾아야 하는데, 위의 방법은 사례대상자에게 자신감을 얻게 한다(Ballew & Mink, 1996, 권진숙 외 역, 1999).

(3) 문제를 해결하기 위한 논의

① 실현가능한 협의

문제 해결 방법 모색은 협의에 기초한다. 회의내용이 질적으로 충분한지 여부에 따라 실현가능성이 높아지기 때문에 해결대안이 적정해야 한다. 뚜렷한 목표는 상황에 적합한 자원을 개발하여 시기적으로 투입하고, 실천 가능한 과정이 담겨 있을 때 성과로 이어진다.

사례대상자와 사례관리자, 기관 간의 합의내용은 외부 전문가로부터 점검받고, 협의결과는 결정사항에 따라 팀 차원에서 수립한다. 단순 사례라면 사례관리자의 직무로 계획된다.

• 문제가 해결된 상태를 가정하여 실행 방법을 찾는다

직원들과 협의 시 사례관리자는 직면문제, 호소욕구, 가족의 반응 등을 요약하여 보고한다. 개입활동이 필요하다는 것을 알게 될 것이다. 그리고 해결된 상태를 직원들과 토론한다. 사례의 해결된 성과중심의 논의는 해결기대를 높여 참여 및 지원하는 직원들의 협조를 긍정적으로 이끈다. 그리고 결과를 도출하기 위해 최적의 활동이 무엇인지를 알게 한다. 최적의 프로그램과 서비스가 확인되었다면 문제를 해결할 수 있는 지역의 인물을 선정한다. 최적의 인물은 타 부서의 직원이고 관리자이며, 사례관리자일 수 있다. 또는 지역에서 활동하는 활동가이다. 이러한 인물을 섭외하는 데 있어 반대할 직원은 없을 것이다. 이제 성과를 도출하기 위한 실천내용을 결정한다. 즉 활동시기, 장소, 횟수, 비용 등 직·간접적으로 지원할 사항이다.

• 문제 해결이 안 된 상황을 대처하기 위해 방법을 모색한다

해결된 상태와 해결이 안 된 상황을 각각 제시하고 대안을 모색한다. 팀 협의는 성과가 나타나지 않을 경우의 조치와 해결된 이후의 과정 지원에 관한 것이다.

다양한 의견이 제시될 수 있도록 분위기를 조성해야 하는데, 각각의 의견은 대안이 도출될 때까지 진행한다. 결정사안은 합의되었을 때 종료된다.

② 외부기관과의 협의

대안모색 과정에서 지역사회 기관 간의 협의는 인적·물적 자원 간의 교류를

통해 진행된다. 이러한 교류는 기관 간의 협력을 촉진시켜 사례지원을 지역차원으로 확장하게 한다. 사례 종결 시까지 진행되며 지원과정에서 협력은 긴밀하게 유지되어야 한다.

대안은 다음의 사항을 고려해야 한다. 우선 사례대상자의 능력에 적합하고 목표달성에 충분한가? 최적의 선택이 모아졌는가? 대안은 지원과정에서 중복되고 있는가? 등이다.

(4) 방해요인 대처하기

사례관리자는 통합사례관리를 추진하는 과정에서 예기치 않은 상황을 대비해야 한다. 사례대상자가 초기에는 긍정적 반응을 보이다가 부정적 태도로 바뀔 수 있고, 보호자의 반대로 인해 또는 기관의 자원부족과 외부기관의 협조가 중단되는 것, 사례관리자의 직무를 가로막는 또 다른 요구에 부딪히고, 직무수행 과정에서 가중된 부담을 갖거나, 급한 업무라며 먼저 처리하라는 지시에 의해 방해를 받는 등 다양한 상황에 직면하게 된다. 이러한 상황은 직무 과정에서 수시로 일어날 수 있어 융통성 있게 대처할 것들이다.

문제는 생활과 직결되어 있으므로 생활의 주요사건을 검토한 후 누구와 있을 때 나타나고, 그에 대한 감정과 태도, 표출방식 등을 파악한다. 사례관리자와의 대면 상담 또는 만남의 시간에도 확인이 가능한 것들로 이러한 상황을 확인하면 해결의 열쇠를 가진 것이다.

대처는 두 가지 차원에서 검토해야 한다. 사례관리자는 방해요인을 대처할 시간적 여유가 있는가? 대처에 필요한 여력을 가지고 있는가? 등이다. 예측하지 못하는 상황을 대처하기 위해서는 시간이 필요하다. 따라서 사례관리자 스스로 여유를 갖기 위해 노력해야 한다.

(5) 담당자 선정과 합의사항 실행

우리가 쉽게 놓치는 것은 무엇을 시행할 때, 이미 확정된 사항을 점검하는 수준에서 진행하는 것이다. 모니터링은 수립된 대안이 적정하게 반영되고 있는지 여부와 계획대로 진행되고 있는지를 점검하는 것이다. 즉 현재의 상황이 목표달성에 적합한지를 확인하는 것으로 실행 절차와 과정을 실제로 이끈다는 관점에서 시행해야 한다.

이러한 과정을 점검하였다면 개입에 적합한 인물을 선정하고 배치하는 것이 남아 있다. 문제를 해결하기 위해 최적의 인물이 배치되어야 할 것은 당연하다. 하지만 인물을 선정하는 데 있어 사례대상자의 특성을 이해하지 못하는 전문가나 자신의 의지대로 이끌어 가려는 자원은 문제를 악화시킨다. 그래서 문제 해결에 필요한 자원은 충분한 지식과 경험을 보유하고 있어야 하고 친화력이 뛰어난 인물이어야 한다. 자원의 역량에 따라 사례의 문제를 회복하게 하고 또는 더 심각한 상황으로 내몰기 때문이다.

기관 내부의 인물을 선정하는 것도 신중해야 한다. 여기에서 중요한 것은 직원들의 사례 상황의 이해이다. 사례에 대한 정보파악이 선행되지 않는다면 형식적 지원에 머물게 되어 소극적으로 개입할 소지가 많다. 따라서 정확한 정보를 사실감 있게 전달하는 사례관리자의 역할이 필요하다. 행정부서의 직원이라 해도 정보를 전달하여 지원을 독려하고 달성할 목표를 제시하여 시기에 맞추어 개입될 수 있도록 과정을 주도한다.

실행은 부서 및 팀, 전문가의 참여와 협조를 주도적으로 이끌어 내는 사례관리자의 역량이다. 사례대상자에 관한 정보를 적극적으로 제공하여 자원의 개입을 독려하고, 요청사항에 대한 협의를 통해 자원의 참여를 극대화한다. 사례관리자의 연계자 및 조정자 역할은 이 시기에 가장 중요한 역할이다.

〈표 24〉 개별지원계획서

<table>
<tr><td colspan="4" rowspan="2">통합서비스 지원계획서</td><td rowspan="2">결재</td><td>담당</td><td>팀장</td><td>실장</td><td>원장</td></tr>
<tr><td></td><td></td><td></td><td></td></tr>
<tr><td>성명</td><td></td><td>나 이</td><td colspan="3"></td><td>성 별</td><td colspan="2">남 / 여</td></tr>
<tr><td>대상자 주소</td><td colspan="4"></td><td>연락처</td><td colspan="3">집 :
핸드폰:</td></tr>
<tr><td>지원 기관</td><td></td><td>지원 담당자</td><td colspan="2"></td><td>계획 수립 일자</td><td colspan="3"></td></tr>
<tr><td>지원 기간</td><td colspan="8">. . . ~ . . .</td></tr>
</table>

<table>
<tr><td>구분</td><td colspan="6">지원사항</td></tr>
<tr><td>사례대상자 유형</td><td colspan="6">□ 긴급개입사례대상자 □ 위기개입사례대상자 □ 일반사례대상자 □ 보류대상자 □ 제외대상자</td></tr>
<tr><td>대상자 욕구 및 현 상태</td><td colspan="6"></td></tr>
<tr><td>보호자 욕구 및 현 상태</td><td colspan="6"></td></tr>
<tr><td>통합사례회의 결과</td><td colspan="6"></td></tr>
<tr><td>주요 장애물</td><td colspan="6"></td></tr>
<tr><td>장애물 제거 계획</td><td colspan="6"></td></tr>
<tr><td rowspan="9">지원 계획</td><td>지원 유형</td><td>지원 내용</td><td>합의 목표</td><td>지원 시기</td><td>자원 연계 사항</td><td>지원 기관(담당자)</td></tr>
<tr><td>긴급</td><td></td><td></td><td></td><td></td><td></td></tr>
<tr><td>위기</td><td></td><td></td><td></td><td></td><td></td></tr>
<tr><td></td><td></td><td></td><td></td><td></td><td></td></tr>
<tr><td></td><td></td><td></td><td></td><td></td><td></td></tr>
<tr><td></td><td></td><td></td><td></td><td></td><td></td></tr>
<tr><td></td><td></td><td></td><td></td><td></td><td></td></tr>
<tr><td></td><td></td><td></td><td></td><td></td><td></td></tr>
<tr><td></td><td></td><td></td><td></td><td></td><td></td></tr>
<tr><td>1차 점검 시기</td><td colspan="3"></td><td>점검자</td><td colspan="2"></td></tr>
<tr><td>2차점검 시기</td><td colspan="3"></td><td>점검자</td><td colspan="2"></td></tr>
<tr><td>추가 지원 사항</td><td colspan="6"></td></tr>
<tr><td>타 기관 협조 사항</td><td colspan="6"></td></tr>
<tr><td>슈퍼비전 시기</td><td colspan="6"></td></tr>
<tr><td>비고</td><td colspan="6"></td></tr>
</table>

3. 서비스 제공

1) 서비스 제공 시 고려사항

사례대상자는 기다려 주지 않는다. 아무리 좋은 서비스를 제공받는다 해도 치부와 같은 과거의 생활이 노출되는 상황을 받아들이기도 어렵거니와 문제시하여 토의하는 상황은 피하고 싶은 경험이다. 전문가와 직원이 마주 앉아 문제의 핵심을 밝히고, 좋은 의도에서 해결해 가자는 취지를 밝힌다 해도 부담은 피할 수 없다. 따라서 적극적인 지지와 격려를 보내며 의지를 확인해야 한다.

연계와 조 정도 필요하다. 참여하기로 한 기관의 사정에 의해, 외부 전문가의 급작스런 일정변화, 사례관리자의 출장 등 때문에 중단된다면 신뢰하지 않을 것이다. 이런 변수를 확인하고 대처해야 한다. 급작스러운 상황을 대비하기 위해서는 통합사례관리 초기부터 다양한 변수를 고려하여 대안을 마련하는 것 외에 방법이 없다.

전문가와 타 기관의 이해차이를 극복하기 위해서는 기관의 입장, 전문가의 견해 차이를 조정하는 역량이 발휘되어야 한다. 통합사례관리 서비스는 기관의 전문가 및 직원들, 자원이 참여하고 함께 진행된다는 전제가 있어, 계획과 다른 입장을 표명하거나 더 나은 계획이라며 무리한 요구를 한다면 설득해야 한다. 사례대상자가 부담스러워 하는지 여부를 확인하여 수정할 것을 요구한다.

참여 자원의 일방적인 요구를 해결하기 위해서는 다음의 사항을 고려해야 한다. 시행하기로 한 서비스가 자원의 요구에 의해 변동되거나, 더 나은 결과를 얻을 것이라며 계획과 다른 프로그램을 진행하는 것 등이다. 전문가의 요구는 사례대상자에게 일방적으로 제시되고 변화될 것을 강요하기도 한다. 초기에는 익숙지 않아 시행되겠지만 이것이 반복될 경우 반발을 통해 서비스를 거부하는 등 위기를 맞게 된다. 이를 해결할 수 있는 방법이 사례대상자 입장에서 진행하는 것이다.

2) 서비스 실행 과정

계획과 실행이 상이하다면 실행은 의미가 없다. 서비스 제공은 사례관리자의 계획 수립이 얼마나 치밀하였는가에 따라 순조롭게 진행되고, 부실하다면 지원이 중단되는 등 문제를 유발하게 된다.

〈표 25〉 서비스 실행 과정

단계	진행내용	확인사항
단계 1	서비스 진행 양식 선정	프로그램, 자원, 활용기자재, 사례대상자 반응, 활동 평가 등
단계 2	강사 사전 연락	· 2주일 전 연락을 통한 일정 확인 · 4일전 재 연락 후 사례대상자, 장소, 프로그램 진행 등에 대한 정보 제공
단계 3	사례대상자 사전 정보 제공	참여 동기 확인, 강사 및 자원의 전문성, 서비스 내용 및 활동, 사례대상자의 역할과 과업 등
단계 4	긍정적 지지	사례대상자 지지 및 격려, 참여 동기 격려, 해결기대 및 동기 확신 등
단계 5	기관 및 사례관리자 준비사항 점검	지원시기 및 내용확인, 장소점검, 타부서 협조요청, 기관일정확인 등
단계 6	서비스 실행	장소 및 물품점검, 진행내용, 대상자 변화 및 만족도, 강사와의 라포 형성 정도 등
단계 7	자원관리와 역할 확정	활동영역 확정, 활동시간 및 서비스 역할 제시, 개인의 잠재적 역량 강화 등
단계 8	평가	서비스 시작전, 진행 과정, 종료 시 사례대상자의 반응 및 변화 정도, 회기별 평가, 성과 도출, 사례관리자 및 자원 활동 등 계획된 사항을 토대로 평가

(1) 단계 1: 서비스 진행에 적합한 양식 선정

일자별로 진행할 프로그램과 자원, 활용할 기자재, 사례대상자의 참여반응과 활동을 평가하고 기록할 문서를 비치한다. 기록은 서비스와 프로그램을 진행한 자원의 활동에 집중하고 사례관리자가 취합한다. 물론 기관마다 특성이 있기 때문에 양식선정은 기관장의 결정에 따른다.

(2) 단계 2: 사전 연락

사례관리자는 최소 2주일 전에 서비스 진행자에게 연락하여 일정을 체크하고 기본정보를 제공한다. 프로그램 진행 4일 전에 재 연락하여 일정변화가 없는지, 필요한 소모품 등 지원 사항을 확인한다. 사전 연락은 프로그램 진행의미와 과업을 알게 하여 사례관리자와 사례대상자, 전문가의 역할을 일치시켜 각각의 기대욕구를 충족시킨다.

(3) 단계 3: 사례대상자에게 사전 정보 제공

참여 동기를 확인하기 위해 자원의 전문성, 서비스 내용 및 활동, 사례대상자의 수행 역할과 과업에 관한 정보를 제공한다.

(4) 단계 4: 긍정적 지지

사례대상자는 서비스를 제공받아야 하는 상황이 불안하고, 염려하는 등 불안정한 심리상태를 나타낼 수 있다. 어쩌면 참여에 대해 고민할 수도 있다. 이러한 불안은 참여 의지를 저하시킨다. 지지와 격려를 통해 참여 동기를 확인하고 사례대상자의 적극적인 노력이 긍정적인 결과를 얻게 한다는 것을 확신시켜야 한다.

(5) 단계 5: 기관 및 사례관리자의 준비사항 점검

서비스 담당자와 타 부서의 직원들이 지원시기와 지원내용을 알고 있는지 등을 확인한다. 서비스 장소도 점검한다. 예정된 시기에 서비스가 제공될 수 있는지, 타 부서에서 활용할 계획이 있는지, 일정이 중복되는지, 만약 중복된다면 다른 장소는 섭외가 가능한지 등이다. 또한 서비스 제공에 필요한 물적 자원 동원여부도 파악 한다. 서비스 제공 시기에 필요한 물품과 시설물은 지원될 수 있는지, 아니라면 대체할 자원은 무엇인지, 물품을 조달하는 직원은 협조적인지 등이다.

(6) 단계 6: 서비스 실행

사례대상자와 자원에게 사전정보를 제공하였다면 프로그램의 실행이 남아있다. 서비스 장소에는 당일 진행할 준비물품이 비치되었는지 등을 담당자에게 확인하고 추가사항이 있다면 협의한다. 사례대상자의 참여시간도 확인한다. 매 회기가 끝난 후 개별상담을 시행하고 변화와 느낌, 프로그램 만족도 등 반응을 살핀다. 사례대상자의 이해 수준, 진행자와의 라포 형성, 긍정적 변화가 있는지 등에 대한 의견을 교환하여 다음 회기를 준비한다. 사례대상자의 개입 수준과 지원방향을 결정하기 위해서이다. 프로그램 종료 후에는 서비스 결과, 일지, 활동사진 등을 취합하여 결과 보고서를 작성하고 기관장에게 보고한다. 협조과정에서 미흡한 부분과 개선사항 또한 반영한다.

(7) 단계 7: 자원관리와 역할 확정

사례관리자는 프로그램이 실행된 시점부터 자원의 개발과 연계, 참여를 동시에 수행해야 한다. 비공식 자원은 비교적 자유롭게 참여하게 되므로 활동내용과 시간, 목적에 부합한 활동목록을 정해 주어야만 역할수행의 책무감이 강화된다. 진행에 의미를 두는 것이 아니라 사례대상자의 변화에 목적을 두고 최선의 활동을 촉구하고 능력을 끌어내자는 의미다.

(8) 단계 8: 서비스 평가

서비스 점검은 프로그램 시작 전, 진행 과정, 종료에 따른 사례대상자의 반응과 변화 정도 외에 회기별로 진행된 서비스를 평가하는 것이다. 서비스는 목적에 따라 진행되었고 성과는 도출되었는지, 사례관리자의 역할, 자원과 직원들의 협조 정도 등 계획에 포함된 모든 사항을 점검해야 한다. 위의 사항은 기관에서 활용하고 있는 체크리스트를 토대로 작성한다.

Tip

서비스 진행은 계획된 서비스를 실행하는 과정이다. 사례관리자의 직무 수행 과정을 일정화하기 위해 주간계획표와 월간계획표를 작성한다. 작성 시 활동 장소, 참여 자원, 서비스 지원사항, 소요비용 등을 반영한다. 진행점검은 활동내용과 목표달성 정도, 해결된 문제, 투입된 자원 등 전반적인 사항을 평가하고 계획서대로 진행되었는지에 초점을 둔다.

〈표 26 〉 통합사례대상자 상담록

통합사례대상자 상담록		결재	담당	팀장		원장
상담 일자		상담 장소 및 시간				
대상자 성명		상담받은 사람				
사례지원 유형	□ 긴급개입대상자 □ 위기개입대상자 □ 일반사례대상자 □ 보류대상자 □ 제외대상자					
상담요청 안건 및 요약						
주 상담 내용						
기타						
지원 계획						
회신 일자		회신 담당자				

3) 직접실천과 간접실천

사례관리자의 직접실천과 간접실천 역할은 다음의 의미가 내포되어 있다(정순돌, 2007).

첫째, 직접실천은 사례대상자를 향한 관심에서 시작된다. 간접실천은 사례대상자의 문제 해결에 필요한 자원 연계에 있다. 서비스를 이용하는 과정에서 자원의 개입을 촉진하기 위해 수행하는 활동으로 행정지원을 포함한다.

둘째, 직접실천은 문제 해결을 위해 사례관리자가 쏟는 노력과 열정이 충실할 때 성과로 나타난다. 간접실천은 이러한 노력과 열정에 더해 그 효과를 강화하기 위한 자원연계 기술이다.

셋째, 직접실천은 사례대상자가 표출하는 문제 개입에 필요한 정보를 획득한 후 기술 습득을 위한 교육 등의 활동이다. 간접실천은 사회복지기관을 연계하거나 전문가를 발굴하여 참여시키는 활동이다.

넷째, 직접실천은 사례대상자에게 교육가, 중재가, 조정자, 옹호자 등의 역할을 수행한다. 간접실천은 사례관리자가 활동을 수행하기까지의 사전 준비를 의미하고 사례대상자의 변화를 촉진하기 위한 환경체계에 개입하는 것이다.

다섯째, 직접실천은 사례대상자와의 상호작용 과정에서 전문적 지식과 기술, 기법 등을 토대로 목표에 따라 개입하는 활동이다. 간접 실천은 전문적 지식과 기술 및 기법 등을 보유한 지역의 전문가를 참여시키는 것이다.

〈표 27〉 대상자 주간서비스 계획표

주간 서비스 지원계획 및 결과표	결재	담 당	팀 장		관장	대상자

성 명		작성 일자	20 년 월 일
주 사례 관리자		기 간	20 년 월 일 ~20 년 월 일
참여 기관		협조자	

요일 구분	월( )	화( )	수( )	목( )	금( )	토( )	일( )
오전	약복용 ○○복지관 재활 서비스 이용	약복용 가정 방문	약복용 고용촉진 공단 직업 교육	약 복용 병원 동행	약 복용	약 복용	약복용 교회 방문
점심 식사							
오후	물리치료실이용	외출동행	보호자 상담	○○복지관 프로그램 참여	영화 관람		
지원사항	물리치료 동행 시 활동 보조인 동행 지원		고용촉진 공단 등록 지원		자원봉사자와 영화관람 동행		
기타 서비스							
필요한 기자재 및 물품	– 외부활동 시 차량 지원 서비스 – 병원동행 약 타기 지원						
협조 요청 사항	– ○○복지관 자원봉사자 지원 – 가정생활 지원을 위한 가정봉사원 파견 협조 요청(○○복지관)						
지원 결과							

4. 서비스 조정

1) 조정의 개념

조정은 계획에 따라 예정된 서비스와 프로그램을 원활하게 진행하기 위한 사례관리자의 조치를 말한다. 불가피한 상황으로 인해 서비스를 조정해야 한다면 계획된 서비스가 진행될 수 있도록 자원 및 담당강사, 시설물과 장소, 지원 사항 등 예정된 프로그램 및 서비스 변동 상황을 대처하는 사례관리자의 중재역할을 의미한다. 이 경우 사례관리자는 기관의 담당자와 사례대상자에게 변동사항을 알려 프로그램 개시 전까지 조치해야 한다.

2) 사례관리자의 조정 역할

사례관리자의 조정 역할은 계획된 서비스를 진행하기 위해 급작스러운 상황의 변수를 최소화하고 서비스 진행을 원활하게 이끄는 데 있다. 프로그램 담당자가 참석하지 못하거나 서비스가 제공되기 어려운 경우, 사례대상자의 급작스런 포기 또는 프로그램에 참여하지 않는 등 예정되지 않는 상황은 다양하게 발생한다. 직원의 참여, 시설물과 장소, 비품 및 소모품 조달, 외부전문가 또는 자원의 참여가 불확실해지는 등 사례대상자에게 지원하기로 계획된 모든 사항을 모니터링하여 조정 역할을 수행해야 한다.

3) 내·외부 자원의 조정

부서 및 직원들은 사업을 수행하는 과정에서 독립적인 역할을 수행하게 되는데, 부서 사업에만 몰입하는 경우 합의되지 않을 때가 있다. 장소 및 시간변동을 요구하거나 합의가 어려운 무리한 요구 등이 그것이다. 내부자원에 대한 조정이 필요한 이유는 부서의 역할에 따라 시설물 또는 기자재 활용, 협조 등 사업진행 과정에서의 충돌 소지 때문이다.

외부자원 또한 개인적 일이나 급작스러운 출장 등으로 인해 참석이 곤란하다면 프로그램의 시행은 물론 사례대상자의 참여 동기를 저하시키는 결과를 초래한다. 이러한 상황은 비일비재하다. 지역의 사회복지기관은 기관의 상황에 따라 목적사업이 다른 경우 경쟁이 심화되어 비협조적일 수 있는데, 참여한다 해도 사례의 문제와 동 떨어진 개입으로 인해 목표에 도달하지 못하는 등 조정과 연계는 통합사례관리 과정에서 지속적으로 이루어져야 한다.

T/i/p

지역의 기관은 예정된 계획에 의해 사업을 추진한다. 사전 조율과 협의가 아닌 이상 긴급한 요청이라 하여도 개인의 직무를 포기한 채 협조하기란 쉽지 않다. 예정된 서비스가 중단되는 이유는 불가피한 또 다른 일정, 급작스런 감사나, 예정에 없었던 상황(직원의 이직, 담당자의 변경, 예산 중단 등) 등 때문이다. 이를 대처하기 위해서는 협의(공문)를 통해 약속을 받는 것이다.

4) 사례관리자의 조정 역할의 초점

통합사례관리 진행 과정에서 사례관리자의 조정 역할은 모니터링이 얼마나 충실했는가에 의한다. 적극적 대처가 적절한 조치를 의미하는 것처럼 지역의 기관과 전문가가 참여하는 통합사례관리의 추진은 사례관리자의 조정(중재)역할에 따라 달라진다.

효과적인 방법은 참여 기관과 자원의 활동을 사전에 파악하는 것이다. 개입 시기를 놓치거나 참여활동이 중단된 후 조정하는 것보다 사전에 알고 조치하는 예방이 효과가 높다는 것을 명심하자!

사례대상자와 지역사회를 연계하는

현장 중심의 통합사례관리

11장 /

통합사례관리 점검과 평가단계

1. 점검과 평가

〈표 28〉 통합사례관리 점검과 조정

경로	파악내용	사례관리자의 역할
진행사항 모니터링	· 자원의 연계 · 자원의 지원 적정성 · 사례대상자 문제 해결 의지 · 목표에 따른 변화 정도 · 서비스 만족도 · 추가적인 문제와 욕구 · 양식의 적합성과 기록유무 외	· 사례대상자 격려와 지지 · 진행 과정 기록 · 환경 구성 외
점검	· 사례대상자 입장에서 점검 – 행동변화 유무 – 참여 정도 – 욕구에 기반한 서비스 유무 – 과업이행 외 · 문제와 욕구 해결 정도 – 기자재와 물품 지원 – 서비스 적합성 – 문제와 욕구의 개선 정도 – 문제 해결 요인 외 · 자원의 참여 – 자원참여의 긍정성 – 부정적 인식 여부 – 자원 개발 및 연계 외 · 추가적인 지원 – 문제감소 여부 – 개입시기의 적절성 – 문제 해결을 위한 재정 지원 외 · 성과목표 – 성과달성 유무 – 목표의 구체성 – 지원 과정에서의 단기목표 성취 외	· 점검 항목에 따라 충족사항과 미충족 여부 확인 · 점검을 통한 조치계획 마련 · 사례대상자 및 참여 자원 개별 면담 · 목표달성 여부와 미달성 목표에 대한 대안 모색 외
조정	· 사례대상자와 참여 자원의 급작스런 불참에 따른 조정 · 서비스 진행 과정 중재 · 참석자원의 일정변화에 따른 조정 · 사례대상자의 무리한 요구 대응 외	· 예정된 서비스 제공의 변화 대처 · 자원의 급작스런 상황 대처 및 조정 · 사례대상자에 대한 지속적인 동기부여 외
평가	· 평가사항 – 사례대상자를 중심으로 성취목표 평가 – 참여 기관과 전문가 평가 – 사례대상자 변화 정도 외 · 평가내용 – 과정평가 – 결과평가 외	· 공인된 척도 활용 · 조사지에 대한 설명 · 평가 결과 보고서 작성 외

1) 모니터링

(1) 모니터링의 개념과 중요성

모니터링은 수립된 계획에 따라 진행된 모든 과정을 평가하기 위해 시행하는 사례관리자의 1차 점검이다. 사례대상자의 참여와 변화 정도, 활동의 만족도, 활동을 촉진하기 위한 자원의 개입, 활동 장소와 물품의 상태, 서비스 지원 과정의 연속성을 확인하는 것으로 진행된 활동과 서비스는 사례대상자의 변화를 촉진하는 활동이었는지, 그리고 계획에 따라 진행되었고, 그 결과로서 성과는 달성되었는지 등 진전 상황을 확인하기 위해 시행된다.

사례대상자의 의지와 결부된 서비스가 효과가 높은 것처럼 각각의 서비스가 적정하고, 사례대상자의 실제 욕구에 적합하였는지는 모니터링을 통해 확인된다. 모니터링은 서비스 환경의 적정성, 참여 자원과 사례대상자와의 연계성, 추가적인 문제 등을 파악하게 한다. 새로운 욕구 등을 대처하게 하여 성과도달을 위한 서비스 지원전략을 모색하는 데에도 유용하다. 특히 사례대상자와 보호자의 요구가 인테이크 후 서비스 진행 과정에서 계속해서 드러나기 때문에 반드시 시행해야 한다.

(2) 모니터링 확인사항

사례관리자가 모니터링을 통해 확인할 사항은 다음과 같다.

- 사례대상자의 원하는 바를 충족하기 위한 자원의 연계가 시기적으로 적절하였는가?
- 자원은 사례대상자의 욕구에 부합하고 적절한 지원을 하였는가? 또한 수정할 서비스 등이 있는가?
- 사례대상자는 문제 해결 의지가 있는가? 또한 목표에 따라 변화되었는가?
- 제공된 서비스에 만족하는가? 또한 추가적인 문제와 욕구가 나타났는가? 그리고 대처 하였는가?

• 서비스 진행 과정은 기관의 양식에 따라 기록되었는가? 등이다.

〈표 29〉 통합사례대상자 관찰기록지[1)]

<table>
<tr><td colspan="2" rowspan="2">통합사례대상자 관찰기록지</td><td rowspan="2">결재</td><td>담당</td><td>팀장</td><td></td><td>원장</td></tr>
<tr><td></td><td></td><td></td><td></td></tr>
<tr><td>성명</td><td></td><td>관찰자</td><td colspan="4"></td></tr>
<tr><td>관찰 장소</td><td></td><td>동의 여부</td><td colspan="4">동의/ 미동의</td></tr>
<tr><td>관찰 사유</td><td colspan="6"></td></tr>
<tr><td>관찰내용</td><td colspan="6"></td></tr>
<tr><td>관찰 결과</td><td colspan="6"></td></tr>
<tr><td>향후 조치 계획</td><td colspan="6"></td></tr>
<tr><td>협조 요청 사항</td><td colspan="6"></td></tr>
<tr><td>비고</td><td colspan="6"></td></tr>
</table>

2) 점검

(1) 점검의 개념과 범위

점검은 사례대상자에게 지원된 통합사례관리 서비스 활동을 확인하는 것으로 인적·물적 자원의 활동, 기자재와 시설물의 상태, 프로그램 내용, 예산 등을 포함한다. 계획의 진행 여부이며 목적달성에 관한 것이다. 따라서 평가 전에 시행하는 것이 효과적이다. 사례대상자의 욕구와 문제는 수립된 계획에 기초하고, 과정은 만족할 만큼 충분하였는지, 서비스는 문제 해결에 기여하였는지, 사례대상자는 변화되었고 만족하였는지, 시설물과 자원의 개입은 적시에 지원되었는지 등 사례관리자가 수립한 계획에 따라 통합사례관리 과정 전반을 점검한다.

1) 관찰기록지는 매 순간 관찰한 사항을 기록하기보다는 특정 시점을 정해 관찰한 내용을 기술해야만 내용파악이 용이해진다. 따라서 모니터링 시기뿐만이 아니라 서비스 진행 과정에서 특정 시점을 정해 시행하는 것이 효과적이다.

(2) 점검 내용

① 사례대상자 입장에서의 점검

- 사례대상자는 행동의 변화가 뚜렷하게 나타났는가? 아니라면 이유는 무엇인가?
- 서비스 진행 과정에 성실하게 참여하였다고 인식하고 있는가? 아니라면 이유는 무엇인가?
- 사례대상자의 문제와 욕구에 기반한 서비스였는가? 아니라면 이유는 무엇인가?
- 사례대상자에게 시설물 외의 물적 지원은 충분하게 제공되었고 그렇게 이해되고 있는가? 아니라면 이유는 무엇인가?
- 사례대상자는 서비스를 이해하고 참여하였는가? 아니라면 이유는 무엇인가?
- 사례대상자는 제공된 서비스를 만족하는가? 아니라면 이유는 무엇인가?
- 사례대상자는 서비스 수행 과정에서 부여된 과업을 이행하였는가? 아니라면 이유는 무엇인가?

② 서비스는 사례대상자의 문제와 욕구를 해결하는 데 충분하였는가?

- 서비스는 정해진 시기에 적절하게 진행되었는가? 아니라면 이유는 무엇인가?
- 서비스 진행에 필요한 기자재와 물품은 충분하였는가? 아니라면 이유는 무엇인가?
- 서비스는 문제 해결에 따라 적정하였는가? 아니라면 이유는 무엇인가?
- 해결하기로 한 문제와 욕구는 개선되었는가? 아니라면 이유는 무엇인가?
- 문제를 해결하였던 요인은 무엇인가?

③ 문제 해결을 위해 자원들의 참여는?

- 사례대상자의 자원에 대한 인식은 긍정적인가? 아니라면 이유는 무엇인가?
- 자원의 개입이 사례대상자에게 부담을 주거나 부정적 인식을 제공한 것들이 있는가?
- 자원은 서비스 제공 전부터 개발되었는가? 아니라면 이유는 무엇인가?
- 자원의 참여시기와 기간 등은 적정하였는가? 아니라면 이유는 무엇인가?

④ 또 다른 차원의 접근들은 필요하지 않았는가?

- 계획된 서비스를 진행하는 과정에서 문제는 감소하였는가? 아니면 더 심화되었는가?
- 자원의 연계 과정에서 누락된 서비스와 연계의 어려움이 나타났는가?
- 사례대상자의 개입 과정과 시기는 적절하였는가? 아니라면 이유는 무엇인가?
- 기관은 장소를 마련하고 필요한 비품과 소모품을 제공하였는가? 아니라면 이유는 무엇인가?
- 문제 해결을 위한 비용은 충분하였는가? 아니라면 이유는 무엇인가?

⑤ 성과목표는 적절하게 이루어졌는가?

- 성과는 성취되었는가? 아니라면 이유는 무엇인가?
- 기관은 제공하기로 한 서비스를 제공하였는가? 아니라면 이유는 무엇인가?
- 통합사례관리 목표는 달성되었는가? 아니라면 이유는 무엇인가?
- 서비스 기간, 간격, 사례대상자와 사례관리자의 목표 등은 구체적이고 일치하였는가? 아니라면 이유는 무엇인가?
- 서비스 목표는 서비스를 제공 과정마다 성취되었는가? 아니라면 이유는 무엇인가?

2. 평가

1) 평가의 의미

(1) 평가의 개념

평가단계는 서비스 계획의 진행 과정, 즉 각각의 서비스가 사례대상자의 변화에 기여했는지를 점검하고 목표달성 정도를 확인하는 과정이다. 기관과 사례대상자의 상황을 구분하여 계획의 내용, 서비스 개입, 목적달성 정도, 사례대상자의 만족도와 변화 정도, 사례관리 서비스 효과성, 자원참여에 대한 성과 및 재정지원 등을 평가한다. 인테이크부터 종결에 이르기까지 전체 과정을 점검한 후 평가를 진행한다.

(2) 평가의 핵심목표

평가의 핵심목표는 사례대상자에게 일어난 변화에 대한 것으로, 변화의 결과로서 성과는 달성되었는지, 확인된 문제와 욕구는 성취되었는지 등이다. 또한 기관의 통합사례관리 서비스는 적정하였는지, 상황은 개선되었는지, 제공된 서비스는 사례대상자의 변화를 촉진하기에 충분하였는지, 자원의 참여는 문제 해결에 적극적이고 적절하였는지 등이다. 평가를 통해 사례대상자의 문제 해결 정도와 서비스 제공 효과를 알게 된다.

(3) 참여 기관과 전문가 평가

또 하나 확인해야 할 사항은 참여 기관과 전문가에 대한 것이다. 전문가는 예정된 시기에 필요한 과업을 수행하였는가? 기관은 적극적으로 재정과 자원을 투입하였는가? 기대한 목적을 달성하였고 사례대상자의 변화를 목격하였는가? 아니라면 이유는 무엇 때문인가? 타 기관과 전문가는 사례의 지원을 위해 적절하게 연계되었는가? 미흡하다고 인식하는 사항이 있는가? 통합사례관리를 주도한 기관은 중재하고 연계하기 위해 체계를 마련하였는가? 미흡하다고 인식하는 부분은 무엇인가? 등이다.

(4) 사례대상자 변화 정도 평가

만약 사례대상자의 변화가 미흡하고, 만족하지 못하거나 계획된 서비스가 제공되지 못했다면, 문제는 해결되지 않은 채 남아있는 것이므로 원인을 찾고 대안을 모색해야 한다. 또한 긍정적 변화가 나타났으며 변화된 생활을 유지하고 만족할 만한 결과를 얻었다 해도 평가해야 한다. 평가에 참여하는 기관의 논의는 기록으로 남겨 자료로 활용한다.

2) 평가 절차

사례대상자의 목표달성과 변화 정도를 점검하고 평가한다. 기관의 평가는 서비스 계획에 따라 투입된 자원 및 서비스는 적정하였는지, 인력구성, 기관의 물리적 공간과 시설물의 활용 정도, 체계적인 대응 외에 재정 투입 등 효율성과 효과성을 평가한다.

〈표 30〉 평가 절차

단계	진행 내용	확인사항
단계 1	면담 일자 확정	참여의사 확인 및 사례대상자와의 상담을 통해 확정
단계 2	사전 준비 점검	양식 및 장소 점검, 사례대상자 동의 여부 확인
단계 3	사례대상자 면담	만족도(지원받은 서비스, 참여 자원, 지원내용, 목표달성 정도 등), 욕구 해결 정도, 변화 정도 외
단계 4	만족도 평가	만족도 조사, 물리적 환경, 자원 개발, 서비스 내용과 질, 효과성, 요구에 대한 지원, 자원의 대응과 연계의 적시성, 계획의 실용성, 의사소통 정도 외
단계 5	재사정 회의	욕구충족 및 미충족 욕구파악, 재사정시 기대하는 성과, 참여 자원, 사례대상자 의지 외
단계 6	보고서 작성	서비스 계획, 목표, 프로그램 내용, 실행 방법, 사례대상자 만족도, 변화 정도, 자원 투입의 적절성 외
단계 7	기관방침 반영	기관장 방침 반영
단계 8	통보	유선 또는 구두 연락을 통해 면접 일자 확정, 평가에 대한 사례대상자 동의 여부

평가의 절차는 다음과 같다.

• 단계 1: 면담일자 확정

사례관리자는 사례대상자와 면담 일자를 상의한 후 확정한다. 보호자가 있는 경우 상담내용을 설명하여 참여의사를 확인한다. 평가 장소는 편안한 공간에서 진행한다.

• 단계 2: 사전준비

기관의 양식을 준비한다. 모든 내용은 기록으로 보존된다는 사실을 사례대상자에게 전달하여 동의를 받는다. 장소 및 시설물 등 평가에 필요한 사항을 점검한다.

• 단계 3: 면담

개별면담을 통해 만족도를 확인한다. 만족도는 제공받은 서비스에 대한 성취가 높을 때 얻게 되는 감정 상태로, 문제 또는 욕구의 해결 정도에 따라 성취 정도가 달라진다. 이러한 감정은 강요될 수 없다. 면담 내용은 사례대상자가 지원받은 서비스, 참여 자원에 대한 만족도, 기관의 지원 내용(재정, 물품, 장소 등), 목표달성 정도 등이다. 사례대상자가 만족하지 못하거나 목표달성이 충족되지 않았다는 답변을 하더라도 의견은 확인되어야 한다.

• 단계 4: 만족도 평가

상담을 마친 후 준비된 만족도 조사 서식지를 작성한다. 만약 글쓰기가 불편하다면 질문지 내용을 설명한 후 의견을 청취하여 사례관리자가 대신 작성할 수 있다. 통합사례관리의 효과성과 효율성을 측정하는 과정이므로 사례대상자의 이해가 중요하다. 각각의 질문은 충분한 설명을 통해 이해가 되었을 때 진행한다.

만족도는 서비스 지원의 결과로서 성과를 의미한다. 성과조사는 통합사례관리서비스가 계획에 따라 제공되고, 장소와 물리적 환경은 만족스러웠는지 외에 자원의 개발과 참여, 서비스 내용과 질, 효과성, 요구에 대한 기관 및 사례관리자의 대응, 피드백여부, 서비스 참여, 자원의 대응과 연계의 적시성, 모니터링 시행, 계획의 실용성, 사례관리자와의 의사소통 정도, 직·간접적인 개입과 관여 등이며 설문조사 방식으로 진행하는 것이 일반적이다.

• 단계 5: 재사정회의 – 사정 결과의 점검

성과달성 정도를 평가하는 과정으로 문제 해결과 욕구 충족이 되었다면 종결을 진행한다. 미충족된 욕구와 해결되지 않은 문제가 있다면 원인을 확인한다. 스스로 변화 정도를 인지하고 있는지, 아니라면 제공된 서비스가 추가적으로 필요한지 등이다.

재사정 회의는 2차 사정단계로 평가단계에서 사례대상자에게 제공된 서비스를 토대로 미충족된 욕구의 수준을 파악하고, 서비스를 재 지원하였을 때를 가정하여 효과가 있을 것인지를 판단하는 회의이다. 만약 재지원하여도 변화를 기대하기 어렵거나 사례대상자의 거부 또는 기관의 여러 여건들로 인해 지원이 불가능하다면 종결을 진행한다. 따라서 재사정 회의는 해결기대를 충족할 수 있는지 여부와 지원의 결과, 서비스 참여 자원, 사례대상자의 의지 등 기관과 사례대상자 차원에서 종합적으로 평가해야 한다. 목표달성이 불가능한 경우 종결로 이어지며 지원을 수행할 경우 사정 단계부터 재시행된다.

• 단계 6: 보고서 작성

평가보고서 작성은 서비스 계획, 계획의 실행 과정과 프로그램 내용, 각각의 단위 프로그램의 목표와 목표달성을 위한 실행방법, 성과, 사례대상자의 만족도, 변화 정도, 자원투입의 적절성 등이 반영되어야 한다.

• 단계 7: 기관방침 반영

기관장의 방침에 따라 성과 목표달성 시 종결로 이어지고, 욕구의 미충족 또는 문제 해결이 안된 경우 기관장의 방침을 받아 처리한다.

• 단계 8: 통보

평가 결과는 사례대상자에게 유선 또는 구두로 연락하여 면접일자를 확인한다. 거부 시에는 종결로 이어지고, 동의 시에는 평가 결과를 전달한다. 사례대상자의 의지가 중요하므로 의견 확인은 필수이다.

3) 평가 방법

평가 방법은 통합사례관리 전반을 평가하는 과정 평가와 효과성과 효율성을 평가하는 결과평가가 있다. 통합사례관리 효과를 평가하기 위해서는 이 두 가지 평가를 각각 분리하여 시행하지 않는다. 과정의 지원이 충실할 때 성과가 확인되는 통합사례관리의 특성 때문이다.

(1) 과정평가

과정평가는 의뢰부터 종결 시까지 사례관리자의 관찰과 사례대상자와의 상담, 자원의 참여, 기관의 개입과 지원 외에 변화상황 등을 모니터링하여 평가한다. 또한 서비스 제공과 방법, 외부자원 개입, 사례대상자와 보호자의 만족에 대한 것으로 진행 과정의 적시성과 적합성을 평가한다. 각각의 서비스 단계에서 추진하기로 한 내용이 개입목적에 부합하였는지도 평가한다. 이러한 평가는 사례관리자의 관찰과 상담에 기초하고, 확인된 자료와 프로그램 일지 및 만족도 조사지 등 서비스 지원 과정에서 생성된 서류에 기반한다.

사례관리자는 초기 계획서를 확인하고 서비스 제공 일지와 과정별 모니터링 자료에 기초하여 사례대상자, 자원, 기관, 사례관리자 차원에서 분석하고 문제해결 여부와 성과도달에 초점을 두고 프로그램 진행 과정 모두를 종합적으로 평가한다. 예산 및 부가적인 지원 사항을 포함한다.

통합사례관리는 사례관리자의 노력의 결과물이다. 사례대상자의 변화를 촉진하기 위해 열정을 쏟고 그의 안정된 삶에 기여하였다면 성과는 달성된 것이다.

〈표 31〉 통합서비스 진행평가

<table>
<tr><td colspan="6">통합서비스 진행기록지</td></tr>
<tr><td>대상자명</td><td colspan="2"></td><td>지원 기간</td><td colspan="2"></td></tr>
<tr><td>사례대상자 지원 유형</td><td colspan="5">□ 긴급개입사례대상자 □ 위기개입사례대상자
□ 일반사례대상자 □ 보류대상자 □ 제외대상자</td></tr>
<tr><td>주지원 기관</td><td colspan="2"></td><td>주무담당자</td><td colspan="2"></td></tr>
<tr><td>지원 일자</td><td>지원 내용</td><td>활동 장소</td><td>추가지원 사항</td><td>지원 담당자</td><td>대상자 확인</td></tr>
<tr><td></td><td></td><td></td><td></td><td></td><td></td></tr>
<tr><td></td><td></td><td></td><td></td><td></td><td></td></tr>
<tr><td></td><td></td><td></td><td></td><td></td><td></td></tr>
<tr><td></td><td></td><td></td><td></td><td></td><td></td></tr>
<tr><td></td><td></td><td></td><td></td><td></td><td></td></tr>
<tr><td></td><td></td><td></td><td></td><td></td><td></td></tr>
<tr><td colspan="6">대상자 반응[2)]</td></tr>
<tr><td colspan="6"></td></tr>
<tr><td colspan="6">총평</td></tr>
<tr><td colspan="6"></td></tr>
</table>

(2) 결과평가

결과평가는 통합사례관리 서비스 수행 결과인, 성과를 확인하는 것으로 종결 시점에 진행된다. 따라서 평가 결과는 초기 계획의 목적이 달성되었는지에 따라 확인되고, 장애물과 부정적 장벽들이 제거되었는지, 행동의 변화를 보이는지,

2) 대상자 반응은 진행된 프로그램 또는 서비스에 대한 사례대상자의 반응, 즉 변화 행동, 언어 표현, 참여도 등을 기술한다. 사례관리자와의 대화 또는 관찰을 통해 사례대상자의 반응을 확인할 수 있다.

예산과 시설물의 지원이 적절하였는지, 투입된 자원은 기대에 따라 만족할 만한 성과를 얻었는지 등 과정평가에 기초하여 평가한다. 활동의 결과로서 효과성 평가와 효율성 평가로 측정된다. 효과성 평가는 '계획대로 목표는 달성되었는가?'를 평가하는 것이다. 효율성 평가는 '통합사례관리를 지원하기 위해 투입한 자원의 활동과 시설물, 인력, 재원 등이 비용 측면에서 효율적이었는가?'의 여부를 확인하는 것이다. 효율성과 효과성 측정은 다음의 사항을 고려해야 한다(박정자 외, 2013).

① 사례대상자는 통합사례관리 과정과 현재의 성취를 만족하는가?

사례대상자는 서비스를 만족하고 있는가? 참여한 자원은 충분한 지원을 하였다고 인식하는가? 기관의 지원과 사례관리자, 장소, 편의시설에 대해 만족하는가? 등이다. 반면 부족한 서비스가 있다고 인식하는가? 자원의 개입, 시기는 적정하였다고 이해하는가? 개선해야 할 사항은 무엇이라고 생각하는가? 통합사례관리 서비스를 제공받는 과정에서 불만족스러운 점은 무엇인가? 등 사례대상자의 만족요인과 불만족 사항을 평가한다. 대개 사회복지기관에서는 사례대상자의 만족 정도를 평가하기 위해 설문조사와 면담을 시행한다.

② 문제들과 욕구는 해결되었는가?

사례대상자가 제기한 문제와 욕구는 서비스 제공 과정에서 충분히 다루어졌으며, 그 결과로서 문제는 해결되었고 충족되었는가? 성과는 초기 계획에서 도출된 문제와 욕구를 통해 확인이 가능하다.

③ 사례대상자는 변화 상황을 인식하는가?

사례대상자 스스로 변화를 인식하는가? 이전생활과의 차이를 알고 현재의 삶이 변화되었는지를 제시함으로써 평가한다.

④ 사례대상자는 서비스 참여를 가치롭게 인식하는가?

계획의 목표달성은 사례대상자 스스로 성취여부를 알고 있을 것이다. 성취정도는 사례대상자가 활동을 수행하고 서비스를 제공받는 과정에서 문제 해결 이전의 생활과 차이가 있다는 것을 인식하는 것이다. 사례관리자와 수행한 일들을 가치롭게 생각하는가? 변화가 없다고 인식하는가? 해결되었다고 인식하는가? 아니면 문제들이 남아 있다고 생각하는가? 등이다.

⑤ 개입은 사례대상자의 상황을 개선할 만큼 충분하였는가?

자원의 활동은 목적에 의해 수행된 결과물이다. 개입이 충분하였는지 등은 사례대상자의 변화와 관련이 있다. 자원개입의 만족은 사례대상자, 기관, 참여자원, 사례관리자 차원에서 평가한다.

⑥ 기관은 서비스를 제공하기 위해 충분히 노력하였는가?

기관의 물리적인 환경과 장소, 그리고 비품 및 소모품 등의 지원은 시기적으로 적절하였는지를 평가한다. '지원은 적시에 협조가 이루어졌으며 시기에 따라 사례관리자 및 사례대상자가 참여하는 데 불편한 사항이 있었는가?', '사전 계획에 의해 조정되고 제공되었는가?' 등을 평가한다.

〈표 32〉 통합서비스 지원평가

<table>
<tr><td colspan="4" rowspan="2">통합서비스 지원평가서</td><td rowspan="2">결재</td><td>담당</td><td>팀장</td><td>실장</td><td>원장</td></tr>
<tr><td></td><td></td><td></td><td></td></tr>
<tr><td>성명</td><td></td><td>나이</td><td>세</td><td>성별</td><td colspan="4"></td></tr>
<tr><td>대상자 주소</td><td colspan="3"></td><td>연락처</td><td colspan="4">집 :
핸드폰:</td></tr>
<tr><td>지원 기관</td><td></td><td>지원 담당자</td><td></td><td>평가 일자</td><td colspan="4"></td></tr>
<tr><td>지원 기간</td><td colspan="8">. . . ~ . . .</td></tr>
<tr><td>구분</td><td colspan="8">지원 결과</td></tr>
<tr><td>사례대상자 유형</td><td colspan="8">□ 긴급개입사례대상자 □ 위기개입사례대상자 □ 일반사례대상자 □ 보류대상자 □ 제외대상자</td></tr>
<tr><td>통합사례회의 결과에 따른 지원사항</td><td colspan="8"></td></tr>
<tr><td>대상자 현 상태</td><td colspan="8"></td></tr>
<tr><td>보호자 또는 가족들의 만족도</td><td colspan="8"></td></tr>
<tr><td>장애물 제거 여부</td><td colspan="8"></td></tr>
</table>

<table>
<tr><td rowspan="12">예정된 계획의 실행내용</td><td>지원 유형</td><td>지원 내용</td><td>지원결과</td><td>성취(변화) 정도</td></tr>
<tr><td rowspan="4">긴급</td><td></td><td></td><td></td></tr>
<tr><td></td><td></td><td></td></tr>
<tr><td></td><td></td><td></td></tr>
<tr><td></td><td></td><td></td></tr>
<tr><td rowspan="4">위기</td><td></td><td></td><td></td></tr>
<tr><td></td><td></td><td></td></tr>
<tr><td></td><td></td><td></td></tr>
<tr><td></td><td></td><td></td></tr>
<tr><td rowspan="3">일반</td><td></td><td></td><td></td></tr>
<tr><td></td><td></td><td></td></tr>
<tr><td></td><td></td><td></td></tr>
<tr><td colspan="5">자원 및 타 기관 참여 결과</td></tr>
<tr><td colspan="5"></td></tr>
<tr><td colspan="5">통합사례위원 소견</td></tr>
<tr><td colspan="5"></td></tr>
<tr><td colspan="5">총평</td></tr>
<tr><td colspan="5"></td></tr>
</table>

사례대상자와 지역사회를 연계하는

현장 중심의 통합사례관리

12장 /

통합사례관리 종결과 사후지원 단계

1. 종결

1) 종결 시 사례관리자의 역할

(1) 종결사유 확인

종결은 다음의 요인에 의한다. 사례대상자와의 계약에 의해 제공하기로 한 서비스가 모두 제공되었으므로 더 이상 진행할 서비스가 없는 경우, 계획된 문제 해결의 목표가 달성되어 서비스가 필요하지 않다는 결론에 도달했을 때, 사례대상자의 개인적 상황으로 인해 종결되기도 한다. 즉 타 지방으로 이사하여 서비스를 받을 수 없는 경우, 더 이상 서비스를 제공받기 불가능한 때, 시설 입소를 선택하거나 서비스 제공을 거절하는 본인의 의견, 서비스 참여와 지원을 거부하는 경우, 사망으로 인해 서비스 이용이 불가능한 때, 사례당사자 또는 보호자의 요청 등이다.

예외적인 종결은 기관과 사례관리자에게도 발생한다. 법인이 바뀌거나 인력 및 조직이 개편되어 서비스 제공이 불가능한 경우, 사례관리자의 급작스러운 신변의 변화(퇴직)로 인해 서비스 제공이 어려운 경우, 재정이 부족하여 서비스 지원이 불가능한 경우도 있는데, 이 경우 사례대상자가 타 기관을 이용할 수 있도록 연계해야 한다. 종결이 확정된 사례는 종결상담을 진행하고 종결신청서 작성 후 종결한다.

(2) 사례대상자의 대처 역량 파악

종결은 더 이상 서비스를 제공받을 수 없다는 것을 의미하지만 자조적인 생활을 유지하도록 원조할 책임은 사례관리자에게 있다. 따라서 종결이 임박한 경우 사례대상자의 반응과 심리적인 상태를 반드시 확인해야 한다. 혼자 힘으로 생활해야 한다는 불안함 또는 두려움을 나타내는 등 다양한 심리적 반응을 보일 수 있기 때문이다.

종결의 최종목표는 사례대상자에게 자신감을 회복하고 독립된 생활유지에 필요한 역량을 갖추게 하는 데 있다. 사례관리자와의 분리를 의미하는 것이 아니라 사례대상자 스스로 안정된 생활을 영위하기 위한 준비를 말한다.

사례관리자는 사례대상자의 계획을 충분히 듣고 지속적인 관계를 유지할 것을 권유하고, 향후 발생할 일을 염려하지 말고 함께 극복해 나가자는 격려를 보낸다. 또한 이용 가능한 서비스를 소개하여 종결로 인한 분리불안을 최소화하는 데 초점을 둔다.

(3) 사례관리자의 역할

종결준비에 따른 사례관리자의 역할은 다음과 같다.

- 사례대상자가 자신감을 갖고 자조적인 생활을 영위할 수 있도록 격려한다.
- 과거의 어려운 생활을 회상하기 보다는 현재를 보다 충실하게 생활하도록 지지한다.
- 어려움이 발생하면 언제든지 문의할 수 있도록 조치하고 이용이 가능하다는 기대를 심어 준다.
- 살아가면서 겪게 되는 문제는 누구나 겪는 사소한 것이라는 인식을 갖도록 격려한다.

〈표 33〉 통합사례관리 종결신청서

<table>
<tr><td colspan="4">통합사례관리 종결신청서</td></tr>
<tr><td>대상자 성명</td><td></td><td>나이</td><td>세(만 세)</td></tr>
<tr><td>성별</td><td>남 / 여</td><td>연락처</td><td>집 :
핸드폰:</td></tr>
<tr><td>사례대상자
지원 유형</td><td colspan="3">□ 긴급개입사례대상자 □ 위기개입사례대상자 □ 일반사례대상자 □ 보류대상자 □ 제외대상자</td></tr>
<tr><td>서비스개시일자</td><td>년 월 일</td><td>서비스 종결 일자</td><td>년 월 일</td></tr>
<tr><td>총 지원 기간</td><td colspan="3"></td></tr>
<tr><td>종결 사유</td><td colspan="3"></td></tr>
<tr><td>주무담당자 의견</td><td colspan="3"></td></tr>
<tr><td>통합사례관리위원
의견</td><td colspan="3"></td></tr>
<tr><td colspan="4">위의 사항에 신청합니다.
20 년 월 일
신청인 : (인)
○○ 종합사회복지관장 귀하</td></tr>
</table>

2) 종결절차

종결은 지원받은 활동을 정리하고 자조적인 생활을 준비하는 사례관리자의 노력과 헌신이 결실을 맺는 시기이다. 종결 시부터 사례관리자는 사례대상자의 삶을 기대하고 지지하는 입장으로 전환된다.

〈표 34〉 통합사례관리 종결과 사후관리 진행

경로	파악내용	사례관리자의 역할
종결사유 확인	· 개인적 종결 요인 · 보호자에 의한 요인 · 주변환경 요인 · 법인 및 기관에 의한 요인 외	· 사례대상자의 대처 역량 파악 · 분리불안 최소화
⇩		
종결 진행	· 종결 상담 진행 · 종결 신청서 접수 · 종결 사유서 작성 및 보호자, 본인 서명 · 사후조치 계획 수립 · 종결대장 기재 및 기안 보고 외	· 자조적인 생활 여부 확인 · 기관이용에 대한 소개
⇩		
사후관리	· 최초 1달은 주1회 생활 변화 확인(유선 또는 방문) · 2달부터는 2주에 한번 연락하여 생활상 확인 · 세 달부터는 자조적인 생활에 따른 지원 외	· 생활 상담을 통한 어려움과 문제 등 파악 · 의지 및 동기부여 · 조언수준의 정보 제공

• 단계 1: 종결 상담을 진행한다.

사례대상자와 보호자에게 종결의 이유를 설명한다. 사례관리자는 종결 사유를 파악하여 그 이유가 명확한지를 확인한다.

• 단계 2: 종결사유서 작성 후 사례대상자 및 보호자의 서명을 받는다.

동의서는 본인 또는 보호자의 날인 후 문서로 보존한다. 만약 의사소통이 어렵다면 보호자 또는 가족의 서명으로 대신할 수 있다.

• 단계 3: 종결은 모든 서비스가 종료되었다는 의미이므로 사후조치에 필요한 지원체계를 수립한다.

사례대상자는 충분한 능력이 있는지, 요청한 시점에 종결된다면 문제가 없는지 등을 확인하고, 필요한 지원여부를 검토하여 동의 시 시행한다.

- 단계 4: 보호자와 사례대상자의 확인을 마치면 종결대장(종결신청서 외)에 기록한 후 기안하여 승인을 받는다.

통합사례관리에서는 종결 후에도 사례대상자의 안정된 생활에 초점을 둔다. 자조적인 생활은 사례대상자 혼자의 힘으로 이겨내는 것이 아니라 사례관리자와 함께 만들어 가는 삶이다. 사례관리자는 종결대장[1)](종결신청서 외)에 기록한 후 사후지원 계획을 수립하여 기관장의 승인을 받고 이후 지원에 대한 공식적 활동을 확보한다.

2. 사후관리

1) 사후관리의 중요성

사후관리는 사례대상자의 자조적인 생활을 조력하는 사례관리자의 지원을 의미한다. 사례대상자가 사례관리자를 만나 새로운 시도(도전)를 하고, 다양한 자원과 교류해왔던 본 경험은 스스로 문제를 해결하겠다는 결심이었으며, 노력의 과정이었다. 이러한 결심을 지속하고 유지하기 위한 조치가 사후관리의 목적이다.

사례관리자는 공식적인 관계가 종료된 이후의 생활에 관심을 가져야 한다. 어려움을 경험하고 있는지, 문제가 재발하였는지, 더 심각한 상황에 처해 있는지, 자조적인 생활을 유지하고 있는지 등이다.

많은 전문가들은 장기적인 치료를 받거나 또는 집중적으로 전문가의 개입을 받은 사례대상자에 대해 재발의 위험성을 경고하고 있다. 그리고 재발의 위험성은 너무나 심각하여 지속적인 사후 관리가 필요하다는 것을 제기하고 있다. 하지만 사례관리자의 현실은 수행할 직무가 있고, 기관에서 요구하는 일과 또 다

1) 종결대장은 기관에서 지원한 종결대상자를 별도로 관리하기 위한 문서를 말한다.

른 유형의 사례가 기다리고 있어 종결 사례에 관심을 갖기란 쉽지 않다. 그럼에도 한 사람의 인생변화를 확인하는 위치에 있는 사례관리자의 역할을 생각해 보면 사후관리는 매우 중요한 과정임을 알 수 있다.

2) 사후관리 점검사항

사후관리는 통합사례관리 과정과는 다른 접근이 필요하다.

- 사례대상자 스스로 생활하기 위한 역량이 있는가? 또한 생활을 유지하고 있는가?
- 이전 생활을 벗어나 변화된 생활을 영위하기 위해 노력하고 있는가?
- 지금까지의 경험을 긍정적으로 받아들이고 새로운 시작으로 인식하는가?
- 보호자와 가족은 사례대상자의 변화를 받아들이는가?
- 생활의 문제를 극복하고 있는가? 등이다.

3) 사후관리 원조 계획

지역사회 원조 계획은 사례대상자의 안정된 생활유지에 있다.

- 원조 계획은 구체적인 계획에 따라 시행되어야 한다. 월 1회 방문 또는 유선으로 또는 대면 상담을 통해 생활 정도, 직업 활동, 사회생활, 소득, 지역사회 관계, 가족관계 등을 파악한다.
- 원조 계획은 사례대상자의 자립에 초점을 둔 계획적인 활동이다. 1개월에서 3개월 정도 시행한 후 이후부터는 개입을 줄여 간다.
- 원조 계획은 사례대상자의 강점 중심의 맥락에서 진행한다. 사례대상자의 잠재된 능력이 생활로 이어지고 유지되도록 계획한다.

〈표 35〉 통합사례 사후관리 계획서

<table>
<tr><th colspan="5">통합사례 사후관리 계획서</th></tr>
<tr><td rowspan="2">대상자 성명</td><td rowspan="2">(남/여)</td><td rowspan="2">주무담당자</td><td>직위</td><td></td></tr>
<tr><td>성명</td><td></td></tr>
<tr><td>이용 일자</td><td>년 월 일</td><td>종결 일자</td><td colspan="2">년 월 일</td></tr>
<tr><td>사후관리 개시 일자</td><td>년 월 일</td><td>연락처</td><td colspan="2">집 :
핸드폰:</td></tr>
<tr><td>사례대상자
지원 유형</td><td colspan="4">□ 긴급개입사례대상자 □ 위기개입사례대상자
□ 일반사례대상자 □ 보류대상자 □ 제외대상자</td></tr>
<tr><td>사후관리 기간</td><td colspan="4"></td></tr>
<tr><td>사후관리 방법</td><td colspan="4">전화 상담( ) 방문 상담( ) 기타 지원( )</td></tr>
<tr><td>가정 방문 또는
상담 시기</td><td colspan="4"></td></tr>
<tr><td>사후관리 지원 내용</td><td colspan="4"></td></tr>
<tr><td>사후관리 협조 기관</td><td colspan="4"></td></tr>
<tr><td>비고</td><td colspan="4"></td></tr>
</table>

4) 사후관리와 사례관리자의 역할

사후관리 서비스를 제공하기 위해서는 종결 이후 1달 동안은 주 1회 생활 변화를 확인하고 유선 또는 방문 상담을 시행한다. 생활 정도를 확인하여 문제이전의 생활로 회귀되었는지, 현재 직면한 문제가 있는지 등을 확인한다.

두 달 이후로는 어느 정도 안정된 생활을 이어가고 있으므로 2주에 한번으로 연락을 줄이고 도움이 필요한 부분을 확인한다. 만약 사례대상자가 어려움을 겪고 있다면 유형을 파악하여 대처방법을 강구한다. 사후관리의 주목적은 사례대상자의 안정된 생활이므로 정보 제공은 중요하다.

세 달부터는 생활의 기반이 마련되었다고 보아도 무방하다. 이웃 차원에서, 교류하는 전문가 차원에서 생활의 고민과 문제를 터놓고 얘기할 수 있도록 격려하고, 모든 결정은 사례대상자와 보호자가 판단하도록 조언수준에서 개입하는 것이 적정하다.

참고문헌

권구영·김영란(2010). 사회복지실천가를 위한 과학적 조사분석과 보고서 작성. 경기: 공동체.

권도균(2010). 청소년 쉼터의 기록 관리에 관한 연구. 목포대학교대학원 기록관리학 협동 과정 석사학위논문.

권진숙(2008). 등촌4종합사회복지관 사례 중심으로 사례관리의 실제. 경기: 공동체.

______(2010). 한국사례관리실천의 혼돈과 대안. 사례관리연구, 1권 1호, 3-5, 1-22.

권진숙·김상곤·김성천·박지영·유명이·유서구·이기연·조현순(2009a). 인천광역시 사회복지관 사례관리실천을 위한 매뉴얼 연구보고서. 인천광역시 사회복지관협회.

권진숙·김상곤·김성천·박지영·유명이·유서구·이기연·조현순(2009b). 인천광역시 사회복지관 사례관리사업보고서. 인천광역시사회복지관협회.

권진숙·김상곤·김성경·김성천·김혜성·민소영·박선영·박지영·백은령·유명이·유서구·이기연·조미숙·조현순·황성철(2012). 사례관리론. 한국사례관리학회편. 서울: 학지사.

교남소망의집(2004). 정신지체인의 사례관리와 사정도구. 서울: EM실천.

___________(2005). 장애인주거시설에서의 사례관리의 실제. 서울: EM커뮤니티.

김기덕·김민·권혜진(2013). 휴먼서비스개론. 서울: 신정.

김기환(1997). 사회복지관 서비스 향상을 위한 사례관리 필요성. 한국복지재단 동광 94호. 38-39, 37-59.

김병섭·박광국·조경호(2011). 휴먼조직론. 서울: 대영문화사.

김혜영·석말숙·최정숙·김성격(2012). 사회복지실천론. 경기: 공동체.

도광조(2009). 지역사회복지관 사례관리수행의 영향요인에 대한 연구. 숭실대학교 대학원 사회복지학과 박사학위논문.

박래영(2013). 사회복지관 사회복지사들의 사례관리 수행 경험 연구. 광주대학교사회복지전문대학원 박사학위논문.

박정자·박주현·최덕경(2013). 사회복지프로그램 개발과 평가. 서울: 창지사.

박태정·강일조·김민수·류정희·이선미·정완출·권선진·송민희(2008). 경기도 장애인종합복지관 통합사례관리 매뉴얼. (재)경기복지미래재단.

보건복지가족부(2011). 드림스타트 사업 안내.

______________(2012). 2012 사회복지관 운영관련 업무지침 안내.

______________(2014). 2014 사회복지관 운영관련업무처리 안내.

______________(2014). 2014년도 지역아동센터 운영지침 안내.

신구범·박봉규·송경수·정동섭(2010). 조직관리론. 서울: 형설출판사.

아동복지법시행령. 별표 11. 국가법령정보센터.

안정선·최원희(2010). 사회복지슈퍼비전의 이론과 실제. 서울: 신정.

원연미(2011). 사회복지기관에서의 사례관리에 대한 사회복지사들의 인식과 실행에 대한 연구, 8. 대구대학교사회복지대학원 석사학위논문.

유영덕(2002). 사회복지사가 지각한 사회복지관 중간관리자의 리더십이 사회복지사의 직무수행 태도에 미치는 영향 : 가치경쟁적 리더십 이론을 중심으로. 연세대학교 행정대학원 사회복지과 석사학위논문.

여성가족부(2004). 취약 한부모가족 역량강화 서비스.

이근홍(1996). 한국 재가노인의 사례관리 실천모형에 관한 연구. 중앙대학교 대학원 박사학위논문.

______(2008). 케어매니지먼트. 경기: 공동체.

이마이유키오(1994). 박태영 · 이재모 역(2003). 노인복지홈의 실천적 처우론. 사회복지시설 실천론: 노인복지시설 직원의 실천 자세를 중심으로. 서울: 아시아미디어리서치.

이재용(2015). 사회복지 직무역량 강화를 위한 보고 사무의 실제. 서울: 창지사.

한국장애인복지학회(2006). 장애인 주거서비스에서 활용되는 사례관리의 이해와 실제. 전국장애인복지시설 직원연수회. 한국장애인복지학회교육연수회자료집 미간행.

이평원·장연수(2012). 조직인사행정. 서울: 형설출판사.

정순돌(2001). 재가노인을 위한 사례관리 네트워크 분석: 부천시를 중심으로. 한국사회복지학 46권, 405-406, 404-426.

______(2007). 사례관리실천의 이해: 한국적 경험이해. 서울: 학지사.

최은희·황미영(2013). 사례관리. 경기: 정민사.

최해경(2009). 사회복지실천론. 서울: 학지사.

한국보건사회연구원(2010). 취약위기 및 다문화가족의 예방맞춤형 복지체계 구축 및 통합사례관리 연구: 1차 년도. 서울: 한국보건사회연구원.

______(2011). 취약위기 및 다문화가족의 예방맞춤형 복지체계 구축 및 통합사례관리 연구: 2차 년도. 서울: 한국보건사회연구원.

황미경(2009). 공공 사회복지전달체계 내 통합사례관리 운영방안에 관한 연구. 한국지역사회복지학, 60-62, 49-67.

황성철(1995). 사례관리 실천을 위한 모형개발과 한국적 적용에 관한 연구. 한국사회복지학 27권, 283-289, 275-304.

현외성·정재욱·마은경·이은정·문정란·김용환·강환세·박선애·정민화(2012). 사회복지 사례관리론. 경기: 공동체.

Alfred Kadushin(1976). 조휘일 역(2000). 사회복지실천과 슈퍼비전. 서울: 학지사.

Bradford W. Sheafor, Charles R. Horejsi(1997). 남기철·변귀연·양숙미·정선욱·조성희·최승희 역(2005). 사회복지실천 기법과 지침(개정판). 서울: 나남출판.

Bennis, Nanus(1985), B(1985). *Leaders: The strategies for taking charge*. New York: Harper & Row.

David P. Moxley(1993). 김만두 역(1993). 효과적인 복지 서비스를 위한 사례관리 실천론. 서울: 홍익재.

Gary Yukl(2011). 강정애·이상욱·이상호·이호성·차동옥 역(2013). 현대조직의 리더십 이론. 서울: 시그마프레스.

Jill Doner Kagle(1991). 홍순혜·한인영 역(1999). 사회사업기록: 이론과 실제. 서울: 학문사.

Jill Doner Kagle, Sandra Koels(1993). 홍순혜·한인영 역(2010). 사회복지기록 (제3판). 서울: 시그마프레스.

Julius R. Ballew, George Mink(1996). 권진숙·전석균 역(1999). 사례관리. 서울: 하나의학사.

Kadushin(1992). *supervision in social work*(3rd ed.). New York: Columbia University Press.

Kotter, J. P.(1990). *A force for change: how leadership differs from management*. New York: Free Press.

Mintzberg, H.(1973). *The nature of managerial work*. New York: Harper & Row.

Roshman, J.(1992). *guidelines for case management : putting researcb to professional use*. Illinois: F. E. Peacock Publishers, INC.

저자 소개

이 재 용

학력 및 약력

· 문학박사 장애인복지·사회복지행정 전공
· 강남사이버평생교육원 운영교수(역임)·한라대학교 겸임교수(역임)
· 사회복지법인백십자사 장봉혜림재활원 사무국장, 장애인거주시설 원장, 종합사회복지관 관장 등 역임
· 현) 송호대학교 사회복지학과 교수
· 강원도아동복지협회 치료재활사업 솔루션위원
· 횡성군통합사례분과 위원장
· 횡성군여성복지발전기금 심의위원
· 강원도기부금품모금 심의위원
· 강원공동모금회배분 심사위원
· 홍천군사회복지기관 심의위원
· 한국양성평등교육진흥원 가정폭력예방 전문강사 등

주요 저서

·『인간행동과 사회환경』(2013). 공저. 창지사.
·『사회복지사의 역량강화를 위한 보고사무의 실제』(2015). 창지사.
·『사회복지행정론』(2016). 공저. 형설출판사.

대표 논문

· 거주시설 장애인의 사회적배제 경험연구(2014),
· 사회복지사의 직무소통 장애경험 연구(2016) 외 다수

사례대상자와 지역사회를 연계하는

현장 중심의 통합사례관리

초판 1쇄 발행 2016년 8월 29일
초판 2쇄 발행 2018년 1월 15일

지 은 이 | 이재용
펴 낸 이 | 김기섭
편 집 인 | 이초롱
펴 낸 곳 | 창지사 www.changjisa.com
08589 서울시 금천구 가산디지털 1로 83 파트너스타워1차 9층
전화 (02) 719-2211~3
팩스 (02) 701-9386
등 록 | 1977년 4월 28일 · 제1-421호

ISBN 978-89-426-2333-4 (93330)

값 16,000원

이 도서의 국립중앙도서관 출판예정도서목록(CIP)은 서지정보유통지원시스템 홈페이지(http://seoji.nl.go.kr)와 국가자료공동목록시스템(http://www.nl.go.kr/kolisnet)에서 이용하실 수 있습니다.(CIP제어번호: 2016020108)